工业互联网技能人才培养系列教材

工业制造网络化技术

刘海平◎主编

人民邮电出版社

北京

图书在版编目（CIP）数据

工业制造网络化技术 / 刘海平主编. -- 北京 : 人民邮电出版社, 2021.11
工业互联网技能人才培养基础系列教材
ISBN 978-7-115-57770-2

Ⅰ．①工… Ⅱ．①刘… Ⅲ．①互联网络－应用－制造工业－教材 Ⅳ．①F407.406.14

中国版本图书馆CIP数据核字(2021)第217825号

内 容 提 要

本书系统地介绍了工业制造网络化技术的发展历程及关键技术，主要包括中国制造业发展、工业互联网概述、工业制造网络化中的关键技术［包括时间敏感型网络（TSN）技术、5G技术、软件定义网络等］，以及云制造与敏捷型组织等。

本书可作为大专院校通信相关专业师生的教材，也适合所有对工业制造网络化技术感兴趣的读者或相关从业人员阅读。

◆ 主　编　刘海平
　　责任编辑　王海月
　　责任印制　陈　犇

◆ 人民邮电出版社出版发行　北京市丰台区成寿寺路11号
　　邮编　100164　电子邮件　315@ptpress.com.cn
　　网址　https://www.ptpress.com.cn
　　北京市艺辉印刷有限公司印刷

◆ 开本：787×1092　1/16
　　印张：12.5　　　　2021年11月第1版
　　字数：240千字　　2021年11月北京第1次印刷

定价：59.80元

读者服务热线：(010)81055493　印装质量热线：(010)81055316
反盗版热线：(010)81055315
广告经营许可证：京东市监广登字 20170147 号

编辑委员会

主编：刘海平

委员（排名不分先后）：

汪丽华　鲁　捷　陈年华　涂贵军　魏春良

李文阳　胡宏铎　王祥喜　水生军　毕纪伟

李　伟　杨义生　张　琳　罗晓舫　赵　聪

柯德胜　唐旭文　林　霖　丰　雷　赵　帅

周凡钦　赵一琨　高　静　甄泽瑞　谢坤宜

宋　博　高泽华　周　峰　高　峰

出版说明

工业互联网的核心功能实现依托于数据驱动的物理系统和数字空间的全面互联，是对物联网、大数据、网络通信、信息安全等技术的综合应用，最终通过数字化技术手段实现工业制造过程中的智能分析与决策优化。

本套教材共包括 5 册：《物联网技术》《工业大数据技术》《网络通信技术》《信息安全技术》《工业制造网络化技术》。

《物联网技术》一书系统地讨论了物联网感知层、网络层、应用层的关键技术，涵盖云计算、网络、边缘计算和终端等各个方面。将这些技术应用于工业互联网中，能够自下而上打通制造生产和管理运行数据流，从而实现对工业数据的有效调度和分析。

《工业大数据技术》一书介绍了大数据采集、存储与计算等技术，帮助读者理解如何打造一个由自下而上的信息流和自上而下的决策流构成的工业数字化应用优化闭环，而这个闭环在工业互联网三大核心功能体系之间循环流动，为工业互联网的运行提供动力保障。

《网络通信技术》一书系统地介绍了不同类型的通信网络。通信技术通过有线、无线等媒介在工业互联网全环节的各个节点间传递信息，将控制、管理、监测等终端与业务系统连接起来，使工业互联网实现有效数据流通。先进的通信技术将在工业互联网数字化过程中起到重要作用。

《信息安全技术》一书介绍了防火墙入侵防御、区块链可信存储、加解密原理、PKI 体系等内容，这些技术和原理保证了工业互联网在采集、传输、存储和分析数据的整个生产制造流程中安全运行，能够有效阻止生产过程受到干扰和破坏。提升工业互联网的安全保障能力是保证设备、生产系统、管理系统和供应链正常运行的基本需求。

《工业制造网络化技术》一书展现了网络技术如何在工业互联网中落地，以及如何帮助工业企业实现敏捷云制造的最终目标。

本套教材面向发展前沿，关注主流技术，充分反映了工业互联网新技术、新标准和新模式在行业中的应用，具有先进性和实用性。本套教材主要用于在校生学习参考和一线技术人员的培训，内容力求通俗易懂，语言风格贴近产业实际，深入浅出，操作性强，在探索产教融合方式、培养发展工业互联网所需的各类专业型人才和复合型人才方面做了有益尝试。

丛书序

未来几十年，新一轮科技革命和产业变革将同人类社会发展形成历史性交汇。世界正在进入以信息产业为主导的新经济发展时期。各国均将互联网作为经济发展、技术创新的重点，把互联网作为谋求竞争新优势的战略方向。工业互联网的发展源于工业发展的内生需求和互联网发展的技术驱动，顺应新一轮科技革命和产业变革趋势，是生产力发展的必然结果，是未来制造业竞争的制高点。

当前，全球制造业正进入新一轮变革浪潮，大数据、云计算、物联网、人工智能、增强现实/虚拟现实、区块链、边缘计算等新一代信息技术正加速向工业领域融合渗透，将带来制造模式、生产组织方式和产业形态的深刻变革，推动创新链、产业链、价值链的重塑再造。

2020年6月30日，中央全面深化改革委员会第十四次会议审议通过《关于深化新一代信息技术与制造业融合发展的指导意见》，强调加快推进新一代信息技术和制造业融合发展，要顺应新一轮科技革命和产业变革趋势，以供给侧结构性改革为主线，以智能制造为主攻方向，加快工业互联网创新发展，加快制造业生产方式和企业形态根本性变革，夯实融合发展的基础支撑，健全法律法规，提升制造业数字化、网络化、智能化发展水平。

《工业和信息化部办公厅关于推动工业互联网加快发展的通知》明确提出深化工业互联网行业应用，鼓励各地结合优势产业，加强工业互联网在装备、机械、汽车、能源、电子、冶金、石化、矿业等国民经济重点行业的融合创新，突出差异化发展，形成各有侧重、各具特色的发展模式。

当前，我国工业互联网已初步形成三大应用路径，分别是面向企业内部提升生产力的智能工厂，面向企业外部延伸价值链的智能产品、服务和协同，面向开放生态的工业互联网平台运营。

我国工业互联网创新发展步伐加快，平台赋能水平显著提升，具备一定行业、区域影响力的工业互联网平台不断涌现。截止到2021年6月，五大国家顶级节点系统的功能逐步完备，标识注册量突破200亿。但不容忽视的是，我国工业互联网创新型、复合型技术人才和高素质应用型人才的短缺，已经成为制约我国工业互联网创新发展的重要因素，尤其是全国各地新基建的推进，也会在一定程度上加剧工业互联网"新岗位、新职业"的人才短缺。

工业互联网的部署和应用对现有的专业技术人才和劳动者技能素质提出了新的、更高的要求。工业互联网需要既懂 IT、CT，又懂 OT 的人才，相关人才既需要了解工业运营需求和网络信息技术，又要有较强的创新能力和实践经验，但此类复合型人才非常难得。

随着工业互联网的发展，与工业互联网相关的职业不断涌现，而我国工业互联网人才基础薄弱、缺口较大。当前亟待建立工业互联网人才培养体系，加强工业互联网人才培养的产教融合，明确行业和企业的用人需求，学校培养方向也要及时跟进不断变化的社会需求，强化产业和教育深度合作的人才培养方式。

因此，以适应行业发展和科技进步的需要为出发点，以"立足产业，突出特色"为宗旨，编写一系列体现工业和信息化融合发展优势特色、适应技能人才培养需要的高质量、实用型、综合型人才培养的教材就显得极为重要。

本套教材分为 5 册：《物联网技术》《网络通信技术》《工业大数据技术》《信息安全技术》《工业制造网络化技术》，充分反映了工业互联网新技术、新标准和新模式在行业中的应用，具有很强的先进性和实用性，主要用于在校生的学习参考和一线技术人员的培训，内容通俗易懂，语言风格贴近产业实际。

邬贺铨
中国工程院院士

前言

近年来，我国工业制造行业得到了突飞猛进的发展。改革开放以来，我国的工业紧随时代的东风，扶摇直上，如今我国已成为世界上首屈一指的工业大国。作为国家数字化转型的重要基座，工业制造的网络化改造具有重要意义。目前，新一轮的"东风"——新一代的移动通信与互联网技术逐渐掀起了产业变革的浪潮，只有紧随这场东风，在浪潮中领跑，我国工业才能保持竞争优势和领先地位。

首先，本书将系统地阐述中国制造业的发展、工业互联网的概念，对结合了互联网技术的新型工业体系如何提高生产效率、提升产品质量、缩短库房与用户之间的距离、优化决策效率和质量的模式与缘由进行阐述、分析，使读者了解工业生产走向现代化和智能化的宏观发展与变化趋势。

然后，本书将介绍时间敏感型网络（Time-Senstive Network，TSN）和5G等关键技术，并辅以应用场景的说明，方便读者理解。与其他领域相比，工业领域更看重设备与设备之间的通信，因此，工业互联网对于时间的敏感性更强，TSN和5G因其确定性网络的属性，在工业领域具有很大的发展潜力，可以推动智能电网、工业自动化等工业领域的飞跃式发展，使工业更好地与先进技术融合在一起。

其次，本书将对软件定义网络（Software Defined Network，SDN）进行讲解，未来工业网络将面临现场异构网络技术的统一管控问题，SDN将网络设备的控制平面和转发平面分离，实现控制平面的集中化，提高网络的灵活性。在根据工业应用需求动态、统一地调整异构网络资源和路由策略时，有效地降低网络能耗、提高网络能效。

最后，本书将对基于云制造技术的工业企业敏捷化的方式与特点进行介绍。工业制造的信息化是我国工业发展的必经之路，也是走向高效工业生产的重要途径。云制造技术是工业信息化发展的重中之重，这项技术囊括了许多先进的信息化技术，是云计算技术在制造业领域的深度延伸和拓展，在云制造模式下，工业企业可以更好地适应外部环境的变化，及时对经营战略和生产模式等进行调整。

在撰写本书的过程中，作者借鉴和参考了许多国内外专家和研究学者的研究成果，在此向这些专家、学者表示感谢。由于作者水平有限，书中难免存在一些错误，恳请广大读者批评指正。

本书配备教学 PPT 和习题答案，读者可扫描下方二维码加入"工业互联网技能人才培养教材"QQ 群免费获取。

编者

目录

第 1 章 中国制造业发展 ································· 1
1.1 中国制造业的发展历程 ····························· 2
1.2 制造业信息化的重大意义 ··························· 3
1.3 发达国家信息化的经验启示 ························· 6
本章小结 ··· 9
本章习题 ··· 9

第 2 章 工业互联网概述 ······························· 11
2.1 工业互联网的概念 ······························ 12
2.1.1 工业互联网的发展与影响 ······················ 12
2.1.2 工业互联网的内涵与特征 ······················ 14
2.1.3 工业互联网的发展现状 ························ 15
2.2 工业互联网总体技术 ···························· 17
2.2.1 工业互联网技术体系 ·························· 17
2.2.2 工业互联网体系架构 ·························· 32
2.2.3 工业互联网标准体系 ·························· 50
2.2.4 工业互联网产业模式 ·························· 52
本章小结 ·· 55
本章习题 ·· 55

第 3 章 TSN 技术 ···································· 56
3.1 TSN 的概念及相关技术标准 ······················· 57
3.1.1 TSN 的概念 ································ 57
3.1.2 TSN 相关技术标准 ·························· 59
3.2 TSN 关键技术 ·································· 63
3.2.1 高精度的时间同步 ··························· 63
3.2.2 更低的端到端时延及确定性 ··················· 67
3.2.3 高容错性及系统稳健性 ······················· 70
3.2.4 安全机制 ·································· 75

本章小结 ·········· 76
本章习题 ·········· 76

第4章 5G技术 ·········· 77

4.1 5G愿景 ·········· 78
4.1.1 5G总体愿景 ·········· 78
4.1.2 5G网络的特征 ·········· 79

4.2 5G网络性能与技术 ·········· 81
4.2.1 5G网络的性能指标 ·········· 81
4.2.2 5G关键能力 ·········· 82
4.2.3 满足5G关键能力的途径 ·········· 83

4.3 5G工业网络融合组网 ·········· 86
4.3.1 5G工业应用趋势 ·········· 86
4.3.2 5G工业应用组网模式 ·········· 88
4.3.3 5G应用场景 ·········· 94

本章小结 ·········· 98
本章习题 ·········· 98

第5章 软件定义网络 ·········· 99

5.1 软件定义网络的概念 ·········· 100
5.1.1 软件定义网络的起源 ·········· 100
5.1.2 OpenFlow原理 ·········· 107
5.1.3 开放网络基金会 ·········· 115

5.2 软件定义网络的关键技术 ·········· 116
5.2.1 SDN的工作原理 ·········· 116
5.2.2 SDN设备 ·········· 118
5.2.3 SDN流表策略 ·········· 122
5.2.4 SDN控制器 ·········· 123

5.3 SDN工业应用 ·········· 138

本章小结 ·········· 139
本章习题 ·········· 139

第6章 云制造与敏捷型组织 ·········· 140

6.1 云制造 ·········· 141
6.1.1 云制造模式的内涵 ·········· 141
6.1.2 云制造的运行原理及体系架构 ·········· 143

  6.1.3 云制造的特征及关键技术 ... 146
  6.1.4 云制造的研究现状及未来展望 ... 148
 6.2 云制造应用模式 ... 149
  6.2.1 个性化云制造模式 ... 149
  6.2.2 构筑集团企业的"私有云" ... 156
  6.2.3 搭建中小企业的"公有云" ... 160
 6.3 云制造敏捷性优化 ... 168
  6.3.1 敏捷型组织基本概念 ... 168
  6.3.2 技术敏捷性优化策略 ... 170
  6.3.3 顾客敏捷性优化策略 ... 172
  6.3.4 运营敏捷性优化策略 ... 173
 本章小结 ... 173
 本章习题 ... 174

缩略语 ... 175

参考文献 ... 183

第1章

中国制造业发展

▶ 学习目标

熟悉中国制造业的发展历程；理解制造业信息化的重大意义；认识我国与发达国家在制造业上的差距，借鉴发达国家信息化发展的经验。

▶ 本章知识点

（1）中国制造业的发展历程以及各阶段的特点；
（2）制造业信息化的概念及涉及的关键技术；
（3）制造业信息化对国家发展的重要意义；
（4）发达国家制造业信息化的发展历程及其可借鉴的经验。

▶ 内容导学

改革开放40多年以来，中国制造业的迅猛发展取得了令人瞩目的成就。制造业是推动中国经济快速增长的引擎，自2010年以来，我国制造业增加值连续11年保持世界第一。

学习本章内容时，应重点关注以下要点。

（1）熟悉中国制造业的发展历程

中国制造业的发展经历了3个重要阶段，从20世纪80年代以低成本生产要素为主导，到20世纪90年代以制造业装备现代化为支撑，再到21世纪的信息化快速发展，中国的制造业如今已成为世界范围内经济发展不可或缺的原动力。

（2）理解中国制造业信息化升级的必要性

制造业信息化结合了自动化技术、信息技术、制造技术与现代管理技术等，目标是实现制造的数字化、生产过程的智能化和企业经营管理的信息化，这有利于推动制造业的变革与创新，是新时代中国制造业适应全球竞争环境、生存和发展的必经之路，对提升我国制造业的自主创新能力和市场竞争能力具有重要意义。

（3）认识与发达国家的差距，借鉴其发展经验

发达国家在历次产业技术革命以及从经济危机到复苏的周期中，科技创新都始终如一地作为推动经济增长回升的主要动力；而一个国家科技创新能力强劲的根本在于先进的人才培养体系及全社会对科技创新教育的高度重视，它们为产业技术升级和经济发展提供了优秀的高端技术人才；同时，风险投资业的高度发达为创新活动提供了重要的资金支持；另外，制造业要快速发展离不开国家战略及产业政策的引导。我国必须实事求是、摸清差距、借鉴经验、结合国情，采取有针对性的对策、措施进行制造业信息化升级。

1.1 中国制造业的发展历程

改革开放40多年以来，中国制造业迅猛发展并取得了令人瞩目的成就。1978年改革开放伊始，中国制造业增加值占世界制造业增加值的比重不足1%，2012—2020年，我国工业增加值由20.9万亿元增长到31.3万亿元，其中制造业增加值由16.98万亿元增长到26.6万亿元，占全球比重由22.5%提高到近30%，一跃成为世界范围内经济发展不可或缺的原动力。回顾我国改革开发以来制造业的发展历程，可分成3个阶段。

第一阶段：20世纪80年代，以劳动力等生产要素为主导。

改革开放后，人们对电子产品以及轻工产品的热情促进了制造业的发展，多种国产工业产品占据了市场，甚至出现了供不应求的局面。特别是在20世纪80年代后期，国家政策的扶植以及沿海地区的对外开放程度的加深给了民营企业大展拳脚的机会。仅仅10年时间，中国各省大力建设各种工业园区。中国凭借劳动力、土地、原材料成本低以及巨大的市场吸引大批国外制造企业争相进入，至此，中国制造业正式开启了外资、合资和合作企业模式。

第二阶段：20世纪90年代，以装备现代化为支撑。

改革开放的第二个10年，中国制造业迎来新的"春天"。发达国家"去工业化"和"产业转移"的战略迫使其降低制造成本。中国制造业的土壤滋养了数量庞大的外资与合资企业。制造业设备的现代化使得企业的制造成本进一步降低，生产效率大幅提升，逐渐形成国际竞争力，赢得了大量的代工订单。中国已经逐渐成为国际制造业的生产外包基地，大规模经济逐渐形成。

第三阶段：2000 年至 2021 年，以产品创新与信息化为动力。

2000 年以来，中国的制造业已经进入了一个快速发展的新时期。重工业行业的产品创新发展对重型机械、模具和钢铁等原材料的需求量大幅增加，推动了整个制造业产业链的发展。同时，我国大中型制造企业得到了大量注入资金，企业资源管理（Enterprise Resource Planning，ERP）系统、产品生命周期管理（Product Lifecycle Management，PLM）系统、客户关系管理（Customer Relationship Management，CRM）系统等制造业信息系统的应用，使得制造业的发展进一步加快。

2001 年 12 月 11 日，中国加入世界贸易组织（WTO），标志着中国产业对外开放进入了一个全新的阶段。许多优秀的中国制造企业走出国门，进入全球市场，同时，国内一些大型制造企业也开启了国际范围的并购之旅。

当前，我国已经是世界领先制造业大国，不少工业品产量位居世界第一，一些产品的产量甚至比其他国家生产产品的总和还要大。但我国制造业"大而不强"，人均制造业增加值远低于美国、日本、德国，我国制造业发展还存在技术落后、产能过剩、资源利用效率低、劳动力工资快速上涨、利润持续走低、处于国际价值链的低附加值环节等诸多问题。未来几十年，我国制造业发展的主要趋势是"从大到强"。

我国的工业企业当前正在进入一个智能化升级的阶段。打造更具有国际竞争力的制造业，实现制造业向中高端转化，已经成为我国提升综合国力的必经之路。中国制造业在国际价值链分工中处于较低水平，中国制造业的发展方向应该从"中国制造"向"中国智造"转变。

1.2 制造业信息化的重大意义

制造业信息化结合了自动化技术、信息技术、制造技术与现代管理技术，以促进设计制造的数字化、生产过程的智能化和企业经营管理的信息化。高新技术的升级和制造业的发展，推动了制造业研发设计、生产制造、企业管理和营销方式的变革，促进了产品设计和制造模式的创新、企业管理和经营模式的创新以及企业间协作模式的创新，是新时代中国制造业适应全球竞争环境、生存和发展的必经之路，对提升我国制造业的自主创新能力和市场竞争能力具有重要意义。

《国家中长期科学和技术发展规划纲要（2006—2020 年）》将制造业信息化列为制造业发展的三大方向之一，明确提出"大力推进制造业信息化"的需求，全面提升制造业的整体水平，并将"数字化和智能化设计制造"列为优先主题。推进制造业的信息化发展已然成为中国依靠科技进步迈向"制造强国"之路的一项重要举措。制造业信息化工厂示意场景如图 1-1 所示。

图 1-1　制造业信息化工厂示意场景

制造业信息化是中国企业成长发展、应对全世界竞争的迫切需要。我国一项制造业信息化工程曾调查了分布在全国 27 个省市的 2968 家企业的制造业信息化技术需求,这些企业覆盖了制造业主要行业/门类。统计分析表明,企业对数字化设计技术和数字化管理技术有着广泛的需求。

(1)企业资源与业务整合对企业信息化提出了迫切需求。中国的制造企业已经为信息化技术的应用奠定了良好的基础,伴随着企业的业务水平和信息化水平的提高,企业对实现产品开发和企业管理信息系统的集成、消除信息孤岛和对既有资源的重用提出了迫切需求。其中,围绕主导产品开发,企业提出了以"甩图纸"为标志的三维建模、分析仿真、工艺规划、数控加工和质量控制等一系列信息流程的一体化需求;围绕企业生产、销售、成本以及采购等主要业务流程,企业以"甩账表"为标志,对信息化支持信息流/物流/资金流和经营管理业务流程提出了集成应用的需求;围绕信息系统的升级,企业提出了对既有资源进行重用和集成的需求。

(2)企业间的业务协同对企业信息化提出了迫切需求。在国际和国内的竞争中,中国企业与合作伙伴的业务合作越来越紧密,迫切需要信息化支持的业务协同体系。然而,现有的信息系统并不能满足企业间业务协同的需要。一方面,企业、合作伙伴和协作企业的信息系统不能很好地集成,无法有效满足企业间设计协同以及管理协同的需求;另一方面,缺乏支持企业群体间业务协同的产业和支持区域信息化的协同体系,无法实现对供应管理、销售管理和服务协同等跨企业主业务流程的有效支持,以降低产业链的协同成本和资源配置的成本。

(3)企业产品和管理的创新对企业信息化提出了迫切需求。随着产品创新开发和企业创新管理模式的迅速发展,仅支持几何设计和简单信息管理的系统已经不能满足企业的需求，企业期待信息化能够支持产品的优化设计和智能设计，同时，还可以支持企业业务流程的创新管理。围绕产品开发，企业提出了新的需求，需要将建模与仿真相结合，实现产品功能设计、性能优化、学科协同设计以及产品生命周期管理等功能；以企业管理为中心，企业提出了将信息集成与智能决策相结合，实现从信息统计向集数据挖掘、分析、诊断、知识管理和业务集成管理于一体的方向发展。企业对制造业信息化提出了更高的技术需求。

从国际视角来看，第二次世界大战后，世界信息化的步伐日益加快。一些西方学者开始将工业化的重点转移到信息或信息技术、信息产业和信息化的方向上，进行相关的理论研究和预测，形成了关于信息化、工业化与社会经济发展关系的各种理论，具有代表性的信息化的理论包括以下几种。

（1）后工业化时代，信息是一种重要新资源，信息经济将取代传统的物质经济。许多西方学者指出，从资源的角度来看，信息对经济活动有重大影响。他们认为，在现代经济和工业化的发展过程中，传统资源的稀缺性问题越来越突出，信息资源的合理开发和运用将弥补传统资源短缺，并能延续工业生产甚至推动工业化的发展进程。美国经济学家认为，物质的交易会导致竞争，而信息的交易可以促成合作。信息是一种可以真正分享的资源。美国未来学家曾表示，未来经济是从物质经济向信息经济的过渡。物质经济以规模经济、大群人生产与大量商品为特征，而信息经济则以人们生产数量较少而所含信息较多的商品为特征。信息社会或信息化的优势就在于信息经济用信息代替物质，从而保护了有限的自然资源，降低了产品成本。

（2）信息作为后工业社会中的一种新的重要生产要素，有助于经济效率的提高和可持续发展的实现。美国信息经济学家塞缪尔·A·沃尔珀特认为，"信息作为生产要素，基本上不同于传统的信息三要素（土地、劳动和资本）。信息是生产的第四要素，它像传统的信息三要素一样，对于生产是基本的和必需的"。信息作为生产要素的主要功能，是通过在信息化条件下所形成的，以信息为核心要素的新国民经济系统实现的。在深入考察和研究日本社会的信息化后，德国学者魏尔克认为，"信息化的结果不但对提高生产率和在能源与资源的保护上有贡献，而且在解决社会问题、扩大人类活动范围方面也会起到重要作用。信息化对整个社会的效应将既深又广，在某种意义上可以与18世纪的工业革命相比。可以肯定地说，信息化的发展状况决定了人类社会的未来"。加快信息技术的传播和应用，可以促进经济社会发展。而信息对可持续发展的影响则主要体现在信息提高能源或资源的使用率方面。

（3）信息化具有调整社会经济活动的作用，特别是影响了工业的经济结构和就业方式。很多西方学者指出，信息化促成了第三产业的大发展，使其在社会经济中所占的比重进一步增加。美国经济学家马克·尤里·波拉特在《信息经济》一书中对信息产业的不同行业进行了详细的划分，还预测了信息服务业等新兴产业所占比重将不断攀升。有3位美国经济学家从微观经济的角度，深入研究了企业获取信息的不对称性问题。他们认为，在市场经济中，信息的不对称性意味着一方经济主体比另一方经济主体知道的信息更多，这将直接影响企业的成本、收益和竞争力。此外，在社会经济活动中，信息还会影响就业方式，使得很多工作可以居家完成。

（4）信息化也促进了经济全球化的发展。美国未来学家约翰·奈斯比特认为，社会信息化有助于经济的全球化发展，"过去的时代已经结束，我们现在必须适应生活在一个所有国家互相依赖的世界中，各种经济活动的全球化已成为必然趋势，其中，汽车产业将成为第一个全球化的行业"。法国的一些学者认为，信息化对外贸也产生了影响，"由于获取世界性商务信息的及时性和充分性，外贸的机会也大大增加"。因此，社会信息化必然导致新的经济增长。

综合以上观点，我们不难看出，西方学者较早地认识到了信息或信息化对工业化和现代经济的重要影响。

1.3 发达国家信息化的经验启示

研究发达国家信息化的发展历程和内在动力，对中国走向新型工业化道路和加速中国的工业化进程具有非常重要的理论与实践意义。通过鼓励科技创新、重视人才培养、打造良好的投融资体系以及政府积极引导等举措，很多发达国家制造业信息化的进程大大加快，具体表现如下。

（1）高度重视科技创新对产业升级的支撑作用

发达国家在历次产业技术革命以及从经济危机到复苏的周期中，都始终如一地将科技创新作为推动经济增长回升的主要动力。从第一次工业革命到第二次工业革命，然后到电气化工业时代，再到信息化时代，以及智能化时代，科学技术无一例外地成为发达国家占领产业竞争优势的首要抓手。

从研发投入力度上看，美国、日本、韩国等都是世界上重要的研发大国和强国。欧盟发布的一份研究报告显示，2013年美国企业研发投入达1937亿欧元，占全球研发投资总额的36%，欧盟企业研发投入规模次之，为1624亿欧元，占全球的比重为30.1%，日本的研发投入为856亿欧元，占比15.9%，而中国的投资为203亿欧元，仅占3.8%。发达国家始终对科技研发高度重视，1996年，美国、德国、日本和韩国的研发投入占GDP的比重都已经突破2%，分别为2.4%、2.2%、2.7%和2.4%，随着时间的推移，各国不断增加研发投入，到2017年，这4个国家的研发投入占GDP的比重分别达到2.81%、3.04%、3.2%和4.55%。发达国家在尖端科技领域不断取得技术突破，并加强技术成果的产业化推广，推动了产业技术升级和增强了经济增长动力。发达国家的科技成果转化率已经达到60%以上的水平，而中国目前只达到30%左右。

领先的科技创新能力、创新成果及转化能力，使得发达国家能够控制产业技术的制高点，并以此优势加强对技术标准的控制和知识产权的保护，进而提升企业品牌的价值和影响力。例如，美国高通公司拥有3000多项码分多址（CDMA）相关技术的专利，这些标准已经被全球标准制定机构普遍采纳或建议采纳。高通已经向包括中国企业在内的全球125家以上电信设备制造商发放了CDMA专利许可，为其赚取了巨额利润。同样，微软和IBM也依靠技术专利的优势，成为业内的龙头，牢牢占领了价值链的高端环节，品牌和技术标准已经成为发达国家保持产业竞争优势、在全球范围内占据产业价值链高端环节的重要手段。因此，尽管随着新兴经济体的崛起发达国家制造业所占的全球比重有一定程度的下降，但发达国家仍然牢牢占据着技术创新和品牌创造的金字塔顶端，仍然掌控着高科技产业的核心竞争力，在高端制造业的优势仍强于后发的制造业大国。

（2）建立先进发达的人才培养体系

发达国家科技创新能力强劲的根本在于先进的人才培养体系及全社会对科技创新教育的高度重视。它们为产业技术升级和经济发展提供了优秀的高端技术人才，从而使科技创新能够始终保持旺盛的活力。在1996年，美国每百万人中研发人员的数量为3100，2011年，美国每百万人中研发人员的数量为4000，德国每百万人中研发人员数量为4100，韩国每百万人中研发人员的数量为5500。到了2019年，美国每百万人中研发人员的数量上升至4230，德国每百万人中的研发人员数量上升至4431，韩国每百万人中的研发人员数量从5500上升至7100。

美国的科技硬实力就是建立在发达的教育体系和人才培养模式的基础上的。美国高等教育十分重视创新和创造，以斯坦福大学、哈佛大学、麻省理工学院为代表的著名高校聚集了全球的精英人才，鼓励自由创意，并支持从创意到实现市场价值的全链条创新，形成了"创新梦工场""CEO的摇篮""知识资本再造"的人才培养和科技创新模式。同时，在美国政府、企业和大学的全面合作下，美国已经形成了遍布全国的工业实验室，为美国产业发展培育了一系列重要的技术和科技人才。1913年，美国全国大约只有50个工业实验室，但到1931年，几乎稍大一些的公司都开始建立自己的工业实验室，超过了1600家；1940年美国全国工业实验室达3450家；1956年为4838家。到20世纪70年代末，大约有15 500家公司拥有自己的工业实验室，工业实验室拥有的科技人员数量占美国科技人员总量的70%以上。

德国在鼓励培养高端研发人员的基础上也十分重视职业技术教育在产业发展中的推动作用。德国的职业教育相关法规规定青年人必须参加技术培训，企业有义务为青年工人提供技术培训岗位，这使得德国在生产一线的技术人员能够参与到技术创新活动中，通过学校和企业的密切合作，德国能够培养出大批高素质的产业技术工人，从而保障了德国制造业在全球始终保持较高的竞争力。

(3) 打造鼓励支持创新创业的投融资体系

产业技术创新是高风险活动，发达国家为了鼓励技术创新，建立了高效的投融资支持机制，实现了风险分担，降低了全社会的创新风险和成本。从产业组织的角度来看，发达国家如美国、日本、德国等都是以企业作为技术创新的主体，政府给予大量资金扶植，引导并形成主导产业的企业整合资源，进行行业整体的合作研发，以组织化、系统化的创新模式与其他国家展开产业竞争，不仅产业集中度高，企业的合作度也很高。

同时，风险投资的增加为创新活动提供了重要的资金支持。美国的工业创新实验室一方面得到企业的大力支持，同时风险投资企业提前介入，使得工业创新实验室拥有充裕的经费。从20世纪80年代到20世纪90年代，美国已经形成了一套完备的风险投资机制，尤其是对高新技术产业的中小公司的投资，使这些公司在发展高新技术的过程中得以迅速腾飞，如苹果公司正是依靠风险资本的模式建立起来的。核心技术加上风险资本的投入，推动美国的产业格局由传统的钢铁、汽车、建筑工业向高新技术的制造产业转变。

目前，美国发达的资本市场为科技创新和产业发展提供了充足的资本来源，美国软件行业的93.6%、半导体行业的84.8%、计算机及外围设备的84.5%、通信行业的81.7%的上市公司都在纳斯达克上市，微软、英特尔、雅虎、苹果、戴尔等有名的高科技企业的发展壮大，也都离不开美国灵活、快捷的融资市场机制的支持。

(4) 政府发布产业政策的积极引导

美国制造业始终保持世界领先地位，与美国的国家战略及产业政策的引导作用息息相关。第二次世界大战后，特别是冷战结束之后，美国在产业政策、贸易政策等方面，不断出台具有针对性的战略，引领产业不断升级，保持其长期领先竞争力。20世纪80年代美国实施了《美国1988年贸易和竞争力综合法》《国家贸易政策纲要》等，不断拓展美国产业的出口空间。20世纪90年代，美国又通过"通用的产业政策"，支持基础性的研究和开发。进入21世纪以来，美国贯彻"保持优势战略"，确保了美国在研发、制造、贸易方面的世界领先地位。特别是2008年金融危机以来，美国政府提出了一系列措施和计划，以帮助美国制造业在逆境中实现升级。正是美国的国家战略和产业政策的不断推进，推动了其制造业的崛起、信息化和技术服务业的高度发展，并促进了风险投资市场的发展、产学研的高效结合、成熟的人才培养体系的建立等，全方位地促进了产业结构的调整和升级。

德国在重视发挥市场作用的同时，也十分重视政府政策的引导作用。第二次世界大战后，德国政府在限制垄断、保障市场机制发挥作用的同时，加大了对关键领域的技术研究和开发的支持力度，促进了科技创新能力和工业竞争力的提高，通过政府制定计划，德国支持能源、航空、通信、材料、电子、光学、生物等关键领域的技术研究和开发活动的广泛展开。同时德国政府采取多种措施支持中小企业的发展，尤其是支持中小企业的研发活动，有力促进了中小企业的技术改造和创新。

日本政府的宏观调控在第二次世界大战以后的产业结构不断升级过程中发挥了主导作用。日本的产业政策是政府调控促进产业升级的典范，通过政府在产业发展方向上的计划与指导，日本较好地实施了国家能源战略，并大力扶持有发展潜力和战略意义的行业，通过增加资本、技术的投入，促进其迅速发展。同时日本通过立法等方式，促进了产业升级，营造公平、公正、公开的市场环境。

韩国产业升级的成功是国家战略成功的直接结果，在韩国的市场经济体制中，政府的主导作用较强，特别是20世纪80年代以前，韩国很大程度上依靠国家指导性计划干预经济，产业政策直接由政府提出并执行，并且有明确的发展计划和政府优惠政策支持。通过国家政策的积极引导和扶持，韩国的汽车、造船和IT产业实现了快速的发展。通过国家建立投资基金、提供优惠利率以及财政和贸易政策积极支持等方式，韩国创立了一批大型企业集团，提升并巩固了韩国主导产业的全球竞争力。

当前，我国必须根据各产业所处的发展阶段，实事求是，摸清国内外差距，借鉴发达国家的经验，结合我国国情，采取有针对性的对策、措施进行制造业的信息化升级。

本章小结

改革开放以来我国制造业的发展历程分为3个阶段：20世纪80年代，以劳动力等生产要素为主导；20世纪90年代，以装备现代化为支撑；2000—2021年，以产品创新与信息化为动力。制造业信息化结合了自动化技术、信息技术、制造技术与现代管理技术，以促进设计制造的数字化、生产过程的智能化和企业经营管理的信息化为目标，是新时代中国制造业适应全球竞争环境、生存和发展的必经之路，对提升我国制造业的自主创新能力和市场竞争能力具有重要意义。本章最后分析了制造业信息化的必要性，介绍了发达国家在信息化升级过程中所采取的高度重视科技创新对产业升级的支撑作用，建立先进、成熟的人才培养体系，打造鼓励支持创新创业的投融资体系、发布产业政策积极引导等战略措施，对我国制造业转型升级具有借鉴意义。

本章习题

1. 我国制造业发展分为几个阶段？简述每个阶段的特点。
2. 制造业在国民经济中占据什么地位？

3. 当前中国的制造业存在哪些问题？
4. 制造业信息化结合了哪些技术？简述其对我国发展的重要意义。
5. 制造业信息化对企业、国家、国际社会分别有什么意义？
6. 在发达国家制造业信息化的发展历程中，有哪些我们可以借鉴的经验？
7. 创新、人才与国家信息化发展之间的联系。

第2章 工业互联网概述

▶ 学习目标

掌握工业互联网的基本概念、技术体系与架构;熟悉工业互联网的发展历程、标准体系及特征;理解工业互联网的产业模式。

▶ 本章知识点

(1)工业互联网的基本概念与特征;

(2)工业互联网的发展历程及现状;

(3)工业互联网的技术体系与架构;

(4)工业互联网的标准体系;

(5)工业互联网的产业模式。

▶ 内容导学

在学习本章内容时,应重点关注以下要点。

(1)掌握工业互联网基本概念和本质内涵

工业互联网的本质内涵是"人-机-物"深度融合的智能网络空间,它是过去十几年两化融合、制造业信息化、信息通信技术(ICT)、传感器以及其他先进技术在新工业革命态势下的继承与发展、交汇与融合。

(2)掌握工业互联网基本技术体系

工业互联网的基础技术包括从工业技术与互联网技术层面支撑工业互联网系统建设和实施的各种关联技术,其中包括云计算技术、网络通信技术、物联网技术、工业大数据技术和信息安全技术，基本可以将这些技术概括为网络、数据、安全3个维度。

（3）理解工业互联网体系架构

工业互联网体系架构 2.0 包括业务视图、功能架构、实施框架三大核心板块，形成以商业目标和业务需求为牵引，进而明确系统功能定义与实施部署方式的设计思路，自上向下层层细化和深入。

（4）理解工业互联网产业模式

工业互联网的产业模式可以分为 3 层：基本层、增强层和创新层。基本层即原有产业的优化升级模式，增强层即跨界融合，创新层即突破原有角色，创造新的产品、服务和商业模式。

2.1 工业互联网的概念

2.1.1 工业互联网的发展与影响

随着我国新一代信息技术与制造技术的深度融合，在工业数字化、网络化、智能化转型需求的带动下，以泛在互联、全面感知、智能优化和安全稳固为特征的工业互联网应运而生。

工业互联网作为全新的工业生态、关键的基础设施和新型应用模式，通过新一代信息通信技术建设连接工业全要素、全产业链的网络，凭借人、机、物的全面互联，实现海量工业数据的实时采集、自由传输、精准分析和智能反馈，从而支撑业务的科学决策、实现制造资源的高效配置，并推动制造业的转型升级和融合发展。

具体来说，工业生产制造的流程可以简化为工厂购买设备、搭设生产线，购入原材料，工人入厂生产，最终向客户销售交付，在这个过程中涉及的工业产业链角色包括设备制造商、设备代理商或集成商、原材料供应商、工厂以及客户。因此，工业互联网的概念既包括工厂内整个生产制造过程的连接，尤其是重资产工业的设备连接，还涉及从设备制造商、供应商、工厂，再到客户的整个产业链的协同和连接。

1. 3T 融合

所谓 3T，就是 IT、OT、CT。IT 表示信息与计算机技术的发展，包括软件、互联网、云计算、大数据等；OT 表示运营与自动化技术的发展，包括 PLC 机器人、自动化与工业协议、以太网等；CT 代表通信与芯片技术的发展，包括射频、无线、物联网等。

工业互联网的发展伴随着 3T 融合，同时也促进了 3T 的融合。2012 年 GE（通用电气公司）首次提出工业互联网的概念，将 3T 融合推向了新的发展高潮。而 3T 的融合能够帮助企业优化运营、构建良好的预测性维护设备体系以及提高企业管理者的决策能力,使大量设备互联成为现实,让工业互联网在历史的舞台上大放异彩。

2. 工业互联网对制造业的影响

新一轮的技术革命和产业变革蓬勃兴起,工业经济的数字化、网络化、智能化发展成为第四次工业革命的核心。工业互联网作为制造业数字化转型的关键支撑力量,正在全球范围内不断颠覆着传统制造业的制造模式、生产组织方式以及产业形态,推动传统行业的数字化转型进程。下面我们将从资源配置模式、生产制造流程、运营管理决策以及商业模式创新4个方面阐述工业互联网对制造业产生的影响。

(1)资源配置模式

工业互联网为企业对接外部创新资源、创新生产能力以及获取用户需求提供了便利途径,为企业包含研发、设计、制造、采购和服务各环节在内的全生产生命周期提供了新的可能性。

工业互联网帮助企业为用户提供个性化定制服务。企业用户通过工业互联网平台参与到产品的设计过程中,实现企业与用户的无缝对接,平台通过提供定制化服务提升用户体验以及增强用户黏性。

工业互联网帮助企业实现了资源共享。企业将闲余设备实时在线租赁,提升资源使用效率的同时增加了企业的运营收入。

工业互联网促进了企业间的协同设计与制造。工业互联网使各个企业间合作研发、共同制造产品成为可能。企业间资源集成、统筹管理、协同优化,充分发挥各家优势,提升企业研发和生产效率。例如,中国商飞公司借助工业互联网在全球协同网络中实现了研发和制造的全程管理,在其支线飞机ARJ21中,有77%的零部件是由全球10多个国家、104家供应商协同研发和共同制造出来的。

(2)生产制造流程

企业通过工业互联网平台收集并分析产品生产过程中各个环节的数据,进而提出优化方案,形成基于数据的新型制造模式。

工业互联网提升车间智能化水平。工业互联网通过收集车间生产线上的指标数据来实时监控各环节的指标数据,若监控数据偏离指标正常值则发出警报,帮助企业及时发现潜在问题和规避潜在风险,尽量降低损失。

工业互联网优化企业的产品生产流程。平台采集并整合企业生产各环节数据,构建系统模型,通过虚拟化仿真和改进优化,理论结合实际优化企业的产品生产制造流程。

工业互联网推动企业现代化制造体系的建立。通过对企业产品生产制造过程的网络化和智能化控制,促进制造系统内部的数据共享、知识重用、业务协同和系统整合,实现科学管理决策和提高生产制造系统的柔性、精准性、自组织性,从而实现智能生产。

（3）运营管理决策

工业互联网帮助企业串联整合各环节数据，实现生产现场、企业运营以及供应链服务一体化，方便企业从宏观视角做出管理决策，实现管理升级。

工业互联网优化供应链管理。企业通过工业互联网平台收集供应链上各环节的数据，通过对产品生产、库存以及销售数据的统计分析，调整优化供需平衡，降低库存成本、提升用户服务满意度。

工业互联网协同生产和管理。工业互联网集成生产制造系统以及业务管理系统，实现生产与管理的协同优化。

工业互联网优化企业决策管理。工业互联网推动企业管理一体化，打破各环节壁垒，为企业管理提供智能化决策指导。

（4）商业模式创新

传统制造业以产品为中心，缺少服务提供保障。工业互联网平台帮助企业向智能化商业模式转型，打造"产品+服务"的新型经营模式。

工业互联网为产品全生命周期管理应用提供支撑。借助条形码等标识技术追踪产品的完整生命档案，为产品提供精准、全面的追踪式售后服务。

工业互联网为创新设备提供运维服务。工业互联网平台整合设备运行历史数据构建数学模型，引入人工智能技术对设备故障进行诊断分析并提供运行决策和维护服务。

2.1.2　工业互联网的内涵与特征

工业互联网的本质内涵是"人-机-物"深度融合的智能网络空间（如图2-1所示）。

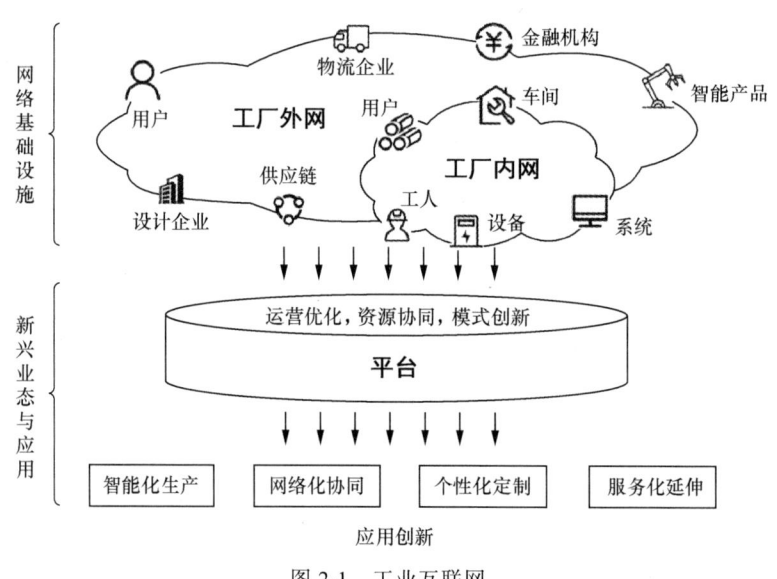

图2-1　工业互联网

首先，工业互联网是推动我国工业产业体系新旧动能转换的重要抓手，将全面连接工业生产中的全要素、全产业链、全价值链，是第四次工业革命的重要基石。工业互联网能够重塑工业体系要素、推动产业变革、提升生产效率、构建开放的创新体系，从根本上推动企业转型。

其次，工业互联网能够深度融合"新基建"各领域建设成果，体现为数字化、网络化、智能化时代的各项先进技术在工业领域的深度融合。在我国"新基建"领域中，5G 技术是工业互联网的核心支撑，数据中心是工业互联网平台的重要载体，人工智能是工业互联网的关键技术。因此发展工业互联网，可以有效推动 5G、数据中心、人工智能等领域其他新型数字化基础设施的建设，从而大幅提升"新基建"整体建设成效，更好地推动中国经济高质量发展。

深刻理解工业互联网的内涵有助于更好地贯彻"新基建"精神。下面将从构成要素、核心技术以及产业应用 3 个方面介绍工业互联网的内涵。

（1）从构成要素角度看，人、机器和数据共同构成了工业互联网的生态系统。在工业生产中，通过各种设备、机器连接入网，构建基于"云-管-端"模式的新型复杂体系架构。

（2）从核心技术角度看，工业互联网是实现数据价值的技术集成。工业互联网对数据进行收集、分析、整合、管理、决策，并为企业管理做出智能化决策指导。这一过程中各个环节对各类技术进行集成，完成了感知识别、远近距离通信、数据挖掘与处理、平台应用等任务。

（3）从产业应用角度看，工业互联网是一个庞大的网络制造生态系统，它为企业提供全面的应用服务，为各类数据以及资源信息提供了交互平台，挖掘出了数据的潜在价值。

工业互联网有以下四大特征。

（1）三元融合：人行为模型、工业过程模型以及信息系统模型共同构成了工业互联网。

（2）时空关联：工业互联网可以实时反映工业过程的时空变化。

（3）平行演进：信息空间与物理空间同步演进。

（4）智能涌现：实现工业过程的自感知、自分析、自优化和自执行。

2.1.3 工业互联网的发展现状

1. 全球工业互联网发展现状

近年来，工业互联网迅猛发展，产业规模与参与主体快速壮大，截至 2019 年，全球工业互联网市场规模近 8500 亿美元。工业互联网在美国以及欧洲、亚太地区均得到良好发展。其中美国的企业优势显著，GE、微软、罗克韦尔、亚马逊等巨头充分发挥自身优势，着眼于前沿创新，使得美国的工业互联网在业内保持主导地位。西门子、博世、ABB 集团、SAP 等欧洲工业巨头同样凭借自身在制造业的基础优势迅速发展工业互联网。CCID（中国电子信息产业发展研究院）提供的数据显示，2018 年全球工业互联网市场规模较 2017 年增长了 5.51%，达到 8059.1 亿美元，2019 年全球工业互联网市场规模进一步扩大，达到 8465.6 亿美元。

此外，全球领先的制造企业、ICT 龙头企业以及互联网主导企业基于自身优势，从不同层面和角度搭建了工业互联网平台。随着制造业从数字化阶段向网络化阶段加速迈进，工业互联网平台在全世界范围内迅速兴起。工业互联网平台呈现出 IaaS（基础设施即服务）寡头垄断的态势，PaaS（平台即服务）建设处于起步阶段，SaaS（软件即服务）受 PaaS 赋能不足的影响尚未发挥出潜力，处于萌芽阶段。

2. 我国工业互联网发展现状

我国工业起步较晚，但由于充分发挥自身低成本优势，工业规模和水平快速发展，目前我国已成为全球工业体系最完备的国家之一。完整的产业生态和规模庞大的生产设备均是我国工业领域宝贵的数据资产来源，可见，未来我国制造业数据类型将非常丰富、数据量巨大，具有得天独厚的优势。此外，国内消费互联网的崛起孕育了如阿里、腾讯等具有世界影响力的企业，这些企业在云计算、大数据以及人工智能领域的深入探索带动了工业互联网的发展。

总体而言，我国工业互联网正在稳步发展，但依然面临一些挑战。目前传统数据库厂商依然占据市场主导地位，企业依靠信息化厂商提供开源系统，缺乏一体化架构。要通过大数据与业务的深度结合，实现企业自上而下的全产业链互通，依然任重道远。

由于工业互联网的发展具有巨大的潜力，同时又与制造强国战略高度契合，2017 年以来，工业互联网已经成为中国政策的新焦点，不断传来来自国家层面的利好消息（如图 2-2 所示）。

2017年	11月，国务院发布《关于深化互联网+先进制造业、发展工业互联网的指导意见》，提出"三步走"战略
2018年	2月24日，经国家制造强国建设领导小组会议审议，决定在该小组下设立工业互联网专项工作组；2月27日，经国家发展和改革委员会批复，海尔COSMOPlat成为"国家级工业互联网+智能制造集成应用示范平台"
2019年	11月，工业和信息化部（以下简称"工信部"）发布《"5G+工业互联网"512工程推进方案》，提升"5G+工业互联网"网络关键技术产业能力、加强创新应用和提升资源供给能力是2022年之前工业互联网的发展重点
2020年	12月，工信部发布《工业互联网创新发展行动（2021—2023年）》，计划到2023年，工业互联网新型基础设施建设量质并进，新模式、新业态大范围推广，产业综合实力显著提升

图 2-2　工业互联网政策

虽然目前我国工业互联网平台的建设尚处在低中端的发展阶段，未来经过不断地推动和发展，我国工业互联网一定会在世界舞台上大放异彩。

2.2 工业互联网总体技术

2.2.1 工业互联网技术体系

工业互联网是融合工业技术与信息技术的系统工程，随着近几年的快速发展，已逐步形成包括总体技术、基础技术与应用技术在内的技术体系，如图 2-3 所示。

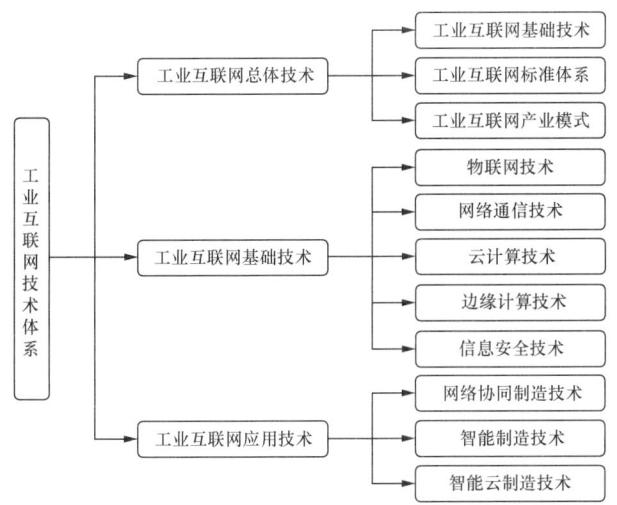

图 2-3 工业互联网技术体系

工业互联网的总体技术主要是指工业互联网作为一个系统，在工程开展、开发和实施过程中所涉及的集成技术，其中包括工业互联网的体系架构、标准体系及产业应用模式等。

工业互联网的基础技术涵盖从工业技术与互联网技术层面支撑工业互联网系统建设和实施的各种关联技术，其中包括云计算技术、网络通信技术、物联网技术、边缘计算技术和信息安全技术。

工业互联网的应用技术涵盖基于工业互联网开展智能化大制造的各种模式和应用，包括智能化先进制造、网络化协同制造和工业软件应用技术等。

下面，我们将从新一代网络通信技术、云计算、边缘计算及工业软件 4 个极具发展潜力及研究热度的研究方向介绍工业互联网的技术应用。

1. 新一代网络通信技术

工业互联网是第四次工业革命的关键支撑，5G 是新一代网络通信技术演进升级的重要方向，二者都是实现经济社会数字化转型的重要驱动力量。在ITU-R定义的5G的三大应用场景中，高可靠低时延通信（uRLLC）达到了工业控制对网络时延和可靠性的极高要求，海量机器类通信（mMTC）满足了在工业互联网背景下用户对海量设备的数据采集需求，增强型移动宽带（eMBB）则可支撑如工业环境中的超高清视频等应用。5G技术可为工业互联网提供的具体价值如下。

（1）超高速率信息的传输

在5G eMBB应用场景下，单用户峰值速率超过1Gbit/s，可满足工业客户对于高速数据采集、传输的需求，例如在工业场景下高清晰度视频信息的传输。

（2）超低时延

在5G uRLLC应用场景下，可将传输时延控制在10ms内，甚至在1ms内，满足在工业场景下的实时控制类应用的需求，是5G技术在工业场景下应用的核心特性。在这一领域，5G与以往的无线通信技术相比，具有颠覆性价值。部分工业互联网相关专家认为未来5G的应用80%将集中在工业场景。

（3）大容量

在5G mMTC应用场景下，可以实现$1km^2$范围内百万级设备的海量连接，满足未来"万物互联"的应用场景。

（4）移动性

近年来，"柔性"制造需求日益增加，传统的"连续流水线"将被可动态调整的"智能装配岛"所替代，而只有可快速部署、在移动条件下又可确保高可靠性信息传输的5G网络才能为车间内生产线的动态调整、部署提供有效的技术支撑。

（5）可靠性与安全性

5G在工业互联网中的应用可以完成设备与网络间的双向加密认证机制，防止任何形式的数据盗取，并且可以满足99%的工业需求。

在5G网络的技术加持下，工业互联网可实现"网络+数据+算法"的有机融合，发挥更大的作用。5G与工业互联网的有机融合是实现智能制造的关键途径，在以5G为代表的新技术推动下，制造业数字化转型从单一要素需求转向"要素+能力"一站式服务，通过5G与工业互联网的融合，以云计算、边缘计算为代表的计算技术为制造业高效、准确地分析大量数据提供了有力的技术支撑。产业链各环节产生的大量数据是驱动智能制造提高精准度的核心；以人工智能、机理模型等为代表的算法技术帮助智能制造发现规律并为智能制造提供智能决策支撑。

在工业领域会有eMBB、uRLLC、mMTC等多种业务并发的场景，同时部分工业应用需要在靠近现场的近端处理数据，另外考虑到机密数据的敏感性，企业不希望数据进入公网，因此，需要有针对性地设计网络架构以保障多样化场景下的网络性能，切片网络架构和边缘计算网络架构应运而生。5G 技术的出现和演进显著地提升了工业互联网的服务供给能力，为工业互联网快速发展提供了技术保障。

下面以 5G 在电力行业与制造行业的应用场景为例，介绍 5G 在工业互联网中的多样化应用。

（1）5G+电力行业

电力能源产业的大力发展是当今社会生产及国民经济发展的重要保障，随着社会的发展和进步，电力系统迫切需要提高自身的管理和调配效率，进一步向信息化、智能化的方向发展。另外，由于电网系统庞大且复杂，有着人为管控难度大、成本高、效率低等问题，为此需要不断引入新的信息与通信技术，以提升电力系统的管控效率和运行性能。

① eMBB 场景

eMBB 场景主要满足一些高带宽业务需求，是对数据采集类应用场景和业务信息传输场景的加强。目前，电力物联网（Electricity Internet of Things，EIoT）在这方面的应用主要是视频传输，包括变电站巡检机器人、输电线路无人机在线监测、配电房视频监控、移动式现场施工作业管控和应急现场自组网综合应用等。已经有不少相关研究人员尝试在这些场景中应用 5G 技术，并取得了一定成果。例如，中国联通联合广东省东莞市供电局在变电站内设置了基于 5G 的无人机 110kV 线路定点巡航，在回传的高清视频和图像中，能够清晰读取铭牌信息与线路状态，显著提升了巡检工作效率。

② uRLLC 场景

uRLLC 场景是对控制类应用场景和业务信息传输场景的加强，主要包括电力物联网中的无线控制及电力系统调度信息传输等业务。电力系统生产控制区域的不同服务对时延和可靠性有不同的要求，特定的业务包括分布式配电自动化、分布式能源调控、配电网差动电流保护和用电负荷需求侧响应。

③ mMTC 场景

mMTC 场景的关键在于连接部署的海量感知终端设备，满足海量连接的业务需求，是对采集类业务的全面完善。目前在电网中，一方面，由于数据传输技术的限制，很多感知终端仅能够收集和上传部分信息；另一方面，在局部系统中仅配备了非常稀疏的感知终端，这种"稀疏的数字化"在设备和系统的运行监测方面留下了诸多盲点，很多值得监测的用电信息数据被遗漏。在电力物联网中通过使用更多的感知设备，可以对电力设备的运行状态、电网中的能量流动等情况进行更加深入的了解，并有助于实现用电环节（分布式电源、充电桩、居民用户等）的信息采集、能效管理、智能电器等双向交互服务。

由于 5G 技术具有高速率、大容量、高可靠性、低时延、低能耗的特点，其能够满足电力系统的海量设备接入、海量电力数据传输、电网高可靠性、灵活协同响应、设备寿命持久等需求，因此，5G 技术对电力物联网的建设起到了重要的支撑和推动作用。与此同时，电力物联网的建设也将为 5G 通信技术的高效应用提供一种典型的范例。

（2）5G+制造行业

为满足制造业的数字化、自动化、智能化和协同化等迫切的转型升级的需求，新型工业物联网技术在工业领域的应用日益得到世界各国的重视。

① 物联网技术的应用

物联网技术作为连接工作人员和机器设备的关键技术，在智能制造企业中有着广泛的应用，5G 通信网络技术的优势在于能够与物联网技术很好的融合，以其较高的网络传输速度和较低的反应时间，极大地激发物联网技术在智能制造自动化模式中的应用，同时促进了 5G 通信网络技术自身的发展。

② 自动化控制技术的应用

自动化控制技术是智能制造技术的核心，是通过计算机发出指令，实现产品制造全过程的重要技术，该技术能够将人从生产线中剥离出去，降低人为操作过程中不稳定因素对工业生产造成的负面影响，5G 通信网络技术通过低时延、高速度、强稳定性等优势，在智能制造自动化控制的应用中发挥着重要作用。

③ 云机器人技术的应用

在智慧工厂的智能制造场景中，云机器人发挥着不可或缺的作用，能够代替人工操作完成多项复杂且危险的工作，云机器人还具有很高的灵活性，能够满足智能制造的"柔性"生产需求，5G 通信网络技术是云机器人的理想通信网络，能够提高信息传输的速率，降低云机器人接收指令的时延，从而提升云机器人的工作效率。

2. 云计算技术

（1）云计算技术基本概况

云计算是一种新型的计算模式。云计算是一种按次或者按需付费的服务模式，为用户提供可靠和便捷的计算、网络和存储资源。云计算可以为智能设备提供服务，包括智能手机、笔记本电脑等，通过虚拟化技术共享软硬件资源，并实现按需分配。同时，云计算实现了对用户的透明化，用户不需要具备专业知识，也不需要维护大量的服务器，它能够使用户从复杂的服务器管理和运维中解脱出来，让用户可以集中精力发展自身的核心业务，并且可以节省大量成本。在云计算这种新型的计算模式下，软件开发和架构将会产生一定的变化。首先，为了将软件部署到云计算平台，开发人员在软件开发阶段就需要考虑软件需适应云计算环境，并能够适应资源的动态变化；其次，软件要能够承受大规模的用户访问，并能够按需提供所需的资源；最后，软件提供服务的主要方式是通过网络，用户通过网络访问云计算平台。同时，在云计算环境下对于软件安全性和用户隐私的保护要求更高。

作为新型的计算模式，云计算是通过远端分布式的服务器提供资源，而不是通过本地的计算设备或者数据中心。云计算的主要特点包括超大规模的服务器集群、虚拟化技术、资源的可伸缩性、高可靠性和按需或按次收费的服务模式等。云计算平台一般拥有超大规模的服务器集群,通过将计算和存储需求分布到这些超大规模的服务器上执行来满足用户的需求。目前,主要的云计算平台拥有几十万台服务器,甚至上百万台服务器。虚拟化技术是云计算得到大规模应用的关键技术之一。通过虚拟化技术,云计算平台将大量不同结构和配置的服务器以虚拟资源池的形式呈现。云计算平台在虚拟资源池上进行资源的动态分配,提高了整体利用率,并达到了更高的收益率。云计算平台可以根据用户的请求动态地提供所需资源,满足用户不同的服务场景需求。因此,在工业互联网的场景下,需要云服务器去执行复杂的任务,并且需要任务卸载算法有效地判定任务是否应该运行在云平台上。云计算不同于以往的分布式计算和网格计算等计算模式,最重要的区别就是云计算平台提供按需或按次付费的服务模式。用户使用的云资源越多,时间越长,云服务提供商收取的费用越多。云计算平台的出现能够有效地减少企业在基础设施上的投资和维护基础设施的成本。为了给用户提供可靠的服务,云计算平台采取了一系列的措施来保证数据的安全性和服务的稳定性,例如通过分布式存储技术实现数据的快速备份和恢复。

（2）云计算的服务方式

云计算利用分布式技术、虚拟化技术和标准化的方法将异构的软件和硬件资源进行了统一的整合,而用户只需要访问云服务提供商的网站即可申请云资源,并按照用户实际需求和使用时间进行付费。云计算的体系结构可以分为图 2-4 所示的 3 个基本层次,从下至上依次为基础设施层、平台层和应用层,下面将详细介绍这 3 个层次。

图 2-4　云计算的体系结构

① 基础设施层：基础设施层位于云计算架构的底层，包括云计算平台中的计算设备、存储设备、网络设备和对设备进行虚拟化的软件。软件通过虚拟化技术，将基础设施层的所有硬件设备虚拟化，并组成虚拟资源池，对外提供统一形式的资源，从而体现云计算技术的特点。

② 平台层：平台层位于云计算架构的中间位置，即位于基础设施层之上，通过软件为云计算应用提供高可用性、高性能、便捷且方便管理的云中间件。平台层基于基础设施层的能力，为最上层的应用层提供统一的计算、存储和网络服务。

③ 应用层：应用层位于云计算架构的最上层，即位于平台层之上，并为云服务用户提供各种应用程序和访问接口。在云计算环境中存在很多应用场景，有面向企业用户的办公类应用，也有面向消费者的娱乐类应用。同时，云计算也可以根据用户的需求进行定制。以上所有的云计算应用场景用户都需要通过网络进行访问。

云计算所提供的服务可以分成3类，软件即服务（Software as a Service，SaaS）、平台即服务（Platform as a Service，PaaS）和基础设施即服务（Infrastructure as a Service，IaaS），下文将分别详细介绍这三种服务。

基础设施即服务：该服务为云服务用户提供计算、存储和网络等基础运算资源，并且允许用户在这些基础设施上部署自己需要的操作系统、应用程序等。用户不能控制和管理云计算平台的基础设施，但是可以选择自己需要的操作系统、存储空间等，有时候也可以控制基础设备的网络组件（如防火墙、负载均衡器）。IaaS是云计算平台的底层，通过虚拟化技术将基础设备虚拟化为统一的虚拟资源池。在虚拟资源池中，所有资源被虚拟化为统一的硬件资源。当用户申请资源时，IaaS通过虚拟机实例提供服务。

平台即服务：该服务向用户提供了完整的软件研发和部署平台，包括应用设计、应用开发、应用测试和应用托管等服务。在这种服务模式下，云服务用户不用再去购买基础设施和软件，只需要在PaaS下就可以创建、测试和部署自己的应用程序。相对于以前利用数据中心进行应用开发，采用PaaS模式可以为用户节省很多成本。

软件即服务：该服务是一种通过互联网提供软件服务的模式。云服务提供商将软件服务统一部署在云计算平台上。云服务用户通过租用软件来满足本身的需求，从而可以避免自己开发软件和维护软件功能，节省了大量的软件开发和维护成本，将资源集中到自身的核心业务上，从而增加企业的竞争力。

（3）基于云计算的工业互联网扩展思路

任何工业互联网平台的运行都需要云计算作为底层基础设施进行支撑，这也为云计算厂商发展工业互联网业务带来了一个得天独厚的优势。云计算厂商充分利用自身的传统资源优势，在过硬的IaaS层能力的基础上，打造自身工业互联网平台的PaaS层，通过完善和提升PaaS层能力，为与第三方应用开发厂商的合作奠定基础，并吸引更多的独立开发者基于平台能力进行应用开发，以期望能够为平台源源不断地汇聚 SaaS 层能力，进而形成自身成熟的工业互联网生态。云计算厂商的工业互联网能力拓展路径如图 2-5 所示。

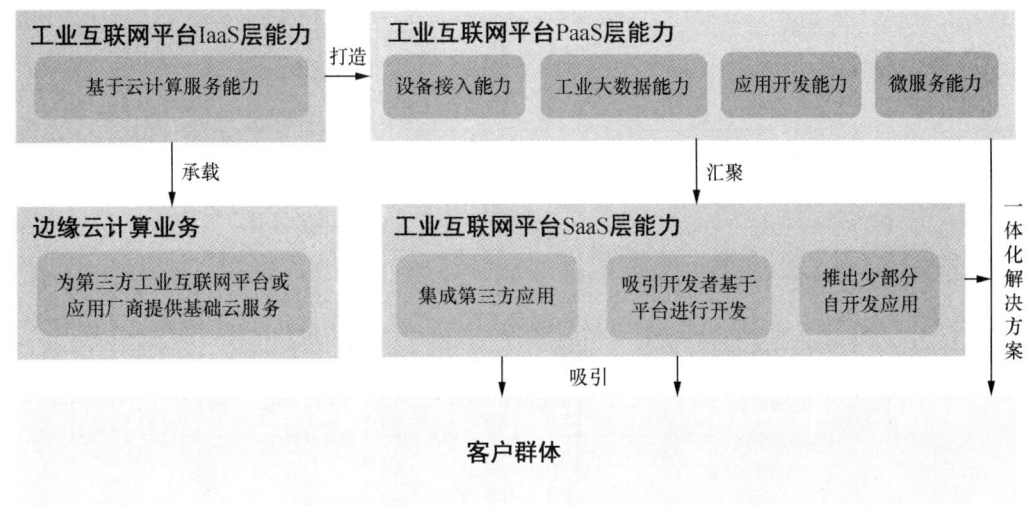

图 2-5　云计算厂商的工业互联网能力拓展路径

3. 边缘计算技术

随着工业互联网的发展，接入设备的增多，之前的云计算方式无法满足任务的服务质量要求，因此，边缘计算技术开始受到广泛的关注。

（1）边缘计算技术基本概况

边缘计算（Edge Computing）是最近几年兴起的计算模式。相对于云计算，边缘计算通过在设备或网络一端部署计算和存储资源来提供服务，主要处理云计算平台或设备发送的任务。边缘计算通过将边缘设备连接为一个统一的整体，根据不同的计算和存储需求按需地分配边缘资源。相对于云计算集中处理的方式，边缘计算所提供的服务靠近设备端。这种方式有利于降低网络堵塞等，同时也更加容易排查和解决一些网络问题。

边缘计算可以作为连接物理和数字世界的桥梁，就近提供边缘智能服务，满足行业的数字化变革在敏捷连接、实时业务、数据优化、应用智能、安全与隐私保护等方面的关键需求。

（2）边缘计算的基本架构

边缘计算将原本在云数据中心处理的复杂任务分为多个更容易管理的小任务，并将这些小任务分散到边缘服务器上去执行。边缘计算主要具有计算、存储、处理等功能，主要提供一些简单的数据和任务处理能力。边缘计算的体系结构可以分为图 2-6 所示的 5 个基本层次，分为边缘资源层、连接层、业务层、智能服务层和数据安全服务。

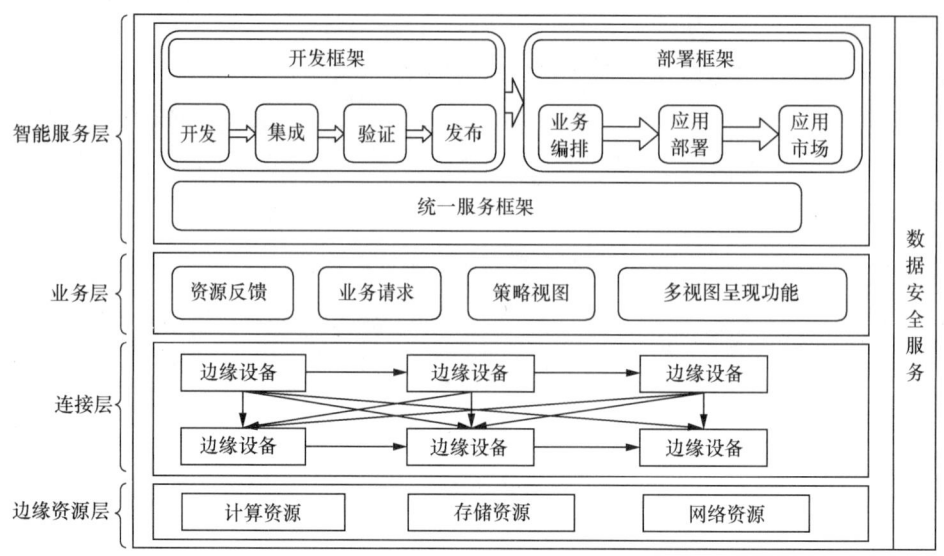

图 2-6 边缘计算的体系结构

边缘计算架构的第 1 层是边缘资源层，为上一层提供基础的计算和存储服务的硬件能力。第 2 层是连接层，这个层次主要是对边缘设备进行整合，通过网络实现设备之间的资源共享，将各个边缘设备整合为一个整体，为上一层提供一个统一的资源池。第 3 层是业务层，主要是接收生产设备的任务请求，并根据边缘设备的状态为其分配所需资源。第 4 层是智能服务层，为开发人员提供统一的接口，用于开发相应的功能。第 5 层是数据安全服务，主要是为边缘网络提供安全服务，防止外部网络攻击。

边缘计算通过智能分布系统、实时计算系统、轻量计算系统和智能网关系统为用户提供服务。其中，智能分布系统主要用于系统架构，通过网络将不同设备连接为一个整体并实现设备间的数据共享，为智能地提供资源打下基础；实时计算系统主要针对实时性的任务，能够快速地返回所需结果；轻量计算系统主要针对逻辑简单的任务，例如数据收集任务；智能网关系统能够实现各个边缘设备之间的互联并传输数据。

（3）边缘计算助力工业互联网发展

工业互联网的本质是基于"人-机-物"的全面互联而形成数据驱动的智能化变革，而边缘计算靠近物或者数据源头就近提供边缘智能服务，实现在集中式云端计算模式下无法实现的超低时延的数据交互与自动反馈，能够满足工业互联网对实时性和可靠性的发展要求。另外，边缘计算可承担数据预处理工作，在云端进行数据的再处理和深入分析的工作，包括共性和常用数据的存储和调用等，从而以云边协同的方式有效支撑工业生产网络化协同、智能化交互等新模式。工业互联网边缘计算部署架构如图 2-7 所示。针对特定行业对数据安全、用户隐私保护提出的要求，边缘计算网络架构将核心网下沉到园区或工厂，实现企业业务数据"不出户"，为企业提供更强有力的安全保障。从商业角度看，边缘计算可以节省传输资源，尤其针对视频类有大量数据传输需求的应用，能够实现在本地存储和运算数据，既节省了边缘到核心网和互联网的传输资源开销和商业成本，同时也缓解了中心云的计算负载与带宽压力。

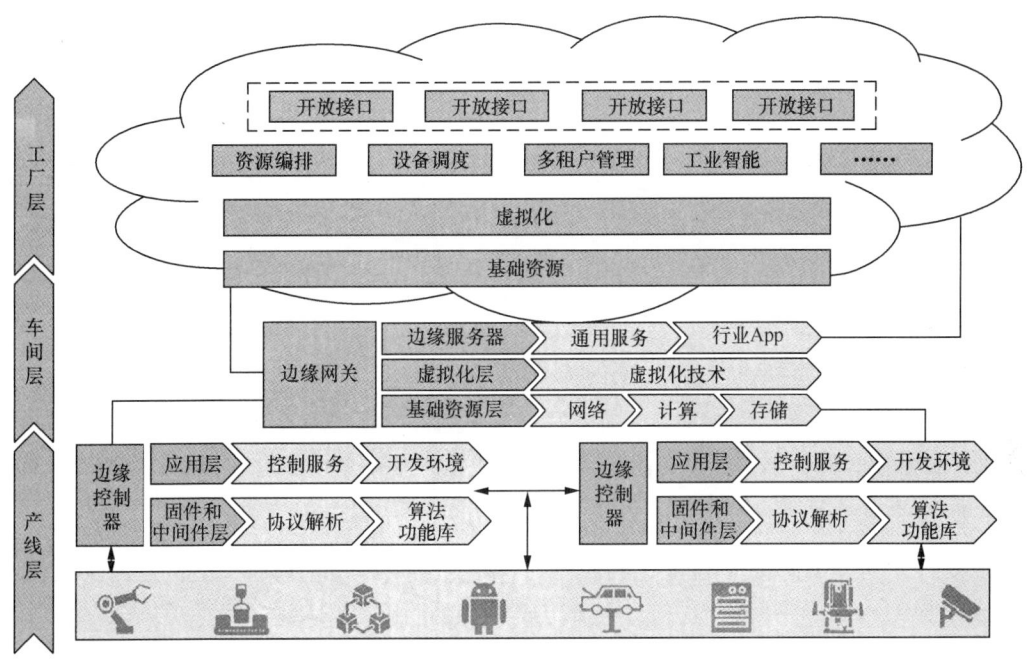

图 2-7　工业互联网边缘计算部署架构

4．工业软件

（1）工业软件的轻量化和平台化发展变革

对于工业界而言，无论是国家战略政策的制定，还是企业创新竞争力的提升，都需要仔细评估现有的工业根基，从自己最擅长的地方，找出合适的角度，切入转型升级的轨道中去。2010 年，中国已成为全球制造业第一大国，有着较强的工业基础能力。但是我国制造业"大而不强"的问题一直存在，核心问题是创新和研发能力不强，发展"智能制造"的主要瓶颈就是"缺心少魂"，"心"是集成电路芯片，"魂"是工业软件。因此一定要建立一个立体维度的工业价值观，既要解决集成电路问题，更要解决工业软件问题。从工业互联网的双跨平台到工业 App 的多样性、生态性的视角，紧紧抓住良机，突破工业软件的发展瓶颈，形成工业软件的新生态，推动工业 App 向工业互联网平台汇集，最终形成"建平台"和"用平台"双向迭代、互促共进的制造业新生态。

（2）工业 App 是工业软件化的重要成果

第四次工业革命的浪潮正扑面而来，世界各国都感受到了制造业转型升级的"热浪"。为应对这一轮工业革命浪潮，工业和信息化部先后出台了多个指导性文件，把数据作为工业转型的全新动力和引擎，使得这一轮工业革命与以往相比有很大的区别。2018 年 5 月，工业和信息化部先后发布了《工业互联网发展行动计划（2018—2020 年）》《工业互联网 App 培育工程实施方案（2018—2020 年）》。其中，工业互联网平台定位于工业操作系统，是工业 App 的重要载体；工业 App 则支撑了工业互联网平台的智能化应用。工业互联网平台为工业 App 提供必要的接口及存储、计算、工具、资源等环境支持，工业 App 是实现工业互联网平台价值的最终出口。

工业 App 是工业软件未来发展的新形态，是一个需要长期培育和开发的发展过程。新时代工业转型升级离不开新动能的培育，信息时代的工业发展离不开工业软件。工业 App 是基于工业互联网，承载工业知识和经验，满足特定需求的工业应用软件，是工业技术软件化的重要成果。

相对于传统工业软件，工业 App 具有轻量化、定制化、专用化、灵活和复用的特点。用户复用工业 App 后被快速赋能，机器复用工业 App 后快速优化，工业企业复用工业 App 实现了对制造资源的优化配置，从而创造和保持竞争优势。

工业 App 具有以下典型特征。

① 每一个工业 App 都是可以完整表达一个或多个特定功能、解决特定问题的工业应用程序。

② 工业 App 中封装了解决特定问题的流程、逻辑、数据与数据流、经验、算法、知识等，每一个工业 App 都是一些特定工业技术的集合与载体。

③ 工业 App 小巧灵活，可组合，可重用。工业 App 目标单一，只解决特定的问题，不需要考虑功能普适性，相互之间耦合度低。因此，工业 App 一般小巧灵活，不同的工业 App 可以通过一定的逻辑与交互进行组合复用，从而解决更复杂的问题。工业 App 集合与固化了解决特定问题的工业技术，因此，工业 App 可以重复应用到不同的场景中解决相同的问题。

④ 结构化和形式化。工业 App 是对流程与方法、数据与信息、经验与知识等工业技术进行结构化整理和抽象提炼后的一种显性表达，一般以图形化方式定义这些工业技术及其相互之间的关系，并提供图形化人机交互界面，以及可视的输入输出。

⑤ 轻代码化。工业 App 的开发主体是具备各类工业知识的开发人员。工业 App 具备轻代码化的特征，以便于开发人员快速、简单、方便地对工业技术知识进行沉淀与积累。

⑥ 平台化可移植。工业 App 集合与固化了解决特定问题的工业技术，因此，工业 App 可以在工业互联网平台中不依赖特定的环境运行。

(3) 工业 App 开发关键技术

① 便捷化开发技术

微服务、低代码开发平台、开发运维一体化、容器化等的使用降低了工业 App 的开发门槛，使工业企业可以快速地将工业技术、知识开发成工业 App。

- 微服务技术

微服务促进工业 App 的敏捷开发。微服务是一种"松耦合"的服务架构，单个微服务是独立的、可灵活部署的业务单元。多个微服务通过服务发现、服务注册、服务通信和 API 网关等实现微服务间的调用。依托微服务组件进行组合和高效配置，实现工业 App 的敏捷开发。例如，富士康的 BEACON 平台基于服务网格（Service Mesh）微服务架构提高平台功能解耦和组件的有效配置管理，基于多个微服务的灵活组合，加速应用开发的敏捷度，用友畅捷通基于阿里云提供的企业级分布式应用服务（Enterprise Distributed Application Service，EDAS），通过 Spring Cloud 技术体系建立的微服务应用，对原有的 IT 系统进行微服务化改造，可以在不改动任何代码的情况下实现平滑的迁移过程。图 2-8 所示是基于 Spring Cloud 的微服务架构。

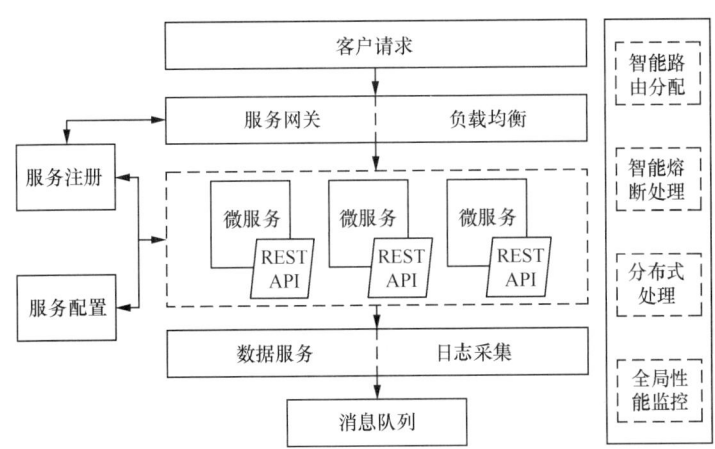

图 2-8 基于 Spring Cloud 的微服务架构

- 低代码开发技术

低代码开发平台降低了工业 App 开发的专业难度。该技术通过拖曳的方式帮助工业人快速开发特定场景的应用，提升企业开发工业 App 的能力。低代码开发平台可以有效解决 IT 和 OT 融合的工业难题。例如，西门子低代码开发平台 Mendix（西门子低代码开发工具 Mendix Studio 如图 2-9 所示）通过模型驱动自动生成代码的方式，降低了工业 App 的开发难度，实现了工业技术与信息技术人员融合，扩大了低代码应用开发范畴；PTC 依托 Mashup Builder 促进工业人员参与工业 App 的开发，PTC ThingWorx 平台集成 Mashup

Builder 低代码开发环境，平台通过预置 60 多款可视化组件，以托曳的方式快速构建应用，降低开发难度，促进工业人员参与开发，解决开发需求难题。

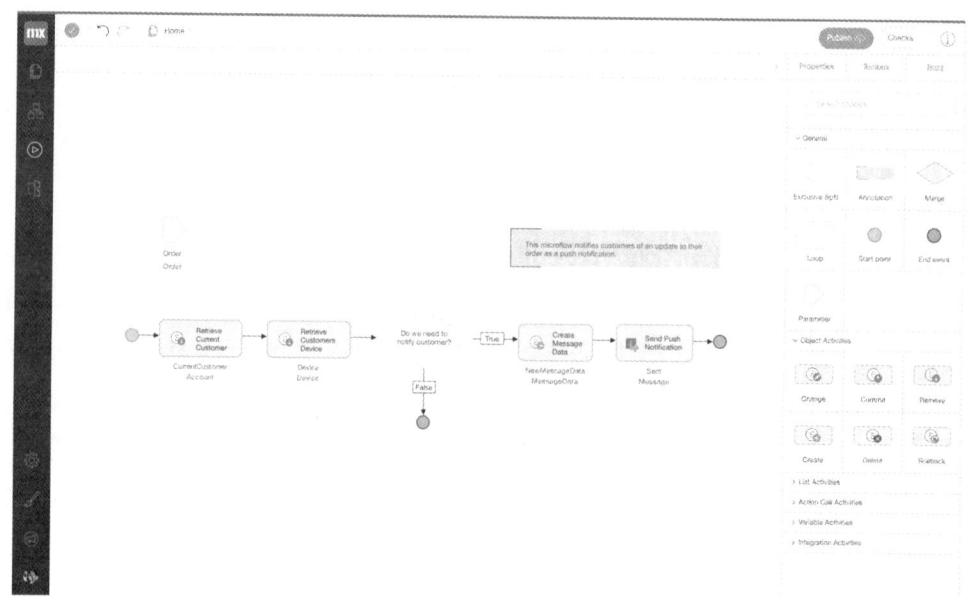

图 2-9　西门子低代码开发工具 Mendix Studio

- 丰富的 API 和 SDK 包，减少开发工业 App 的工作量。

丰富的 API 和多种开发语言环境的 SDK 包能够提高编码的复用率，减少工业 App 创新开发重复性工作量，实现高效率开发和快速集成。例如，机智云 Gizwits IoT Enterprise 平台为用户提供应用 API 和多种语言 SDK 包，通过扩展服务组件来提升工业 App 的应用开发效率；华为 OceanConnect IoT 平台的应用开发使能层通过提供丰富的 Restful API 和多种语言 SDK 包提升工业 App 应用开发、集成能力。

② 混合 App 开发技术

混合 App 开发技术促进跨平台应用。

- 工业 App 的运行平台逐步从 PC 端转向多种移动终端，支持多终端操作系统（Windows、Linux、Android、iOS 等）的跨平台混合开发技术有效降低了企业开发、测试、运维成本。

- 低代码开发平台的标准化优势有助于打破"云端孤岛"。低代码开发技术的标准化优势助力实现平台单点登录、数据库集成和 Web API 集成，强化工业 App 的跨平台集成、调用、移植能力，打破"云端孤岛"，促进同一企业内部不同应用之间的信息和数据流通。

在企业信息化的过程中，多数企业为提升竞争力引入来自不同厂商的应用，导致同一个企业内部的不同应用之间相互独立，生产信息和数据等均无法互通，特别是不同云服务商的工业应用形成一个个"云端孤岛"，为企业的信息系统管理和数字化转型升级带来了严重困扰。SYSWARE.IDE 工程师工作台为工程师打造统一的开发工作环境，将工业领域的数据、知识、技术进行模型化、组件化的封装和定义，并基于平台统一的连接和驱动机制，通过统一入口查看工业 App 执行历程、执行数据及工业 App 之间的调用关系，为企业提供产品设计、仿真、工艺优化、运维等服务，实现工业 App 的可重用、跨平台。

低代码开发平台实现数据库集成。基于低代码开发的企业应用可利用其他业务系统的数据库完成建模，直接进行读写，与其他业务系统实现数据互通；低代码开发平台可以实现 Web API 集成。低代码开发平台包含可视化 POST 数据命令，提供前后端编程接口，以实现不同厂商、参数和认证等 Web API 的集成；低代码开发平台还可实现单点登录。依托低代码开发平台构建单点登录，设置融合程序接口，实现系统间免登录认证和用户/权限/组织机构数据同步功能。例如，西安葡萄城自主研发的活字格企业级低代码开发平台（如图 2-10 所示）通过单点登录、数据库集成和 Web API 集成能力，帮助企业实现工业 App 集成，打破"云端孤岛"。

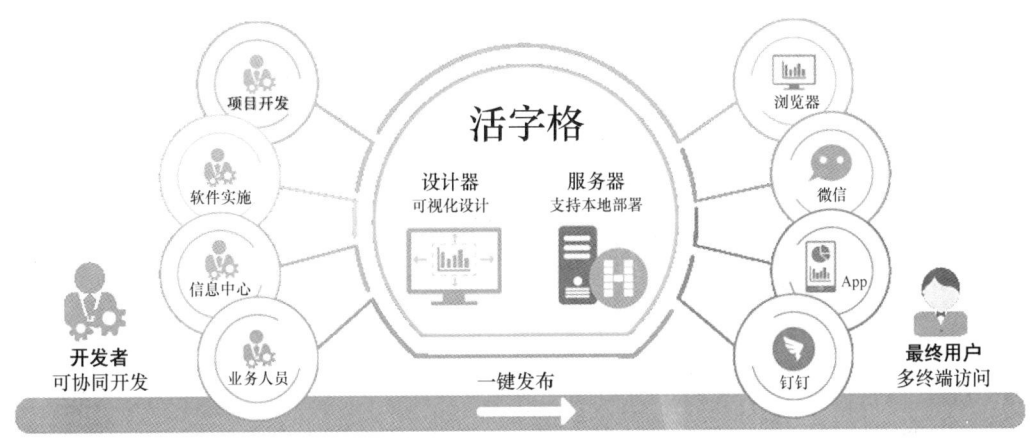

图 2-10　西安葡萄城自主研发的活字格企业级低代码开发平台

低代码开发平台是未来软件开发的主流模式，美国有数据预测，到 2025 年 90% 的软件应用开发都将在低代码开发平台完成。例如，国外的 OutSystems、Mendix 或者国内自主研发的 XJR 快速开发平台等，都可以开发 OA、ERP、CRM、HR、进销存等各种企业管理应用，并无缝集成、打通其他软件系统，实现各系统间的互联互通。

③ 部署运维标准化技术

工业互联网平台的技术发展与应用推广促进工业 App 与服务端的对接更加标准化。同时，《工业互联网综合标准化体系建设指南》也将加速工业 App 与服务端的对接标准化。例如，海尔的 COSMOPlat 平台和雪浪云的工业互联网平台都打造了开发、运维一体化工具，实现了工业 App 的开发、测试、发布全生命周期管理，在提升开发运维效率的同时，降低了企业开发成本；海澜智云平台和瀚云工业互联网平台提供了节能管理服务，虽然应用场景有差异性，但影响能耗的关键要素相似，部分要素已成为节能服务必须分析的要素；Cloudiip 平台和 INDICS 平台都基于功能齐全的 PaaS 平台提供统一数据接入、UI 框架、开发框架等开发环境，从而使企业和第三方开发者能低成本、高质量地快速完成工业 App 的开发，构建工业互联网新生态。

DevOps 技术从研发工程实践、研发价值流、技术运营、应用设计、安全合规和技术运营 6 个方面推动工业 App 运维、开发一体化，促进工业 App 标准化的同时降低运维成本。例如，IBM 的 IoT 平台借助平台自身的 DevOps 工具的版本自动化、快速开发、测试自动化和应用生命周期管理实现运维、开发一体化。

（4）4 类工业 App 案例探究

① 产品研发类。

以 2019 年推出的 CATIA Design 为例。以前常有工程师憧憬直接在互联网上进行 CAD（计算机辅助设计），而无须在计算机上安装数十 GB 的 CAD 软件，像其他互联网应用一样，工程师仅仅打开浏览器网页就可以进行 CAD。CATIA Design 正是为了满足这种需求而诞生的新 App。在达索公司的公有云平台上，用户通过浏览器网页就可以完成实体设计、曲面设计、装配设计，以及基本的 CAE 分析及优化。因此，无论是在计算机上，还是在各种移动终端上，如 iPad、智能手机等，用户都可以通过浏览器网页进行 CAD。同时，CATIA Design 结合公有云平台上已有的各种强大的设计模块，能将简单的零部件设计和复杂的整机设计结合起来，这将成为一种里程碑式的 CAD 模块。CATIA Design 的应用价值在于，用户通过使用它可以方便地在任意设备上，在任何时候进行 CAD 设计；CATIA Design 基于公有云平台，可以方便地分享给任何人，激发群体创新；无须在计算机上安装 CAD 客户端，且公有云平台自动推送最新版本，减少 IT 维护成本。山大华天和数码大方都是国内领先的工业软件公司，它们整合了云计算、物联网、移动互联网及创新设计与协同制造等技术，形成基于 SaaS 模式的产品创新设计、协同制造的服务模式，并自行研发了方便中小企业使用的基于移动应用的工业 App。

② 生产过程类。

基于深圳华龙讯达的木星工业互联网平台、木星工业物联网平台和木星数字孪生平台，烟草行业开展了基于 CPS（信息物理系统）的工业互联网试点工作。云南中烟红云红河集团曲靖卷烟厂初步构建了基于 CPS 的数字化工厂，一是构建以数据采集、建模、仿真为核心的工业互联网平台。构建数据采集服务组件，按照统一的数据标准实现企业人、机、料、法、环等数据在工业互联网平台上的汇集、分类、分析与共享；构建数据建模服务组件，使工厂具备虚实联动的能力、模型驱动生产的能力；构建数字孪生服务组件，实现实体车间、虚拟车间的全要素、全流程、全业务数据的集成和融合。二是开展智能化生产及管控等工业应用建设。根据订单预演生产过程，模拟仿真从原辅料的出入库到成品卷烟产出的制造全过程，优化人员、设备、物料、计划等资源配置。全方位感知生产调度、工艺质量监控、设备运转、能源供应等，将实际运行数据与预定义生产数据进行对比，从全要素、全流程、全业务角度对生产过程进行在线诊断，并以实时调控指令的形式作用于实际生产过程，优化控制生产过程，提升制造管控能力。曲靖卷烟厂通过数字孪生工业 App 应用，促进了生产工艺改进、技术提升和流程再造，实现了降本增效。据统计，生产效率提高了 8%，设备维修时间从 2 小时缩减至 20 分钟，维护费用减少了 10%，每 100 万大箱的生产成本减少了 0.6 亿元。在工业和信息化部的推动下，这种创新的数字孪生工业 App 应用模式正在向航空制造业、汽车制造业、机械工业、船舶制造业等多行业、多领域的上百家企业全面推广。

③ 综合保障类

离散产品制造业中树根互联的根云平台、徐工 Xrea 平台，流程产品制造业中东方国信的 Cloudiip 平台等在国内外多行业、多类型的工业企业有上千个成功的应用案例。围绕工业设备远程维护的复杂客户需求，打破不同企业的不同系统与各类设备、不同国家的各种总线、各种通信协议之间的技术壁垒，实现人与工业设备的直接通信，实现工业设备状态监控、实时定位、远程控制、异常预警、故障报警、工况采集、远程升级等诸多功能。平台构建了数千种工业设备远程运维系统，能够做到发现问题早、定位问题准、解决问题快，提升运维效率；基于工业设备数据，帮助客户更深入了解产品，开展定制化服务或优化整改，提升产品质量和服务，为未来的装备设备预测性维护和智能维护打下良好的基础。上千种工业 App 针对工业设备提供智能服务，主要对工业设备上传的数据进行有效筛选、梳理、存储与管理，并通过数据挖掘、分析，向用户提供对工业设备的日常运行维护、在线检测、故障预警、诊断与修复、运行优化、远程升级等服务，并通过数据的积累和工业机理的结合，实现预测性维护、改善质量等。

④ 综合管理类

航天云网 CMSS 环境基于 INDICS 云平台为工业应用提供统一的集成和协同环境。CMSS 支持云制造模式下企业/工业应用服务的动态集成与协同，实现基于区块链制造服务动态集成和基于虚拟样机的业务智能协同，支持将工业软件和模块按不同的价值快速组合在一起。CMSS 的建设进一步承载工业 App 的生态应用体系，支撑智慧研发、精益制造、智能服务、智慧企业、生态应用等企业全生命周期应用，支撑智能化改造、协同制造和云制造 3 种制造模式。CMSS 的核心功能由开放的智能协同类工业 App 构成，包括跨企业协同设计、制造资源调度与生产排产、制造过程执行与智能管控、跨地域/跨学科/跨专业虚拟仿真、跨企业供需精准对接与服务动态协同等。同时，CMSS 还集成了智慧研发 App、精益制造 App、智慧服务 App、智慧管控 App 和生态应用 App，共同形成了以软件服务为核心的 CMSS 云制造支撑架构体系。

2.2.2 工业互联网体系架构

2016年，工业互联网产业联盟（AII）发布了《工业互联网体系架构（版本1.0）》，推动产业各界在认识层面达成共识，为开展工业互联网实践提供了参考依据。通过几年来的理论和实践探索，国内外均形成了大量探索实践成果，丰富、多样化的企业实践和新技术应用也对工业互联网的体系架构提出了新的要求，产业亟需一份科学、清晰、可操作的新一代指南。2020年，工业互联网产业联盟在工信部的指导下，整合行业共识，发布了《工业互联网体系架构（版本2.0）》，在1.0版本的基础上，进一步从业务、功能及实施3个角度对工业互联网的参考体系架构进行了重新定义，为推动产业互联网创新发展提供了有力的指导和参考。

考虑到各行业对工业互联网体系架构提出的需求，综合考虑体系的系统性、全面性、合理性以及可实施性，工业互联网体系架构设计，以业务视图、功能架构、实施框架三大板块为核心，自上向下形成逐层映射。

业务视图对工业互联网的产业目标、商业价值、应用场景以及数字化能力进行了定义。指导企业制定数字化转型策略以及关键技术路线，体现工业互联网的关键能力与功能，并为后续的功能架构设计提供了指引。

功能架构明确企业支撑业务实现所需的功能，包括基本要素、功能模块、交互关系和作用范围。功能架构提出了工业互联网功能原理总体视图，形成实体与数据间的交互、映射，全面覆盖设备到产业各层级，体现网络、平台、安全三大功能体系在设备、系统、企业、产业中的作用与关系，并为后续工业互联网的实施框架的制定提供参考。

实施框架描述实现功能的软硬件部署，明确系统实施的层级结构、承载实体、关键软硬件和作用关系，以网络、标识、平台、安全为核心实施要素体现设备层、边缘层、企业层、产业层、各层级中工业互联网软硬件和应用，指导企业的技术选型与系统搭建。

1. 工业互联网总体业务视图

在体系架构研究中，业务视图用以解决工业互联网带来哪些价值、企业需具备哪些能力等问题，为不同层级的应用提供指引。包括以下4个方面。

（1）产业层

产业层包含工业互联网在国家战略布局、产业全面发展层面的作用机制，即通过构建新基础来催生新动能、实现新发展。就产业层而言，工业互联网业务能力体现在依托信息化、自动化基础，推动产业沿数字化、网络化、智能化的路线演进，从而构建起全要素、全产业链、全价值链全面连接的新型工业生产制造和服务体系，带动产业向高端的发展方向迈进，最终实现工业数字化转型和经济高质量发展。

（2）商业层

商业层阐述工业互联网指引企业发展方向的作用机制，即帮助决策人确立企业愿景、战略方向、战术目标，体现工业互联网在企业的数字化转型、构建竞争优势的战略中的重要作用。从商业角度来看，工业互联网主要为企业带来提升产品价值、创新业务模式、降低运营成本 3 类成效，在此基础上渗透企业内部的各大环节，细分出商业模式创新、需求快速响应、产品质量提高、生产效率提升、运营管理优化、资源灵活调配、交付速度加快等若干战术目标，拓展过去信息化、自动化发挥作用的边界和层次。

（3）应用层

应用层表现在工业互联网的作用下，产品链、价值链、资产链的演进和协同，帮助企业的信息化主管、技术主管等认识各链条内部的内容、链条之间的关系。就应用层而言，工业互联网依托全新的互联互通能力，打通从产品设计、流程规划到生产过程的产品链，连接从产品订单、生产计划、材料与供应、制造、交付分销到客户支持的价值链，覆盖从系统设计、建造、投产、运维、退役到报废回收的资产链。

（4）能力层

能力层定义了工业互联网作用于垂直行业实际场景的五大关键能力，指导企业工程师等具体实施人员开展实践，包括对人员、机器、物料、方法、量、环境等全要素的泛在感知能力，对客户需求、市场变化的敏捷响应能力，对全局资源的灵活重构与协同能力，对生产活动的动态优化能力，以及进行智能化决策的能力。

2. 工业互联网功能架构

功能架构是工业互联网体系架构的核心，揭示了工业互联网系统的基本要素、功能模块、交互关系和作用范围。其中包括功能原理、网络体系、平台体系及安全体系 4 个方面。下面将首先阐述大数据在工业互联网中的作用，再着重介绍网络体系。

工业互联网与大数据的融合是工业企业发展的巨大动力，企业通过工业互联网，将来自数据操控平台的信息汇总，依据相应的产品技术要求，实现数据的解读与分析，从而提炼出对企业有价值的信息。而大数据可以在跨学科技术融合的基础上进行信息的汇总与管理，提炼出产品最具有价值的信息。通过互联网与线下的其他传播渠道，建立新投资目标，发现新趋势、提供解决复杂问题的新路径。在工业互联网时代，通过纳入来自产业链上下游及跨界的数据，实现从工业数据向工业大数据的转变。

工业互联网在融合大数据的前提下，提升了产品的智能化，并充分拓展了行业的相关应用。产品的智能化是把机器处理和导出系统渗透到工业产品的生产过程中，保证产品的感知、存储等能力，实现产品的信息化定位、识别、复原。目前互联网汽车、工程机械、智能家电等是产品智能化的热点领域。同时，工业互联网和大数据通过网络连接到企业管理平台。企业管理平台可以利用无线网络、视频远程故障诊断等信息服务系统对设备的运行进行远程操控，及时播报预警。

（1）工业大数据的特征

工业大数据作为对工业相关要素的数字化描述和在赛博空间中的映像，首先符合大数据的"4V"特征，即规模性（Volume）、高速性（Velocity）、多样性（Variety）、价值性（Value）。相对于其他类型大数据，工业大数据还具有反映工业逻辑的多模态、强关联、高通量等新特征。

多模态是指工业大数据必须反映工业系统的系统化特征及各方面要素，包括工业领域中"光、机、电、液、气"等多学科、多专业信息化软件产生的不同种类的非结构化数据。比如三维产品模型文件不仅包含几何造型信息，还包含尺寸、工差、定位、物性等其他信息；飞机、风机、机车等复杂产品的数据又涉及机械、电磁、流体、声学、热学等多学科、多专业。

强关联反映的是工业的系统性及其复杂的动态关系，不是数据字段的关联，本质是指物理对象之间的关联和生产过程的语义关联，包括产品部件之间的关联关系，生产过程的数据关联，产品生命周期设计、制造、服务等不同环节的数据之间的关联及在产品生命周期的统一阶段涉及的不同学科、不同专业之间的数据关联。

高通量即工业传感器要求瞬时写入超大规模数据。嵌入了传感器的智能互联产品已成为工业互联网时代的重要标志，用机器产生的数据代替人产生的数据，实现实时感知。从工业大数据的组成体量上来看，物联网数据已成为工业大数据的主体。以风机装备为例，根据 IEC 61400-25 标准，持续运转的风机的故障状态，其数据采样频率为 50 Hz，单台风机每秒产生 225 KB 传感器数据，按 2 万台风机计算，如果全量采集，则写入速率为 4.5 Gbit/s。总体而言，机器设备产生的时序数据的特点包括海量的设备与测点、较高的数据采集频度（产生速度快）、巨大的数据总吞吐量、7×24 小时持续不断呈现出"高通量"的特征。

（2）工业大数据的采集

① 工业大数据的主要来源

- 生产经营相关业务数据

生产经营相关业务数据主要来自传统企业信息化范围，存储在企业信息系统内部，包括传统工业设计和制造类软件、企业资源管理系统、产品生命周期管理系统、供应链管理（Supply Chain Management，SCM）系统、客户关系管理系统和环境管理系统（Environmental Management System，EMS）等。这些企业信息系统已积累了大量的产品研发数据、生产性数据、经营性数据、客户信息数据、物流供应数据及环境数据。此类数据是工业领域传统的数据资产，在移动互联网等新技术应用环境中正在逐步扩大所涵盖的范围。

- 设备物联数据

设备物联数据主要指工业生产设备和目标产品在物联网运行模式下，实时产生的涵盖操作和运行情况、工况状态、环境参数等体现设备和产品运行状态的数据。此类数据是工业大数据新的、增长最快的数据来源。狭义的工业大数据指该类数据，即工业生产设备和产品快速产生且存在时间序列差异的大量数据。

- 外部数据

外部数据指与工业企业生产活动和产品相关的来自企业外部互联网的数据，例如，评价企业环境绩效的环境法规、预测产品市场的宏观社会经济数据等。

② 工业大数据的采集方式

工业大数据采集是制造企业数字化转型的前提。工业互联网在助力企业转型升级的过程中成为工业大数据采集和应用的新载体。其边缘层通过接口、协议或系统集成的方式完成对不同来源的数据的接入与实时采集。

工业互联网利用数据接口连接企业信息系统，支持 ERP、CRM、MES 等应用系统的数据的批量或增量导入，实现异构系统中数据的统一管理。

工业物联网数据采集主要包括工业现场数据采集和工业产品数据采集两种采集方式。工业现场数据采集针对现场工业控制系统和设备。生产现场的自动化与控制系统，如 DCS（分散控制系统）、SCADA（数据采集与监视控制系统）等，借助传感器、采集器、射频识别等实现对地理位置集中的底层设备或分散的工业现场设备进行监视与数据采集。在客户端投入使用产品或装备后，通过 4G、5G、NB-IoT 等无线通信技术接入工业互联网，利用标识、传感器等获取产品信息、能耗、温度、工作电流、电压等生产实时指标数据，完成数据的采集。

企业决策不仅受自身资源、管理条件的限制，还受外部环境的影响。借助数据抓取等技术可以从市场、合作伙伴或竞争者等处获得外部跨界数据，包括从市场动态数据中提取的消费者对产品的满意度和未来需求的相关数据、合作伙伴或者竞争者的动态发展数据等。

（3）工业大数据分析与应用

工业大数据的分析与应用贯穿了制造企业生产经营的全过程。工业大数据在研发设计、生产制造、远程运维、运营管理等方面帮助制造企业实现了降本增效与提质增收。

① 研发设计

在数字经济时代，市场环境复杂多变，企业高效率地进行工业产品设计是缩短交付周期、提升企业竞争力的前提。工业大数据支持产品协同设计、智能装备的数字化设计以及建模仿真等。例如，在航天云网的支持下，依托数据和模型实现了航天企业产品的协同设计和多学科建模仿真；通过工业互联网技术感知多维数据，利用半监督学习和朴素贝叶斯分类器来处理工业数据，对工业数据进行关键词提取、情感分析、语义关联，实现智能设备的数字化设计；利用模糊逻辑、神经网络、遗传算法、物理规划等计算智能（Computing Intelligence）技术进行概念设计方案的选择与评估，帮助设计人员快速找到坦克发动机的最佳设计方案。除此之外，应用回归、聚类和关联规则等常见的数据挖掘方法能够辅助产品设计与产品的性能优化，缩短产品的开发周期。

② 生产制造

企业依托工业互联网采集生产过程中的工业大数据，在生产工艺参数优化、能耗管理、质量管控、生产调度、智能排产、生产监控等应用场景实现了工业大数据的深度应用。其中，算法和模型的利用是工业大数据发挥价值的重要手段。

③ 远程运维

制造业的发展依赖于大型装备与关键设备，设备的正常运行对工业企业的正常运转至关重要，而工业互联网连接广、速度快、时延低的特点加速了远程运维服务的发展。利用统计技术和机器学习方法，如决策树、K-means、贝叶斯算法、关联规则、神经网络、支持向量机、红外图谱诊断等智能分析算法，结合基于图谱的识别技术，分析产品运行的时间序列数据，能够识别设备在异常状况下的影响因素。利用工业互联网实现设备故障诊断与预测性维护，降低了工人运维工作的强度，通过设备运行实时状态监测、自动预警和故障诊断维护，实现了对机器的安全运营，提高了设备可用率，推动了设备运维智能化的发展。

④ 运营管理

在客户需求多样且复杂的环境下，工业大数据的应用使企业数字化运营成为可能。工业大数据通过利用遗传算法、神经网络、关联规则、支持向量机、时间序列预测等智能算法或模型，帮助企业在供应链弹性优化与协同、需求预测等场景下实现企业的数字化运营。

在工业互联网环境下，工业大数据还被应用到制造企业的库存优化、配送优化、精准营销、金融服务、客户关系管理等场景中。例如，企业通过对终端产品加装传感器实现基于物联网的产品追溯；制造企业通过使用大数据分析，可以了解客户的位置分布和客户需求，使产品的精准营销、库存与配送的优化成为可能；制造企业在进行客户关系管理时，引入分类或聚类算法，根据历史客户数据进行客户群细分，以便进行交叉营销和潜在客户的挖掘，主动服务客户，提高企业运营效率。工业互联网也成为金融机构与中小微企业对接的渠道与中介，通过数据分析助力金融机构准确评估信贷风险，建立中小微企业的信用评级体系，改善中小微企业融资难的现状。

网络是工业互联网发挥作用的基础，由网络互联、数据互通和标识解析3个部分组成。

（1）网络互联

网络互联就是通过有线或者无线的方式打通工业互联网体系各要素壁垒，贯彻企业与其上下游、产品和用户的连接，实现多元业务数据端到端传输。网络互联分为工厂内网和工厂外网两部分，如图2-11所示，工厂外网是指以支撑工业全生命周期各项活动为目的，用于连接企业上游与下游，企业与智能产品、企业与用户的网络。近年来，我国大力建设满足试验和商用需求的工业互联网企业外网标杆网络，初步建成适用于工业互联网高可靠、广覆盖、大带宽、可定制的支持互联网协议第六版（IPv6）的企业外网基础设施。同时，工厂外网的服务呈现出普遍化、精细化、灵活化的趋势，外网服务逐步普遍化，云网协同模式逐渐形成。云计算的发展为企业信息系统的外网化提供了平台，全面助力海量设备的远程监控、维修、管理、优化等业务。

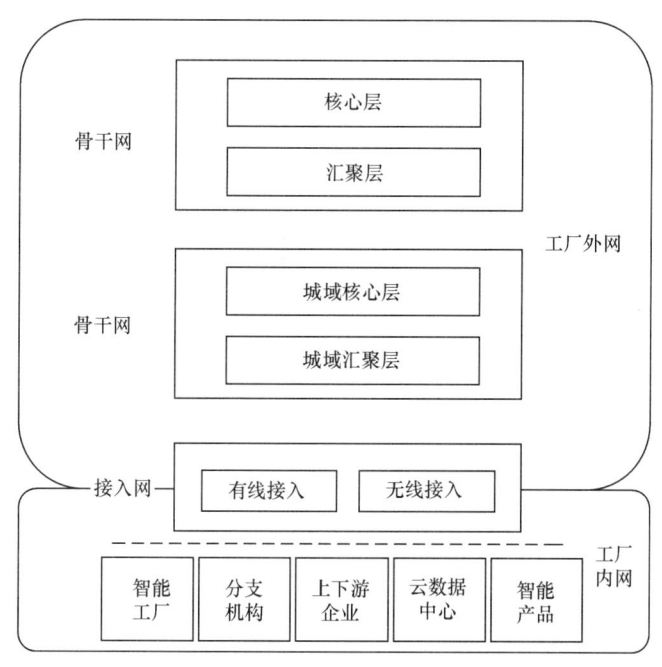

图 2-11　工厂内网与工厂外网

工厂内网是指在工厂或园区内部，用于生产要素互联及企业 IT 管理系统之间连接的网络。我国工厂内网逐渐呈现出大带宽、全连接、广泛兼容、边界部署等趋势，正逐步与互联网技术相融合，呈现出"三化（IP 化、扁平化、无线化）+灵活组网"的发展趋势。IP 化是指 OT 的 IP 化，实现从机器设备到 IT 系统的端到端 IP 互联，进而实现整个制造系统更大范围、更深层次的数据交互与协同。扁平化是指减少工厂内数据传送的层级，实现工业数据在生产现场和 IT 系统间的快速流通，并支持实时或准实时的数据分析与决策反馈，从而实现智能化生产。无线化是指利用各种无线技术支持工厂内更加广泛的信息采集与传送，消除工厂内的"信息死角"。灵活组网是面向柔性生产的需要，通过网络资源的动态调整，实现生产过程的灵活组织及生产设备的即插即用。

网络互联根据协议层次可自下而上划分为多方式接入、网络层转发以及传输层传送。多方式接入包括现场总线、工业以太网、工业 PON、TSN 等有线接入，以及 5G/4G、Wi-Fi5/Wi-Fi6、WIA（Windows Image Acquisition）、WirelessHART、ISA00.11a 等无线接入。将工厂内人员、材料等各种要素接入内网；工厂外各要素也可以通过上述方式接入工厂外网。网络层转发实现工业非实时数据转发、工业实时数据转发、网络控制、网络管理等功能；传输层传送基于 TCP、UDP 等实现端到端数据传输、端口管理，以及端到端连接等。

（2）数据互通

数据互通可以实现数据和信息在工业互联网体系各要素间、各系统间的无缝传递，使得异构系统在数据层面互相"理解"，满足数据互操作与信息集成需求。数据互通包括应用层通信、信息模型以及语义互操作功能。应用层通信通过 OPC UA（OPC Unified Architecture）、消息队列遥测传输（Message Queuing Telemetry Transport，MQTT）、超文本传输协议（Hyper Text Transfer Protocol，HTTP）等实现数据信息传输安全通道的建立、维护、关闭以及对设备、传感器、远程终端单元、服务器等设备节点的管理。信息模型通过 OPC UA、MTConnect、YANG 等协议提供完备、统一的数据对象表达、描述及操作模型。语义互操作功能通过 OPC UA、PLCopen、AutoML 等协议，实现工业数据信息的发现、采集、查询、存储、交互等功能，以及对工业数据信息的请求、响应、发布、订阅等功能。

目前，国际上现存现场总线通信协议高达几十种，且一些企业采用私有协议实现工厂内设备的信息交互。采集厂商、系统、设备的不同通信协议数据的成本急剧增加，且不同协议间的数据无法相互理解，形成了"数据孤岛"，难以实现数据的统一处理分析，跨厂商、跨系统的互操作仅能实现简单功能。

近年来，大数据、人工智能等技术的崛起加剧了工业企业对数据互通的需求，制定更加通用化与标准化的数据模型和传输协议被提上日程，以实现对跨系统数据的互相理解与集成。借助大数据及云计算技术，能够对采集到的数据进行深度挖掘，发掘其潜在价值，实现更大范围的数据互通。打通现场设备层壁垒，设备间互联互通，对数据进行实时采集、整合、分析，可提高企业内资源的利用效率。

（3）标识解析

工业互联网标识解析体系是工业互联网体系的重要组成部分，通过赋予每一个实体物品（如产品、零部件、工业设备等）和虚拟对象（如算法、工艺等）唯一的标识码并提供注册与解析服务来实现工业全要素、各环节的信息互联互通。标识解析的主要功能包括标识数据采集、标签管理、标识注册、标识解析、数据处理和标识数据建模 6 个部分。标识数据采集定义标识数据的采集和处理手段，包含标识读写和数据传输两大功能；标签管理定义标识的载体形式和标识编码的存储形式，完成载体数据信息的存储、管理和控制；标识注册是指在信息系统中创建对象的标识注册数据；标识解析是指根据标识编码查询目标对象网络位置或者相关信息；标识数据处理定义对采集后的数据进行清洗、存储、检索、加工、变换和传输的过程；标识数据建模是指构建特定领域应用的标识数据服务模型,基于统一标识建立对象在不同信息系统之间的关联关系,提供对象信息服务。

目前,国内外主流标识体系包括 Handle、对象标识符(Object Identifier,OID)、全球标准 1(Global Standard 1,GS1)、Ecode 等。

① Handle

Handle 标识体系是一套由国际非营利组织多纳基金会(DONA Foundation)运营与管理的全球分布式管理系统,具有唯一性、可扩展性、可兼容性等优点。Handle 标识主要分为两个部分:前缀权威域和后缀本地域。其中,前缀由全球统一管理并具有唯一性,可分为若干子权威域,自左向右以"."隔开。后缀是由任意多个 UTF-8 字符组成的字符串,可以由本地自行编码。前缀和后缀之间通过"/"隔开,例如"86.100.1000/2019060611",其中"/"前面为权威域前缀,"86"为国家顶级节点,"100"为行业节点,"1000"为企业节点。"/"后面为本地域后缀,由企业自行定义。

② OID

OID 是由 ISO、IEC 和 ITU 国际三大标准化组织共同推动的标识体系,用于对任何类型的对象进行全球唯一标识。OID 采用分层、树状编码结构,不同层次之间以"."分隔,每个层级的长度没有限制,层数也没有限制。OID 的标识结构如图 2-12 所示。

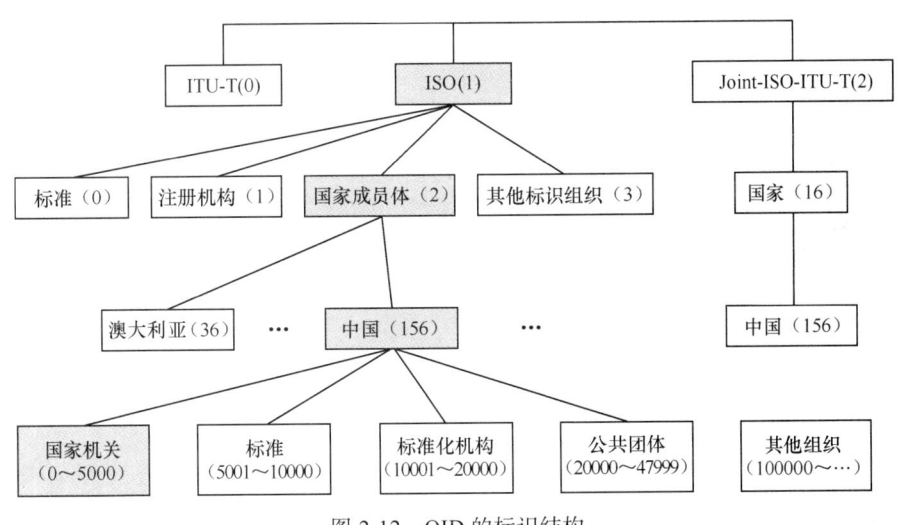

图 2-12　OID 的标识结构

③ GS1

GS1 是由美国统一代码委员会建立的一种标识体系。全球贸易项目代码(Global Trade Item Number,GTIN)是编码系统中应用最广泛的标识代码,可以对商品零售、进货、销售分析等各个环节的各类数据信息进行标识。GS1 代码包括多种编码结构,大致由指示符、厂商识别代码、商品项目代码、系列号、校验码等构成。

④ Ecode

Ecode 标识体系是由中国物品编码中心主导制定的国家标准，是我国首个拥有自主知识产权的标识体系，该标识体系主要面向物联网，提供统一的标识编码规范和注册解析服务。Ecode 编码可存储于条码、二维码、电子标签等不同载体中，广泛应用于快消品、工业品的商品管理、产品追溯等领域。

近年来，我国高度重视工业互联网标识解析体系的建设，我国工业互联网标识解析体系框架如图 2-13 所示，其主要由以下节点构成。

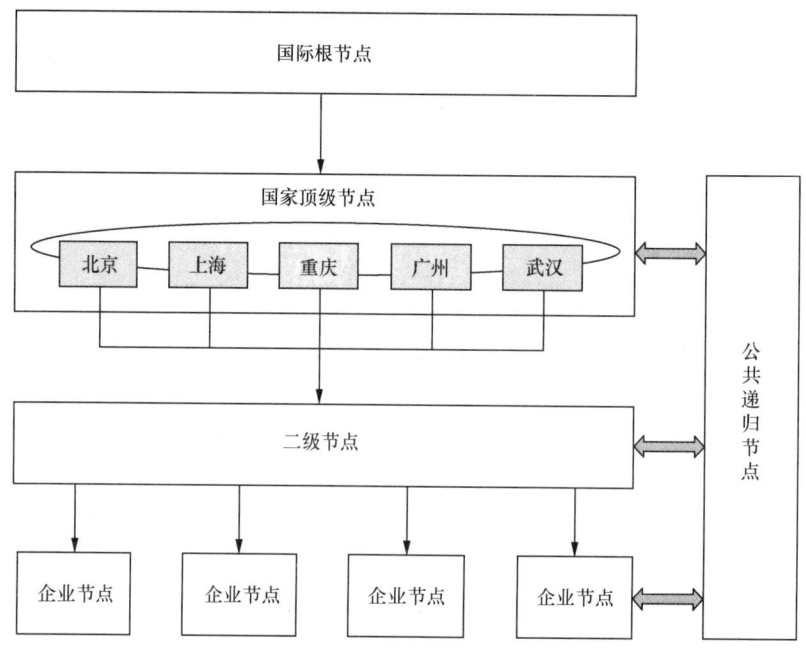

图 2-13　工业互联网标识解析体系框架

国际根节点：标识体系管理的最高层级服务节点，向全球范围提供根区数据管理和根解析服务，实现全球的互联互通。

国家顶级节点：向上连接国际根节点，兼容多种现存标识解析体系。向下面向国家/地区提供顶级标识编码注册和标识解析服务，支持跨二级节点的标识解析。国家顶级节点主要由国家层面建设，是国内标识解析体系的核心枢纽，目前我国已在北京、上海、重庆、广州、武汉共 5 个城市建设国家顶级节点。

二级节点：向上对接国家顶级节点，向下面向行业或区域提供标识编码注册和标识解析服务。二级节点主要由行业龙头企业建设，是行业级标识应用建设推广、业务模式探索的关键。

企业节点：提供企业内部的标识编码注册与解析服务，与二级节点对接。

公共递归节点：标识解析体系的关键性入口设施，提供公共查询和访问的入口，能够通过缓存等技术手段提升整体服务性能。公共递归节点由运营商参与建设。

工业互联网标识解析的常见应用主要包括产品追溯、供应链管理、产品全生命周期管理、企业协同等方面。

① 产品追溯

智能化产品追溯是标识解析技术的典型应用场景之一。从原材料供应、生产制造、物流运输、分发销售到最终被消费，产品具有唯一的标识。通过标识解析技术可以记录和查询每一个产品的相关信息，可用于正向监控产品从生产、加工到售后的产品状态信息，反向追溯从售后服务到前期生产过程各环节中产品的质量信息。

② 供应链管理

生产制造企业普遍存在供应链主体间信息交互程度差的问题，造成需求和供给的信息不对称和变形，难以快速满足市场需求。基于标识解析技术，能够对供应链管理模式进行重组优化，实现供应链全流程信息分布式存储、按需共享与动态集成，确保及时响应客户需求，提高内部运营的效率。

③ 产品全生命周期管理

标识解析技术可以打通设备、机器、物料、零部件和产品的底层标识数据，实现各企业、各环节间的数据共享互通，并可基于此进行数据的分析应用，实现真正的产品全生命周期管理，优化企业对产品从生产到售后全流程的管理和服务，提升企业工作效率。

④ 企业协同

标识解析能使不同企业之间进行统一的数据交互，进而实现企业间的设计协同、制造共享，促成不同企业在产品设计、制造、管理和商务等方面开展合作的生产模式，有效提升企业资源优化配置。当前，我国中小企业普遍面临信息化基础薄弱的问题，导致其发展受限。通过工业互联网的标识解析体系，大型企业可以连通其上下游的企业，中小企业也可以连通平台实现数据共享，促进企业上下游的协作共通，提升整个行业的生产效能及智能化水平。

工业互联网的安全保障是其健康、有序发展的前提。因此需要统筹考虑信息安全、功能安全与物理安全，保障工业互联网生产、管理等各个环节的可靠性、保密性、完整性、可用性及隐私和数据保护的安全性。

可靠性包括设备硬件可靠性、软件功能可靠性、数据分析结论可靠性、人身安全可靠性 4 个部分。设备硬件可靠性指在给定的操作环境与条件下，设备在规定的时间内正确执行被要求执行的功能的能力；软件功能可靠性指在工业互联网业务中的各类软件产品，在规定的条件下和规定时间内执行规定功能的能力；数据分析结论可靠性指工业互联网数据分析服务在特定业务场景下，且在一定时间内能够得出正确分析结论的能力；人身安全可靠性指对工业互联网业务运行过程中相关参与者的人身安全进行保护的能力。

保密性包括通信保密性和信息保密性。通信保密性指对要传送的信息内容采取特殊措施，从而隐藏信息的真实内容，使非法接收者无法理解通信内容的含义；信息保密性指在工业互联网业务中的信息不被泄露给非授权的用户和实体，只能以被允许的方式供授权用户使用的特性。

完整性包括通信完整性、信息完整性、系统完整性 3 个部分。通信完整性指对要传送的信息采取特殊措施，使信息接收方能够对发送方所发送信息的准确性进行验证的特性；信息完整性指对工业互联网业务中的信息采取特殊措施，使信息接收者能够对发送方所发送信息的完整性进行验证的特性；系统完整性指对工业互联网平台、控制系统、业务系统等系统加以防护，使系统不被篡改、保持准确的特性。

可用性包括通信可用性、信息可用性、系统可用性 3 个部分。通信可用性指在某个考察时间内，工业互联网业务中的通信双方能够正常与对方建立信道的概率或时间占有率期望值；信息可用性指在某个考察时间内，工业互联网业务使用者能够正常对业务中的信息进行读取、编辑等操作的概率或时间占有率期望值；系统可用性指在某个考察时间内，工业互联网平台、控制系统、业务系统等正常运行的概率或时间占有率期望值。

隐私和数据保护包括用户隐私保护和企业敏感数据保护。用户隐私保护指对工业互联网业务的用户个人相关的隐私信息提供保护的能力；企业敏感数据保护指对参与工业互联网业务运营的企业所拥有的敏感数据进行保护的能力。

3. 工业互联网实施框架

工业互联网实施框架是整个工业互联网体系的操作方案，展现了工业互联网在制造业具体应用中的"设备、边缘、企业、产业"层级结构，明确了核心功能在系统各层级中的设计部署方案，形成"网络、标识、平台、安全"四大实施系统，为企业实现工业互联网的应用部署提供指导方案。四大系统相互连通、深度集成，一方面纵向展开功能架构，体现功能架构在不同制造环节的落地，另一方面呈现网络、平台、安全之间的协同联动关系。下面着重介绍网络层解决方案。

工业互联网网络建设目标是构建全要素、全系统、全产业链互联互通的新型基础设施，实施架构阐述网络建设不同层级采用的不同方式，包括以下 3 个方面。

（1）生产控制网

生产控制网可以分为生产网和控制网两种类型。生产网主要指车间现场级生产网络，用于制造生产；控制网作为辅助网络，用于监测生产网的状态并实现在工业制造过程层面上的控制。在工业控制网络系统中，PLC/DCS 是主要代表，其通过对传感器的连接实现对温度、压力、流量和液位等信号的采集，从而实现对生产过程的感知与监测。智能制造就是通过智能化的控制网络使得现场设备、机器和工厂变得"聪明"。

随着智能化需求的日益增加,以传统 PLC/DCS 为代表的控制网络系统已经不能满足工业智能化的需求。例如,自动导引运输车（Automated Guided Vehicle,AGV）监测到的视觉、语音等信息将有效记录生产过程,支持完备的工业数字孪生体,然而这些控制网终端设备需要利用 5G 等新技术,传统的 PLC 是无法满足需求的。另外,传统的 PLC 的通信协议具有很强的厂家私有属性,不具有高开放性、高可扩展性、高兼容性的特点,这与按需生产的云智能制造模式不相适应。为解决控制核心 PLC 无法灵活扩展的问题,SDN 在生产控制网络中得到了更多的应用,以满足工业互联网中网络实现实时性优化配置生产资源的需求。

由于在生产网和控制网中有大量核心的工业互联网企业敏感数据,因此,数据安全问题在生产控制网络实施过程中同样重要,需要相应的安全防护措施,通常在工业企业制造运行过程中,为了保证生产网数据的安全,只允许有授权的部分服务器与控制网设备通信,进行数据交互。例如,某企业生产网设备数据由生产终端通过 Wi-Fi 传递,经由 WLAN AC 接入防火墙或者安全网闸后才能传给控制网,如图 2-14 所示。

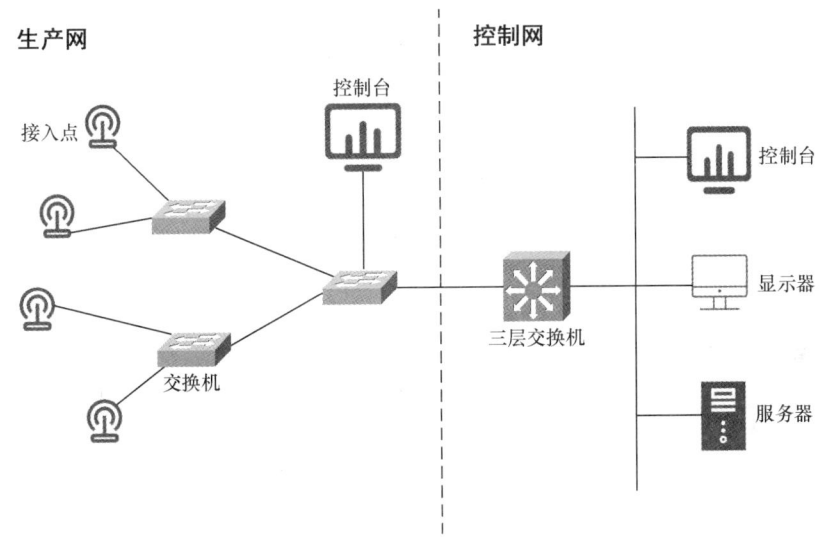

图 2-14　生产网和控制网数据隔离方案

按照网络化转型模式,生产网和控制网包括叠加模式和升级模式两类模式。叠加模式指在已有的控制网难以满足新的业务需求时,叠加新建支撑新业务流程的网络以及相关设备,构建原有控制网之外的另一张网络。升级模式指对已有工业设备和网络设备进行升级,实现网络技术和能力升级。

（2）产业与园区网络

产业与园区网络包括实现敏捷网络管理、无死角网络覆盖和无缝云边协同三类模式。产业与园区网实施的核心目标是建设高可靠、全覆盖、大带宽的产业与园区网络。敏捷网络管理采用大二层的扁平化网络架构、部署 SDN，实现"柔性"和"极简"的网络管理；无死角网络覆盖是利用运营商的 5G 和 NB-IoT 网络、部署 Wi-Fi 6 网络，实现全方位网络覆盖；无缝云边协同支持企业办公和业务系统的云化部署，实现企业数据实时且高效的汇集、分析和交互。

随着 5G 技术的发展，工业互联网园区网出现了 5G 虚拟园区网络模式。5G 虚拟园区网络就是指基于运营商 5G 公网向行业用户提供的能满足其业务及安全需求的高质量专用虚拟网络，是为行业用户提供差异化、可部分自主运营等网络服务的核心载体。5G 虚拟园区网络为行业客户提供定制化的网络及服务，对于企业来说具有成本优势、安全优势和网络性能优势。5G 虚拟园区网络的部署方法分为面向局域与面向广域两种。面向局域的虚拟园区网络部署方案分为两大类，旨在保障核心业务均在园区范围内。

第一类，针对只需要保障用户面数据安全的园区网络，可通过将核心网用户面网元 UPF 下沉至园区内，实现在园区内处理本地业务，如图 2-15 所示。

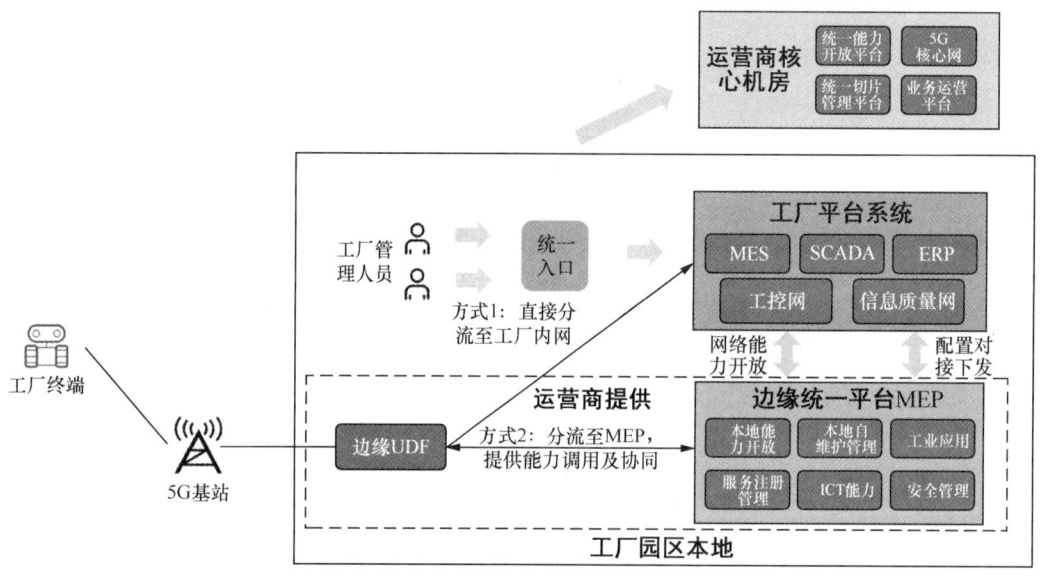

图 2-15　虚拟园区网络用户面下沉方案

第二类，少数园区对专网要求极高，要求业务数据以及控制信令均在园区内传输，此时，需要将全套核心网整体下沉至园区，如图 2-16 所示。面向广域的虚拟园区网络部署方案也分为两大类，旨在为行业用户提供覆盖广、跨域大的专网服务。①网络资源共享架构。各行业用户共享 5G 公网资源并通过网络切片技术实现业务逻辑隔离，用户根据需求选择共用或专用核心网，此模式通过网络切片、深度神经网络（Deep Neural Networks，DNN）等技术满足各业务服务质量（Quality of Service，QoS）需求。②物理资源独享的逻辑架构。各行业用户依然共享 5G 公网的无线接入网资源，核心网则利用网络切片技术将资源物理隔离，其中控制面实现物理资源独享，用户面分为虚拟专用或物理专用，实现业务流量隔离。

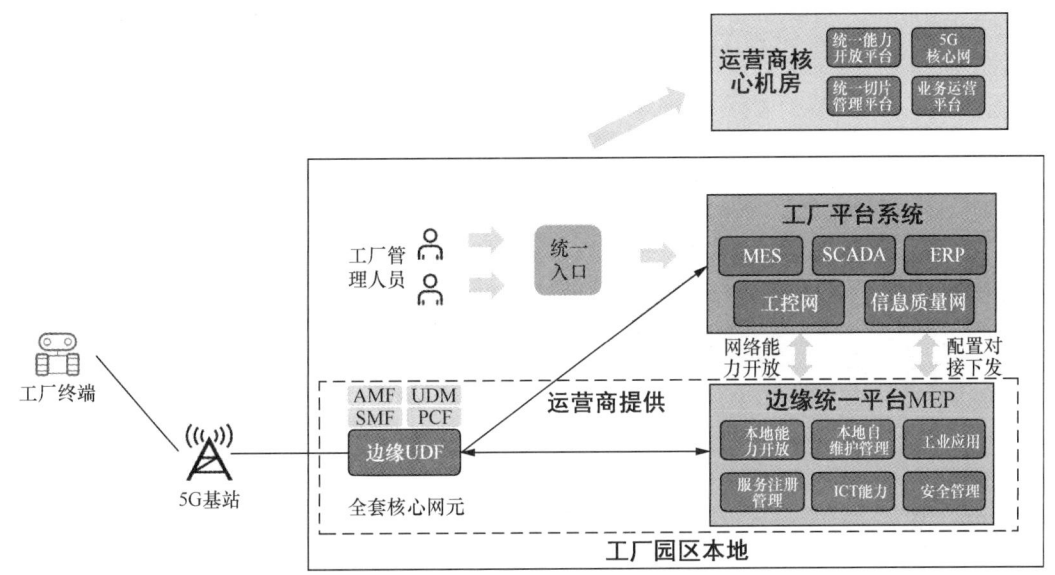

图 2-16　全套核心网下沉至园区方案

同时 5G 网络也可为特定区域、特定用户群、特定业务提供定制化服务保障。园区内场景与需求多样，不同的业务场景对网络的功能和性能有不同的需求，比如 uRLLC 场景需要提供超实时和高可靠服务，mMTC 场景要求海量连接但数据量比较小，eMBB 场景则要求高带宽和大数据量的服务。如果每一种业务场景都建设专网，必然会增加运营商建网和工业企业的维护运营成本，造成资源浪费，因此在园区网络中可以应用 5G 网络切片技术，基于同客户签订的服务等级协议（SLA），为不同垂直行业、不同客户和不同业务提供相互隔离和功能可定制的网络服务，形成特定的、具有行业特性的逻辑网络。

除了 5G 以外，园区网络还可以利用边缘计算技术提升园区网络的低时延、高安全性表现，通过把小型数据中心或带有缓存、计算处理能力的边缘计算节点部署在网络边缘，与移动设备、传感器和用户紧密相连，减少核心网络负载，降低数据传输时延，如图 2-17 所示。另外，边缘计算技术可以提供流量卸载功能。

（3）国家骨干网络

国家骨干网络是用来连接多个区域或地区的高速网络，每个骨干网络中至少有一个和其他骨干网络进行互联互通的连接点，不同的网络供应商都拥有自己的骨干网络，用以连接其他位于不同区域的网络。与互联网骨干网络类似，工业互联网骨干网络的目的是为工业用户提供大带宽、低时延和高可靠性的广域型网络基础设施，实现工业终端、企业间的广泛互联。

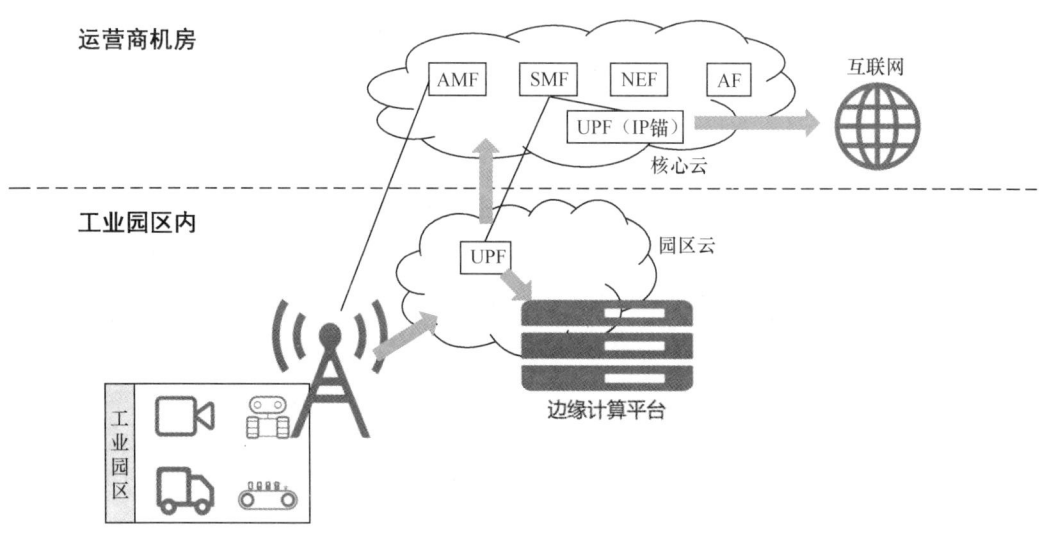

图 2-17　工业园区边缘计算的部署

由于工业网络在网络性能、可靠性、稳定性和安全性上具有相当高的要求，目前的网络能力已不足以支撑高性能的工业网络，因此工业互联网的骨干网络需要具备对下一代互联网（IPv6）等技术的适配能力。全球公认的下一代互联网正成为各国推动新科技产业革命和提高国家竞争力的先导领域。IPv6 协议不但能够提供更多的 IP 地址，支持自适应配置，彻底解决目前互联网架构的弊端，提供高服务质量，具有可移动通信等新的特性，而且充分考虑了网络安全问题，它支持各种安全选项，包括数据完整性检查、保密性验证等功能。

工业企业可以使用普通互联网和高质量专用网络线路两种骨干网络：普通互联网连接是指企业通过互联网实现最基本的商务、客户、用户和产品联系，我国国家级骨干网络包括中国科技网（CSTNET）、中国公用计算机互联网（CHINANET）、中国教育和科研计算机网（CERNET）、中国金桥信息网（CHINAGBN）等，工业企业可以通过以上骨干网实现基本的产业信息交互；高质量专用网络线路连接是指企业通过基于互联网的虚拟专线、物理隔离的专线、5G 切片网络等，实现高可靠、高安全、高质量的业务部署。

工业企业需要对自身的网络通信需求进行结构化管理，依据不同层次的网络需求，选择不同类型的骨干网。例如，面向客户的信息沟通业务可以采用普通互联网连接，以降低网络运维成本；对于重点产品的远程运维等可采用虚拟专线或 5G 切片技术，以保障产品的可靠性。

4. 安全实施框架

安全实施框架（如图 2-18 所示）解决了工业互联网面临的网络攻击等新型安全风险，包括边缘安全防护系统、企业安全防护系统和企业安全综合管理平台，以及省/行业级安全平台和国家级安全平台。

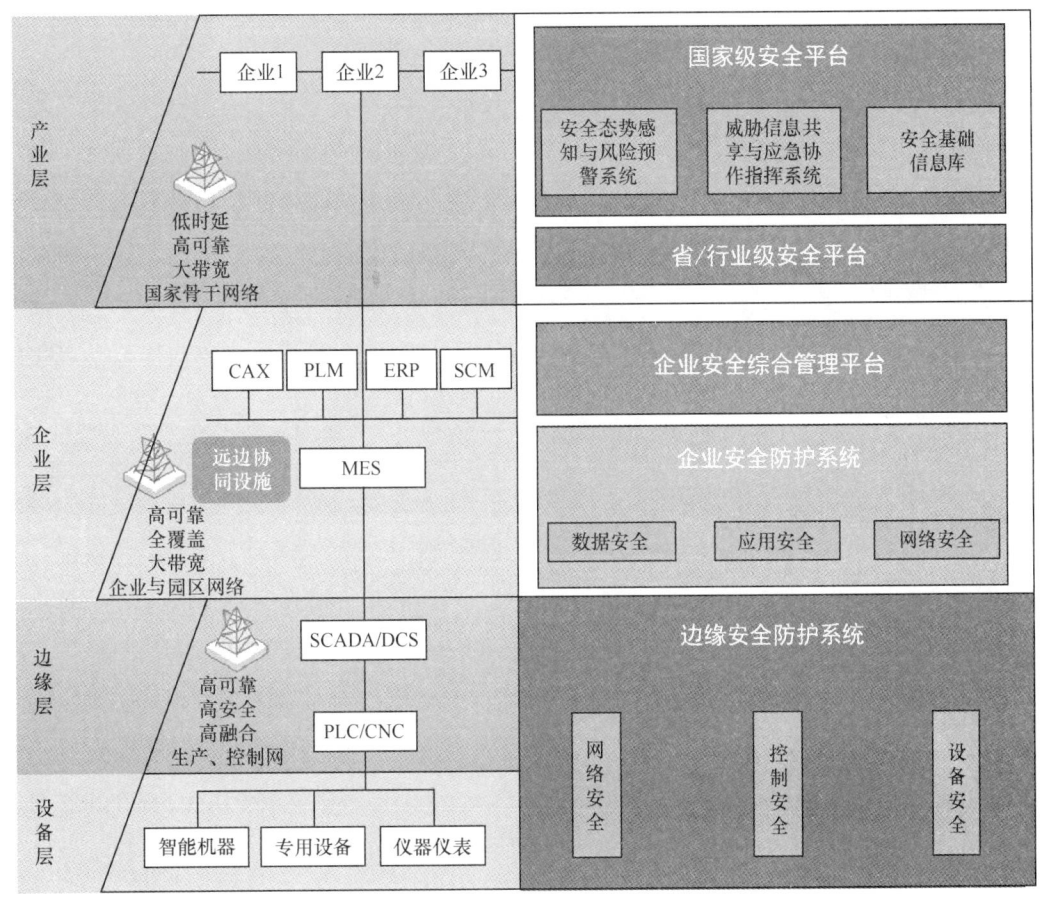

图 2-18 工业互联网安全实施架构

（1）边缘安全防护系统

边缘安全防护系统致力于面向实体实施分层、分域的安全策略，构建多技术融合的安全防护体系，从而实现边缘安全防护。其部署的关键在于确保工业互联网边缘侧的设备安全、控制安全、网络安全。

边缘安全防护系统的实施需要涵盖安全功能视图中边缘层和设备层的各项功能，防范三种安全挑战。

第一，防范设备安全挑战。工业互联网将越来越多的智能化设备引入工业控制系统中，直接参与生产，使得工业控制系统面临巨大的设备安全风险。工业企业须根据自身需求，使用对设备固件进行安全加固的设备,并建立设备、操作系统漏洞发现和补丁更新机制,确保及时发现相关安全漏洞、进行补丁升级。必要时,采用基于硬件的可信验证技术,为设备的安全启动及数据传输的机密性和完整性保护提供支持。

第二,防范控制安全挑战。传统控制过程和控制软件主要注重功能安全,并且在基于IT和OT技术相对隔离、可信的基础上进行设计。同时,为了满足工业控制系统对实时性和高可靠性的需求,对于身份认证、传输加密、授权访问等方面的安全功能进行了极大地弱化甚至丢弃,导致工业控制系统面临极大的控制安全风险。

第三,防范网络安全挑战。网络IP化、无线化、组网灵活化,为工业互联网环境下的工业控制系统带来了更大的安全风险。TCP/IP等通用的网络协议在工业网络中的应用大大降低了网络攻击门槛,传统的工业控制系统防护策略无法抵御多数网络攻击。为了满足工业生产需要,无线通信网络在各工业生产场景下得到了广泛应用,趋于单一的安全防护机制让攻击者极易通过无线网络入侵工业控制系统,并实施网络攻击。同时,网络的互相融合使得工业组网越来越灵活复杂,传统的防护策略面临攻击手段动态化的严峻挑战。

在部署方式上,边缘安全防护系统主要位于设备层和边缘层,具体实施方式如下。

一是设备安全防护,主要是通过操作系统加固、签发证书等方式对工业互联网中接入的各类现场设备或物联终端进行安全防护,以实现对于工业互联网设备的强身份认证,从芯片层面实现设备身份的真实可信。赛门铁克公司针对设备的安全防护提出了两个解决方案,分别为赛门铁克关键系统防护(Symantec Critical System Protection,SCSP)和Symantec Device Certificate Service。SCSP作为一款轻量型安全防护客户端,为物联网设备嵌入式系统生产商和资产所有人提供了无特征、基于主机的强大安全防护,可用于托管场景和非托管场景,且不影响设备性能。而Symantec Device Certificate Service则是一款基于椭圆曲线密码体制(Elliptic Curve Cryptosystem,ECC)实现的公钥基础设施(Public Key Infrastructure,PKI)的解决方案。目前已经向全球联网设备颁发了超过10亿个证书,覆盖智能仪表、电缆箱、调制解调器及机车等领域。

二是控制安全防护,针对边缘层监测管控系统等的安全防护,可以从控制软件安全、控制协议安全、控制功能安全等几个方面进行。控制软件安全主要包括软件防篡改、恶意软件防护、补丁升级更新、安全审计等。其中,安全审计指对控制系统中的每个用户行为和安全事件进行安全审计,把异常的用户操作行为评定为可能存在潜在风险的行为,实现对异常/攻击行为的溯源分析,及时发现网络中的异常行为并进行告警提示。控制协议安全则主要包括身份鉴别、信息加密与完整性保护等。身份鉴别是指应对登录控制系统软件进行操作的用户进行身份标识和鉴别,用户的身份标识应具有唯一性,身份鉴别信息应具有复杂度要求并定期更换。对于未经认证的用户,控制系统应具有登录失败处理功能,应配置并启用结束会话、限制非法登录次数和登录连接超时时自动退出等相关功能。信息加密指控制协议应采取适当的加密措施，保证通信双方的信息不被第三方非法获取。完整性保护指应采取控制协议完整性保护机制。确保控制协议中的各类指令不被非法篡改和破坏，控制协议应能识别和防范破坏控制协议完整性的攻击行为。控制功能安全主要包括控制软件在实际操作中因自动化、信息化或操作人员误操作等原因而引发的风险。同时，应遵守系统最小安装原则，仅安装必要的组件并开放必要的功能，关闭控制系统主机中不需要的系统服务、默认共享和高危端口。

三是网络安全防护，网络安全防护主要从网络结构优化、网络边界安全、网络访问控制、网络入侵防范等几个方面考虑。网络结构优化指企业应根据业务开展需求和相应风险评估结论，根据安全等级划分网络区域，重新定义网络边界及防护策略以适应网络结构的变化。网络边界安全指在不同等级的网络区域边界制订访问控制策略，并通过部署防火墙等装置的方式来实现对网络边界的隔离防护。网络访问控制指应制订访问控制规则，通过检查数据分组的源地址、目的地址、源端口、目的端口和协议等确定是否允许该数据分组通过该区域边界。同时，应删除多余或无效的访问控制规则，优化访问控制列表。内部网络与外部网络之间应采用访问控制机制，禁止任何穿越区域边界的 Web、FTP 等通用网络服务。网络入侵防范指应在关键网络节点处部署入侵防范措施，监测 DDoS 等网络攻击行为，当监测到攻击行为时，记录攻击源 IP、攻击类型、攻击目的、攻击时间，并在发生严重入侵事件时进行告警提示。

（2）企业安全防护系统

企业安全防护系统的实施致力于从防护技术策略角度出发，提升企业安全防护水平，降低企业受到安全攻击的风险。部署的关键在于确保工业互联网企业侧的网络安全、应用安全、数据安全。

网络安全指需要安全防护系统通过采取通信和传输保护、边界隔离、网络攻击防护等安全策略来确保工厂外网安全、标识解析安全等；保障应用安全，通过采取用户授权和管理、虚拟化安全、代码安全等安全策略，确保平台安全、本地应用安全、云化应用安全等；保障数据安全，通过采取数据防泄露、数据加密、数据备份恢复等安全策略，确保数据全生命周期各环节的安全。

应用安全主要指各类应用系统的网络、用户访问及系统数据的安全。对系统高复用业务应用/服务从用户身份鉴别、访问控制、合规性检查、来源保证、健壮性保证、资源控制、上线前检测、安全审计 8 个方面进行应用安全防护。应对使用防护系统的用户、运行管理人员进行身份标识和鉴别，身份标识应具有唯一性，应采用受安全管理中心控制的口令、令牌、基于生物特征的身份认证方式、数字证书及其他具有相应安全强度的两种或两种以上的组合机制进行身份鉴别，鉴别信息应具有复杂度要求并定期更换，并强制用户在首次登录系统时修改初始口令。工业互联网平台及工业应用程序的登录过程应提供并启用登录失败处理功能，多次登录失败后应采取必要的保护措施。在故障发生时，系统应能够继续提供一部分功能/服务。在业务应用/服务上线前应对其可能存在的恶意代码进行安全性检测，对使用系统的每个用户、重要的用户行为及重要安全事件进行安全审计。

数据安全涵盖工业企业生产数据的传输、存储、使用等各个流程环节，包括保证生产系统数据的完整性、保密性、可用性，以及数据备份与恢复、数据的安全销毁等。工业互联网数据安全是指工厂内部重要的生产管理数据、生产操作数据以及工厂外部数据等各类数据的安全。工业领域业务复杂，工业数据体量大，数据在工厂内外双向流动共享，数据保护难度增大。另外，二次开发、个性化定制等服务的延伸也带来用户隐私数据外泄的风险。数据的安全管理贯穿数据生命周期的 4 个阶段：数据收集、数据传输、数据存储及数据处理。数据收集要遵循合法、正当、必要的原则。在传输数据时须根据不同的数据类型及业务部署情况，采用有效手段确保数据传输安全。数据存储涉及访问控制、分级存储加密、备份和恢复等。数据处理则须解决使用授权、数据销毁、数据脱敏等关键问题。当发生数据丢失事故时，工业互联网服务提供平台应能及时恢复一定时间前备份的数据，从而降低用户的损失。

（3）企业安全综合管理平台

企业安全综合管理平台对企业网络口及企业内安全风险进行监测，实现企业的安全信息采集、资产识别管理、安全审计、安全告警、安全处置跟踪及数据治理等功能。安全信息采集是指平台实时采集并汇总企业内部的动态安全信息；资产识别管理指利用探针识别并统计企业内网资源，便于集中管理。安全审计指基于历史数据及操作时间及时发现漏洞，改进系统性能提升系统安全性。安全告警指及时发现资产中的安全威胁并发出警告信号；安全处置跟踪指溯源安全资产、事件的负责人；数据治理指通过分析采集到的数据为企业提供智能化判断依据。企业安全综合管理平台主要部署在企业层，在保障企业内部安全管理有序进行的同时方便与省级/行业级的安全平台协同工作。

2.2.3 工业互联网标准体系

1. 工业互联网基础共性标准

工业互联网基础共性标准主要规定了工业互联网的通用性和指导性标准，包括术语的定义、通用需求、体系架构、测试评估和管理等标准。基础共性标准是其他标准在制定过程中需要重点参考的基础性标准，工业互联网组网和应用的相关基础概念，以及各环节对安全、质量、网络、平台等方面的需求和相关评价需要在基础共性标准中给出，目前已发布的主要国家联盟标准如下。

- 《GB/T 25486—2010 网络化制造技术术语》
- 《GB/T 32400—2015 信息技术云计算概览与词汇》
- 《GB/T 29826—2013 云制造术语》
- 《AII/001—2017 工业互联网平台通用要求》
- 《AII/001—2018 工业互联网平台接口模型》
- 《AII/003—2018 工业互联网安全总体要求》

关于工业互联网应用场景和需求、时间敏感型网络等标准正在行业标准化协会中制定，评价和管理类型标准在当前工业互联网发展的领域中相对缺失，需要尽快制定，以为工业互联网的网络和应用提供评价管理手段及工具。

2. 工业互联网网络化相关标准

网络连接标准主要包括工厂内网、工厂外网、工业设备/产品联网、网络设备、网络资源管理、互联互通等标准。网络化标准应区分工厂内外网，在工厂内网上，现已有不少关于工业以太网现场总线、工业无线、Modbus协议自动化等成熟的工厂内网技术相关标准，如下。

- 《GB/T 31230—2014 工业以太网现场总线 EtherCAT》
- 《GB/T 26790.1—26790.2 工业无线网络 WIA 规范》
- 《GB/T 20171—2006 用于工业测量与控制系统的 EPA 系统结构与通信规范》
- 《GB/T 25105—2014 工业通信网络现场总线规范类型 10：PROFINET IO 规范》
- 《GB/T 27960—2011 以太网 POWERLINK 通信行规规范》
- 《GB/T 19582—2008 基于 Modbus 协议的工业自动化网络规范》
- 《GB/T 19760—2008 CC-Link 控制与通信网络规范》
- 《GB/T 2054x 系列测量和控制数字数据通信工业控制系统用现场总线》
- 《GB/T 33863.1—33863.8 OPC 统一架构》
- 《GB/T 26335—2010 工业企业信息化集成系统规范》

这些标准有效指导了目前我国大部分工业互联网企业的内网建设，工业互联网企业的内网改造已成为我国工业互联网发展关注的重点领域。各种新型技术，诸如工业以太网、工业无源光纤网络（PON）、时间敏感型网络（TSN）、5G、IPv6、SDN 及其技术的互联互通、设备融合、混合组网等相关标准的制定正在各标准化组织、工业产业联盟中被大力推动，本书后面章节将对相关网络化改造技术进行详细介绍。

工厂外网主要围绕软件定义广域网（SD-WAN）、无线宽窄一体化、工厂外网与公有云协同等方面的相关技术开展标准化工作，大部分相关标准均在制定中，尚未形成完备的成熟标准簇。

3. 工业互联网平台与数据相关标准

工业互联网平台与数据标准主要包括数据采集标准、资源管理与配置标准、工业大数据标准、工业微服务标准、应用开发环境标准，以及平台互通适配标准等。目前该领域的相关工作主要遵循已发布的国际和国家的通用型平台和数据相关标准，针对工业大数据的定制化标准尚需增强，目前，主要标准如下。

- 《GB/T 36345—2018 信息技术通用数据导入接口规范》
- 《GB/T 36344—2018 信息技术数据质量评价指标》
- 《GB/T 36343—2018 信息技术数据交易服务平台交易数据描述》
- 《GB/T 36073—2018 数据管理能力成熟度评估模型》
- 《IEC/PAS 63178—2018 智能制造服务平台制造资源/能力服务化集成接入要求》

4. 工业互联网应用相关标准

网络化改造的终极目标是为应用提供服务，应用标准对网络化改造具有指导性作用，应用标准可以包括典型应用标准和垂直行业应用标准等。

典型应用标准包括智能化生产标准、个性化定制标准、网络化协同标准、服务化转型标准，主要用于满足工业企业的智能生产和满足工业企业客户的服务等相关业务，如下。

- 《GB/T 25484—2010 网络化制造 ASP 工作流程及服务接口》
- 《GB/T 25487—2010 网络化制造系统应用实施规范》
- 《GB/T 25489—2010 网络化制造系统功能规划技术规范》
- 《GB/T 25111—2010 网络化制造环境下的制造资源分类》
- 《GB/T 30095—2013 网络化制造环境中业务互操作协议与模型》
- 《GB/T 35586—2017 云制造服务分类》

垂直行业应用标准依据基础共性标准、总体标准和典型应用标准，面向汽车、航天、石油、化工、制造、电子信息等重点行业的工业互联网应用，开发行业应用导则、特定技术标准和管理规范。在标准化进程中，将优先在汽车、航天、电子信息等重点行业实现突破，同时兼顾钢铁、化工等传统制造业转型升级的需求，逐步覆盖制造业全应用领域。垂直行业应用标准对各行业实现工业互联网网络转型和数字化升级具有重要的导向意义。

2.2.4 工业互联网产业模式

1. 工业互联网产业模式的层级

工业互联网衍生出的新的产品、服务和不同的商业模式，引发全球产业链的变革。工业互联网对传统设备制造业进行了全新定义：设备销售在商业模式中依然必不可少，然而增值和创新服务显得尤为重要。工业互联网的产业模式由 3 个层级组成。

（1）基本层

基本层即原有产业的优化升级模式，实现从"1"到"10"的量级转化，将数据化、互联网、软件分析等新方法运用到现有工业产品的设计、制造、销售、运行、维护及更换体系中，在一定程度上对产品生产过程进行优化，从而提升产业的经济效益。

（2）增强层

增强层即跨界融合，发挥"1+1>2"的资源效益提升作用。如果高端设备制造商同互联网相连，新的产品、服务以及商业模式就可能随之出现。伴随着工业互联网产生的新技术的发展，可以把工业互联网公司定义为一种基于互联网的专门从事某种类别的产品、设备及服务制造的商业公司。在互联网介入工业领域后，工业企业可对设计、制造、维护等各环节进行智能管理和资源汇聚，催生新兴的商业模式。

（3）创新层

把工业互联网产业模式的创新称为从"0"到"1"的转化，这种产业模式的创新突破了公司和行业的原有角色，创造了新的产品、服务和商业模式，促进了产业链的升级、改造。例如，运用平台、网络和数据开放等方式，工业互联网引入了第三方创新者，打造全新的服务和商业模式，定义出一种创新型的工业互联网概念。

2. 基于工业互联网的产业模式创新

工业互联网相关的产业体系初具规模，这不仅将新的思维引入生产系统的智能化发展中，同时也使得商业系统智能化，其创新产业应用模式主要包括智能化生产、网络协同化制造与个性化定制 3 个方面。

（1）智能化生产

设备故障、废品返工、用户需求变更、供应商能力变化等一系列问题限制了传统制造业的生产效率，部门和生产各环节之间缺乏有效沟通衔接导致资金流、物流以及信息流无法顺畅流动。

智能化生产利用物联网、大数据及云计算等技术，实现设备、产品、产线、车间、人及信息系统的连接，将产品生产制造各环节以及各生产要素都纳入智能网络中，通过数据的采集、集成、分析、交互，在生产过程中实现自动化控制、智能化管理和定制化生产。为了支撑智能化生产，需要重点关注设备互联、流程集成、数据实时分析与制造控制等关键环节中产品、技术和服务的创新应用。

设备互联利用传感器、嵌入式终端等设备和信息通信技术，实现生产设备之间、产品与设备之间、物理系统与互联网平台之间的互联。流程集成是指将产品和设备数据、生产过程数据、经营管理数据在一个智能控制系统中集成，以实现企业内部所有生产环节、运营环节的无缝连接，保证信息流、资金流、物流在各个层次、环节、部门之间的畅通。数据实时分析与制造控制主要包括生产工艺优化、生产流程再造、智能化生产排程管理、设备预测性维护、产品生命周期管理、生产环境管控。

以上创新应用将为工业经济提供新的市场、技术和产业机遇，比如智能设备、智能车间、智能工厂背后是庞大的智能装备市场，包括传感器、自动化设备、机器人等。同时，作为智能装备核心的工业软件，如企业资源管理计划、制造执行系统、产品生命周期管理等也随之迎来新的发展机遇。

（2）网络协同化制造

网络协同化制造本质是创新分散形态的生产组织模式。通过将企业内部 IT 系统、OT 系统与互联网连接，打破企业的物理和组织边界，使得数据在不同工厂之间、企业与供应链的上下游企业之间以及跨供应链之间共享，从而将串行工作模式变成并行工作模式，实现供应链内及跨供应链间的企业产品设计、制造、管理和商务等全产业链协同的生产模式，实现资源共享，提高制造效率。

网络协同化制造贯穿产品的设计流程，充分利用了社会创新资源，通过开放网络平台，实现研发设计，并由企业内部集中控制向企业外部分散控制转变，例如，宝马汽车在德国本部开通客户创新实验室，通过为用户提供在线工具，让用户参与到汽车的设计中来；国内装备制造企业沈阳机床（集团）有限责任公司依托网络协同制造平台，产品创意人员可以发布产品设计创意，通过网络协同制造平台来寻找合适的设计人员完成产品的设计工作，也可以在平台上发布产品的设计方案，通过平台寻找设计方案需求方（买家），以提升设计方案的经济效益。

云制造基于"云计算"理念，在工业设计与制造领域实现资源与需求最合理、最高效的匹配。云制造整合制造活动中所需要的各类制造服务（制造资源和制造能力）形成制造服务云池供用户在线租用，提供制造服务的在线对接交易，实现制造服务的发布、比选、搜索、评价等。

供应链协同通过组织层面的协同，明确供应链上各个企业的分工与责任，实现优势互补和资源整合；通过业务流程层面的协同，打破企业界限，通过流程重组更好地满足客户需求；通过信息层面的协同，实现供应链上各成员企业运营数据、市场数据的共享，加快对用户需求的响应速度。

（3）个性化定制

个性化定制是指用户为了实现自己的个性化需求直接参与生产过程的生产模式。工业互联网通过智能化生产与协同化制造消除了个性化定制与标准化、规模化工业生产的矛盾，实现了生产效率和需求满足的同时提升。个性化定制的生产模式主要包括大规模个性化定制、模块化定制、远程定制。

大规模个性化定制是把个性化产品定制生产转化为批量生产的生产方式，其中会运用自动化控制、新材料、柔性制造等一系列技术，同时需要有智能化的信息管理系统和生产执行系统的支持，从而使用户需求可以在设计、制造资源组织、生产排程等各个环节得到快速高效的响应。

模块化定制和生产是将复杂的产品设计和生产进行多模块的简单化分解，再由分解后的各个模块集成生产的动态模式。通过将个性化定制产品中具备相似结构、相近尺寸的部件进行统一，形成有独立功能结构、通用接口的细分模块，再通过模块的变量组合便可产生几十种、上百种的个性化产品。代表性的商业模式有戴尔笔记本电脑个性化定制、宜家家居模块化设计模式。

远程定制运用互联网进行远程设计、异地下单和分布式制造。例如，在家具制造行业中，商家可先获得客户的定制信息，通过云计算进行设计和模拟，同时还可以对设计结果进行反馈、修改，最后客户确认产品设计后通过计算机将设计方案发送到相应的制造设备上。基于互联网和智能设备能够完成产品的建模、制造、测试和其他各项活动。

本章小结

工业互联网在制造业中能创造两类价值：（1）挖掘现有制造业的价值潜力以提质增效，创造价值；（2）开创新的价值空间，数据、信息、知识成为新的价值创造源泉。同时，工业互联网将企业带入智慧企业阶段。本章主要对工业互联网相关内容进行了讲解，主要包括工业互联网的本质内涵；工业互联网的四大特征：三元融合、时空关联、平行演进、智能涌现；工业互联网的总体技术；工业互联网标准体系等。

本章习题

1. 简述工业互联网的特征。
2. 工业互联网对制造业有哪些积极的影响？
3. 简述工业互联网的技术体系。
4. 简述工业互联网的产业模式。

第3章 TSN技术

▶ 学习目标

掌握 TSN 基础概念及其关键技术,熟悉 TSN 相关技术标准。

▶ 本章知识点

(1) TSN 的基本概念与技术特点;
(2) TSN 协议的关键技术;
(3) TSN 协议的安全机制。

▶ 内容导学

传统以太网的控制范围远不能达到车辆自动驾驶、智能电网自动化及工业自动化控制等场景对数据流传输的时延要求,时间敏感型网络(Time-Sensitive Networking,TSN)通过将数据链路层协议标准化,使其拥有在不同的行业和领域内同构运行的能力,保障了实时数据的传输。

在学习本章内容时,应重点关注以下要点。

(1) 掌握 TSN 的由来及其主要目标

TSN 由 IEEE 802 工作组提出,其宗旨是保障有能力在一个确定可知的时间限度内达成源节点和目的节点之间的传输信息的任务。

(2) 掌握 TSN 协议中的关键技术

基于 IEEE 802.1 AS 全网的时间同步和基于 IEEE 802.1Qbv 协议的门控调度机制,为实现实时性的需求提供了可靠的底层技术基础。TSN 通过 IEEE 802.1Qbv 排队与转发、IEEE 802.1Qbu

帧抢占等标准为不同的需求场景提供不同程度的确定性低时延传输方案。路径冗余机制和主时钟冗余机制保障了网络的高容错性及健壮性。

（3）熟悉 TSN 协议的安全机制

TSN 利用 IEEE 802.1Qci 对输入交换机的数据进行筛选和管控，对不符合规范的数据帧进行阻拦，能及时隔断外来入侵数据，实时保护网络的安全，也能与其他安全协议协同使用，进一步提升网络的安全性能。

3.1 TSN 的概念及相关技术标准

3.1.1 TSN 的概念

在信息技术迅猛发展的今天，通信业务的开展早已不仅仅局限于人与人或人与物之间，物与物之间的通信业务量呈爆炸式增长。随着通信业务的开展范围日渐扩大，各项业务对于时间的敏感性要求变得更加严苛。因此，提出了工业实时以太网的概念，这一新概念所覆盖的场景都将确定性时延作为其基础性需求，这些场景包括车辆自动驾驶、智能电网自动化及工业自动化控制等。传统以太网的控制范围远不能达到上述领域对数据流传输的时延要求。不同行业提出了一些相关标准（例如 EtherCAT、HSE、PROFINET、TCNET 等）并加以应用，以满足不同行业各自的传输需求。令人感到遗憾的是，这些协议相互之间的兼容性较低，对实时网络的发展形成了阻碍。对于这一关键问题，IEEE 802 工作组提出了时间敏感型网络的概念，以统一各种各样的数据链路层协议。通过将协议标准化，使其拥有在不同的行业和领域内同构运行的能力，保障实时数据的传输。

总的来说，TSN 技术将标准以太网视作基础网络，提供确定性信息传输的标准化技术。TSN 可以利用时间感知整形器的调度机制使抖动最小化，并且能够很好地保障时间敏感应用的数据传输。时间敏感型网络可以依据不同行业和领域的需求，部署在任意以以太网技术为基础的网络环境中。其原因是：TSN 作为一种双层网络技术，转发相关数据需要以太网数据帧的分组头部信息，而这种数据帧的负载信息并不会对上层的网络协议造成限制性影响。

从其命名便可以看出，时间敏感型网络的主要关注点在于时间，其宗旨是保障有能力在一个确定可知的时间限度内达成源节点和目的节点之间的传输信息的任务。以下是 TSN 的主要目标。

（1）降低交换网络的报文时延。

（2）对时间敏感的数据流和对非时间敏感的数据流可以一同传输，并且前者的传输时延并不会受到后者的影响。

（3）网络的基础设施可以被多种类型的高层协议共同使用，也就是说，同一时间内，网络中可以传输多种协议的负载。

（4）通过从源头获取准确的信息，可以快速识别和修复网络错误。

TSN 并非是一项最近才出现的技术。2002 年，IEEE 组织就已经发布了 IEEE 1588 精确时钟同步协议。2005 年，IEEE 802.1 音视频桥接（Audio/Video Bridging，AVB）工作组成立，该工作组旨在开发一套基于以太网架构的音频/视频传输协议集，在确保与以太网的兼容性的基础上，完成以太网数据的实时、低时延和流量整形标准。AVB 已经引起了汽车行业和工业领域的技术组织与企业的关注。这些组织和企业建立了 TSN 工作组，提出了时钟同步、流量调度、网络配置等一系列标准集。在此过程中，AVnu、IIC、OPC UA 基金会等组织一起积极地推广 TSN 技术标准。工业领域内的一批公司（包括 B&R、TTTech、SEw-EVRODRIVE、Schneider 等）成立了整形器工作组，目的是为含有严格时间需求的工业项目开发整形器。2016 年 9 月，第一次 TSN 整形器工作组会议在维也纳召开。这场会议召开之后，TSN 技术的研究吸引了全球更多的企业和组织（包括德国工业 4.0 组织 LNI、美国工业互联网组织 IIC、中国的边缘计算产业联盟 ECC 和工业互联网产业联盟 AII 等）加入进来，这些企业或联盟开发了多个测试床以开展时间敏感型网络的研究。2019 年，IEC 和 IEEE 联合成立了 IEC/IEEE 60802 工作组，并在日本召开了第一次工作组会议，会议的一项任务就是可以在工业领域的 TSN 开发中实现底层的互操作。同时，OPC UA 基金会也成立了现场级通信（Field-Level Communication，FLC）工作组，从而实现整合 TSN 技术和 OPC UA 规范的目的，用以打造一个适合智能制造和工业互联网领域中高带宽、低时延和语义互操作的工业通信架构体系。

IEEE 发布 TSN 相关标准的总体流程如图 3-1 所示。其中，早期使用 IEEE 802.1 Qat 作为网络配置方法，而 IEEE 802.1Qcc 则是于 2018 年年底发布的进化版本。

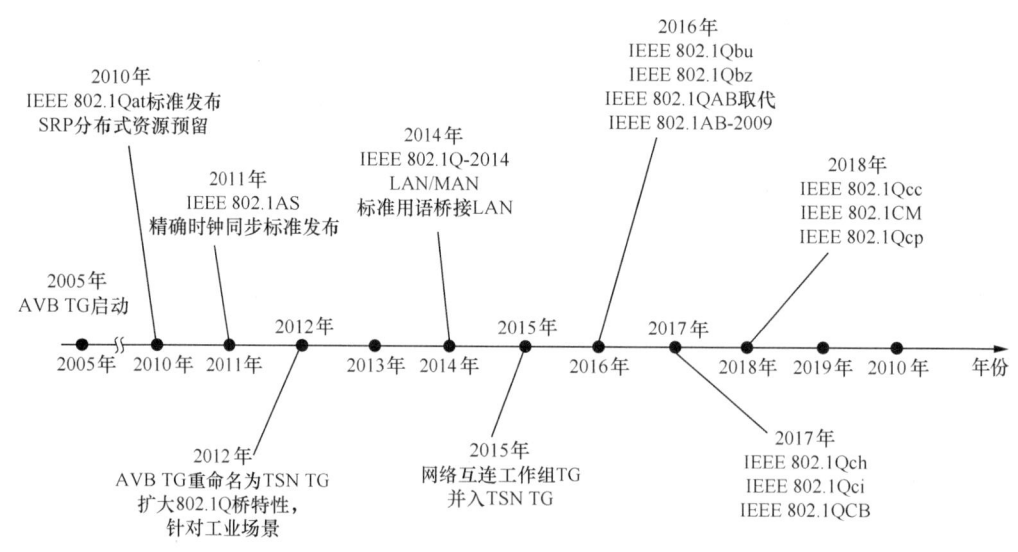

图 3-1　TSN 相关标准的发布过程

3.1.2 TSN 相关技术标准

TSN 位于 OSI 7 层模型中的数据链路层，如图 3-2 所示，其作用是处理数据的调度、对以太网数据帧进行封装和分组。从发送方到接收方的数据传输需要经过几个节点，每个节点都有其对应的数据队列和同步时钟。时延同步计算由每一个节点依据分布式时钟进行，数据的优先级需要通过队列来处理，包括快速通道模式和帧抢占机制等。

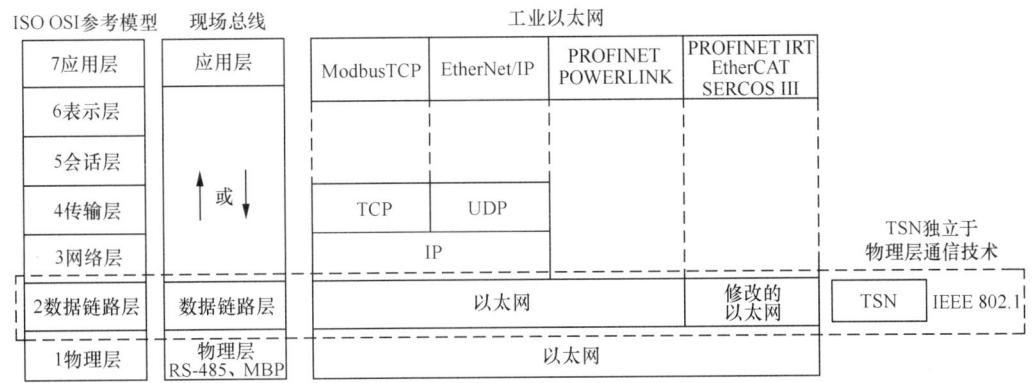

图 3-2 TSN 在 7 层架构中的位置

从发送端到接收端，TSN 流通常要经历一系列过程，包括流整形、流管理和流完整性检测。输入 TSN 交换机的数据流在流整形过程中通过流识别被重新分配为不同的优先级，并被发送到相应的输出队列中。然后，使用优先传输算法在相应的传输窗口中基于优先级选择输出。流管理用于动态配置网络中的流量，并重新调度新添加的流量或设备。流完整性检测用于确保网络的高容错性和高系统健壮性。

图 3-3 所示为 TSN 的主要标准。

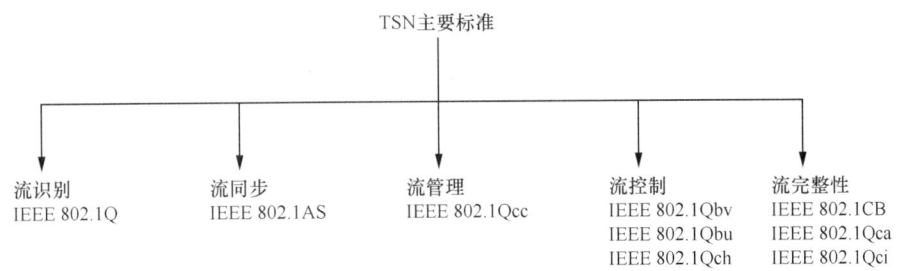

图 3-3 TSN 的主要标准

1. 流识别

时间敏感流与其他流在 TSN 设备中必须得到明确的划分，如何鉴别、区分这两种流量的基本原理在 IEEE 802.1Q 标准中有所描述。如图 3-4 所示，TSN 流的标识由以太网帧头中 IEEE 802.1Q VLAN 标签内的优先级代码点（PCP）字段和 VLAN 标识符（VID）定义。其中，我们通过与流关联的应用程序分配 PCP 字段和 VLAN 识别符。

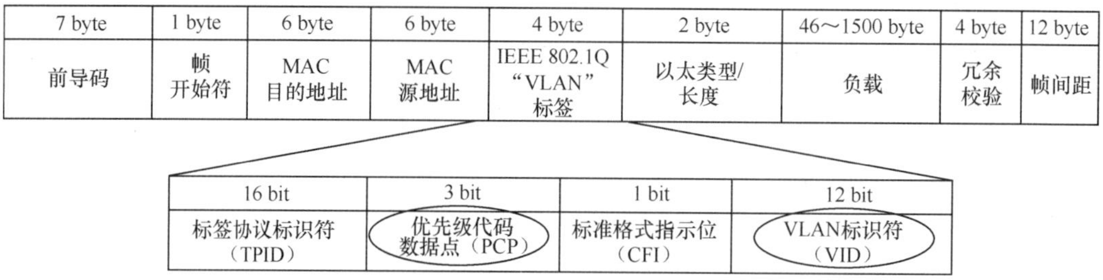

7 byte	1 byte	6 byte	6 byte	4 byte	2 byte	46~1500 byte	4 byte	12 byte
前导码	帧开始符	MAC目的地址	MAC源地址	IEEE 802.1Q "VLAN"标签	以太类型/长度	负载	冗余校验	帧间距

16 bit	3 bit	1 bit	12 bit
标签协议标识符（TPID）	优先级代码数据点（PCP）	标准格式指示位（CFI）	VLAN标识符（VID）

图 3-4　以太网帧结构和 IEEE 802.1Q VLAN 标签

2. 流同步

在 TSN 标准中，全局精确时间同步协议由 IEEE 802.1AS 所提供。IEEE 802.1AS 标准是 IEEE std 1588 精确时间同步协议（Precision Time Protocol，PTP）中特定的配置文件，广义精确时间同步协议（Generalized Precision Time Protocol，gPTP）便由其定义。并且，IEEE 802.1AS 标准拥有更加简单明了、容易操作的选项和功能，其可以通过在 gPTP 域的时间感知系统之间流通相关时间事件消息的方法来实现网络设备之间的同步。

gPTP 的同步机制与 PTP 相似，利用最佳主时钟算法（Best Master Clock Algorithm，BMCA）在网络里面确定一个主时钟，从而建立同步时钟树，然后选择对等路径时延测量办法计算出主时钟端口与从时钟端口之间的时间误差，并以此来进行同步。

gPTP 在修订过后的 IEEE P802.1 AS-Rev 中得到了改进，加速了主时钟故障检测的反应时间，使得系统可用性和容错性大大提升。IEEE P802.1 AS-Rev 在网络中提供了冗余主时钟和多个时钟同步路径。即使当前的主时钟出现故障，设备也可以通过快速切换至冗余主时钟的途径，降低该故障对网络的影响。除此之外，冗余主时钟与各个网络节点之间的冗余同步路径还能在网络链路乃至于网桥断开时依然提供同步时基，每一时刻都可以保证网络的正常运行。

3. 流管理

在时钟同步、调度策略之后，TSN 的网络配置问题就成为我们需要考虑的一项重要课题。在要求严苛的工业应用中，配置方式需要更为简单、易用。然而，对于分布式网络需求与资源分配机制——IEEE 802.1Qat 流预留协议（Stream Reservation Protocol，SRP），新的注册或登出、任何变化与请求都会导致网络的不稳定和时延增加，从而导致网络的传输效率降低。因此，TSN 工作组又提供了 IEEE 802.1Qcc 支持集中式的注册与流预留服务，称为 SRP 增强模式。在这种模式下，系统通过降低预留消息的大小与频率（放宽计时器），以便在链路状态和预留变更时触发更新。

完全集中式的网络管理模型如图 3-5 所示，其中的 UNI 是指 IEEE 802.1Qcc 所提供的 TSN 应用程序与网络组件之间的用户–网络接口（User-Network Interface，UNI）。UNI 是一套用于全局管理和控制网络的工具，用来增强 SRP，并由集中式网络配置（Centralized Network Configuration，CNC）节点作为补充。CNC 与 UNI 交互以提供运行资源的预留、调度及其他类型的远程管理协议，如 NETCONF 或 RESTCONF。

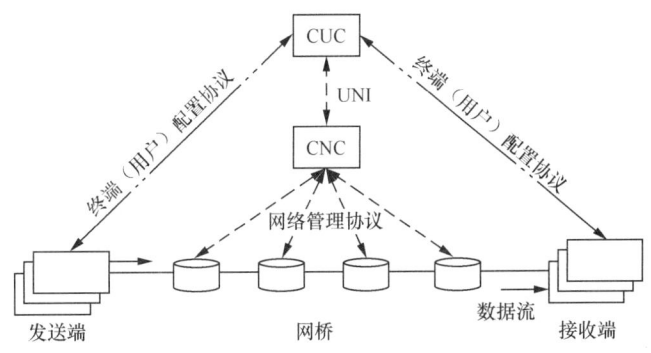

图 3-5　完全集中式的网络管理模型

对于完全集中式的网络而言，可选的 CUC 节点通过标准 API 与 CNC 通信，满足发现终端节点、检索终端节点的功能和用户需求，以及配置优化的 TSN 终端节点的功能。在网络运行开始之前，集中式用户配置（Centralized User Configuration，CUC）会向集中式网络配置发起对网络物理拓扑的检索请求，CNC 对网络拓扑进行遍历之后将检索结果发送回 CUC。CUC 接收到网络拓扑之后开始收集各节点对网络资源的需求，如终端设备之间是否要进行通信、TSN 流的周期、大小和时延界限等，并将这些信息发送至 CNC。CNC 根据网络物理拓扑和网络具体需求计算得到每个 TSN 帧的调度表，并将其发送至每个网桥。同时调度表还将被 CUC 分发至每个终端设备，而 CUC 还会要求终端设备依据调度表进行数据传输。至此，CUC 和 CNC 分别通过代理的方式完成了网络的配置。当有新的设备加入网络或有新的 TSN 流产生时，依然可以用此方式在网络运行时重新配置。

IEEE 802.1Qcc 是允许集中式管理系统与分布式管理系统并存的，也就是说 IEEE 802.1Qcc 仍然支持原有 SRP 的全分布式配置模式。此外，为了能够满足为旧式设备提供迁移服务的需求，IEEE 802.1Qcc 还支持混合配置模式。该配置管理机制与 IEEE 802.1Qca 的路径控制与预留机制，再结合 TSN 整形器，可以实现端到端传输的零堵塞损失。

4．流控制

流控制定义了关键数据流在 TSN 网桥内的处理方式，保证 TSN 流端到端确定性超低时延和高可靠性的数据传输。具体细节在下一节中会有详细描述。

5. 流完整性

时间敏感型网络可以做到保障关键数据的确定性超低时延传输，而同时关键数据传输的可靠性和安全性也是 TSN 需要关心的问题。导致关键数据传输的中断有网络中恶意参与者的干扰、网络组件或物理链路故障导致的数据分组丢失等。TSN 提供了以下标准保证关键数据流的完整性。

（1）IEEE 802.1CB 帧复制和消除

与高可靠性无缝冗余（High-availability Seamless Redundancy，HSR）协议和并行冗余协议（Parallel Redundancy Protocol，PRP）类似的无缝冗余机制可以经由 IEEE 802.1CB 中定义的帧复制和消除（Frame Replication and Elimination for Reliability，FRER）功能来实现，其过程如图 3-6 所示。FRER 的目的是加强给定数据分组的交付能力，并且防止堵塞损失以及由于设备故障导致数据分组的丢失。FRER 在发送端将需要传输的数据帧复制多个副本并生成序列号，然后在不相交的冗余网络路径 A→B→C 和 D→E→F 上传送，依据数据帧的序列号在目的地或者目的地附近（如 B、E）检查并丢弃重复的副本，从而实现无缝冗余传输。

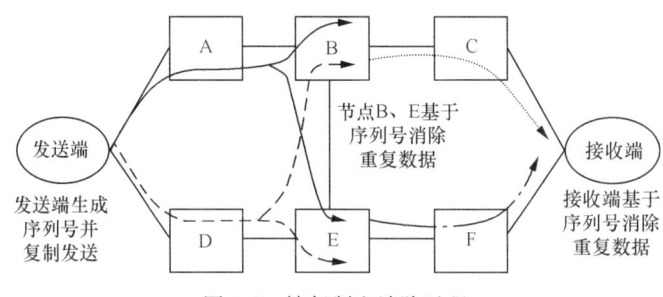

图 3-6　帧复制和消除过程

（2）IEEE 802.1Qca 路径控制和预留

基于中间系统到中间系统（Intermediate System-to-Intermediate System，IS-IS）协议的扩展承载时间同步和调度控制信息，IEEE 802.1Qca 的路径控制和预留（Path Control and Reservation，PCR）机制为数据流提供显式的路径转发控制，并允许使用非最短路径。PCR 提前为每个 TSN 流设置受保护的路径、预留带宽和冗余（保护或恢复），为数据流提供弹性的控制机制。

IEEE 802.1Qca 标准基于最短路径桥接（Shortest Path Bridging，SPB）协议并结合软件定义网络（Software Defined Network，SDN）来完成路径的控制和预留。位于数据平面的 IS-IS 协议用于发现网络拓扑和计算基本路径等，位于控制平面中的路径计算单元（Path Computation Element，PCE）用于管理显式路径，PCE 与资源预留协议（RSvP）交互沿着显式路径预留资源。此外 PCE 可以管理显式路径的冗余，从而利用备用路径在现实路径上提供保护和恢复。

（3）IEEE 802.1Qci 逐流过滤和监管协议

当输入 TSN 交换机的数据帧不符合要求时，不仅会影响关键数据的传输效果，还可能使得网络设备的安全得不到保障。基于规则匹配过滤和监控每个输入设备的数据流，IEEE 802.1Qci 定义的逐流过滤和监管（Per-Stream Filtering and Policing，PSFP）减少了端点或网桥上发生软件错误的概率，可抵御恶意设备攻击（如 DoS 攻击等）。

PSFP 根据每个数据帧所携带的流识别号和优先级信息来匹配流过滤器，由流过滤器执行逐流过滤和监管操作，流门用于协调所有的流，确定流的服务等级并有序处理流。流计量用于执行流的预定义带宽配置文件，规定最大信息速率和突发流量大小等。PSFP 处理的步骤如图 3-7 所示。

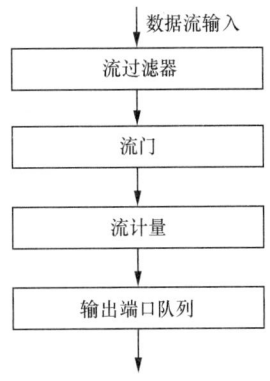

图 3-7　PSFP 处理步骤

3.2　TSN 关键技术

3.2.1　高精度的时间同步

1. 工业领域中的时间同步需求

随着工业领域的数字化、信息化、智能化的趋势越来越明显，其中大量传统应用都对分布式的实时部署提出了新的需求（如运动控制、过程控制、高质量的机器视觉、实时的数据汇总等）。虽然这些场景在终端设备中的应用细节各不相同，但都要求承载相关流量的网络具有高精度的时间同步能力。

如图 3-8 所示，在工业领域中，主要有普遍时钟（Universal Time）和工作时钟（Working Time）两种同步模式。前者主要应用于工厂或车间等较大范围设备之间的时间同步；后者则主要应用于生产线、生产单元或机器部件之间的时间同步。

在工厂内部，范围不超过工厂或车间的事件或操作信令通常采用外接时钟作为时钟源。其生产线和生产线中的生产单元及设备直接或者间接与同一个外接时钟源进行同步。在这种场景下，同步精度的期望通常不低于 100μs，并且提供主时钟设备的备份部署以及零停机的支持。

在生产线内部或生产模块范围内的时间同步（工作时钟）的精度要求较高，同步精度的期望通常不低于 1μs，并支持零停机以及备份部署主时钟设备。其应用场景主要是机器人控制、运动控制、数字控制等应用，因此 PLC、运动控制器及数字控制器之间的协调控制更多地采用工作时钟。

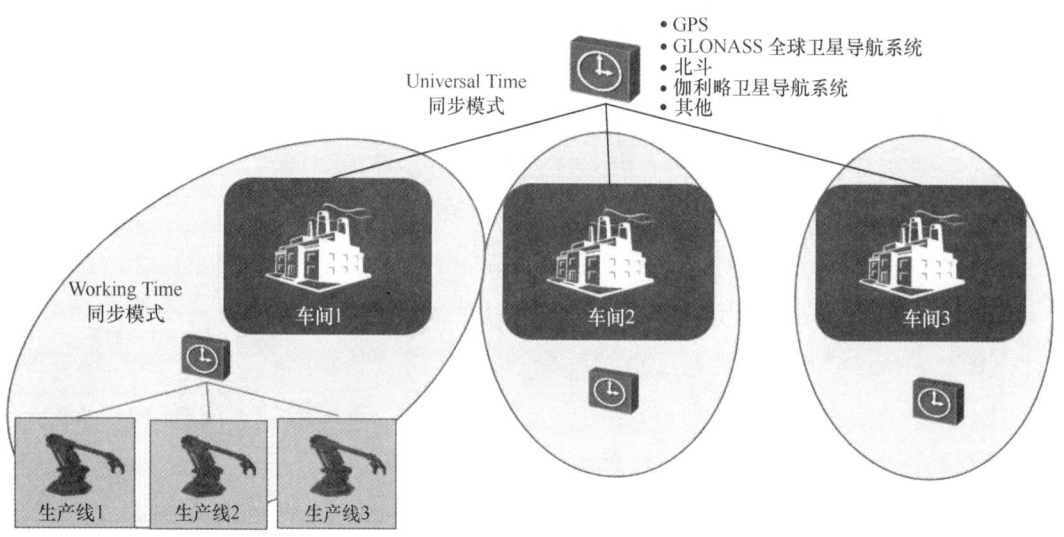

图 3-8 工业网络时间同步架构

时间同步的性能既要与时间同步机制本身强相关,还需要考虑信息处理本身的时延对时间同步精度的影响。一般来说,网络上的线路传输时延、网络设备进行逐跳转发的时延及系统对报文处理的时延是信息通信系统时延的主要组成部分(见图 3-9)。

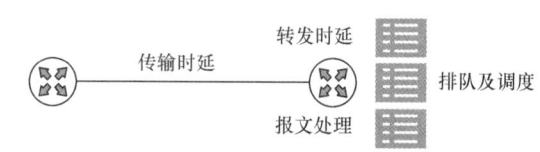

时间同步的精度需要得到保障,其方法是在组网方案上通过限制传输距离来限制传

图 3-9 网络时延的组成

输时延,并且还会通过限制跳数(通常情况下,对于一张同步网络跳数的上限为 100 跳)、限制单设备转发效率来降低转发时延。每跳不得有超过 50 ns 的转发时延,每跳不得有超过 10 ns 的传输时延,否则会导致同步机制的运行出错。

2. 技术原理

增强当前第二层以太网的网络特性以及为特定的业务流量提供准确时延的网络传输是当前时间敏感型网络的重点。目前,IEEE 802.1Q 的 TSN 工作组已制定了一系列标准,通过允许部分流量分组优先转发、使用门控调度机制清理线路、预留带宽等办法,来保障业务流量在以太网中的传输性能。在工业网络中,业务流量的时间特征主要通过数据传输周期和网络周期来体现。工业网络业务流量模型如图 3-10 所示。

分布式业务执行的实时性主要取决于应用的执行时间和传输时间,任务执行时间由应用系统本身决定,任务传输时间则包括了设备的转发处理时间和网络的传输时间。在时间敏感型网络中,设备对于流量的调度精度主要通过调度周期和门控周期控制。

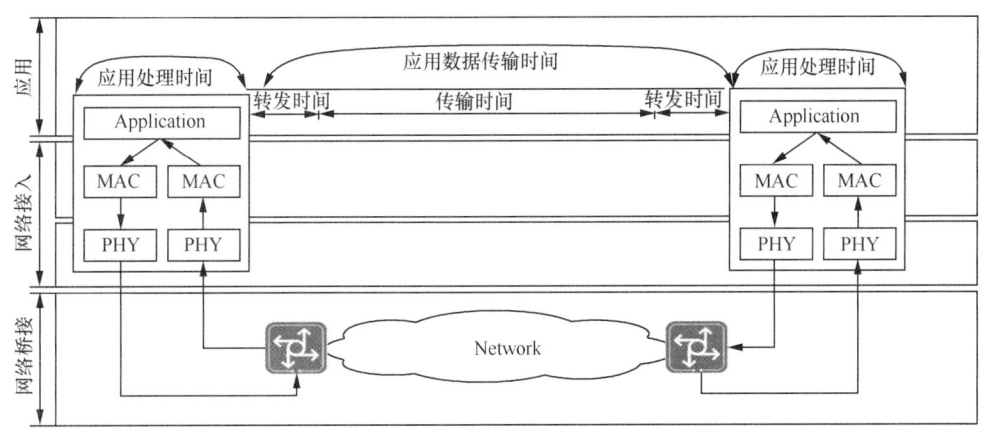

图 3-10 工业网络业务流量模型

在 TSN 中，业务流量对于性能的评判指标不仅由时延和抖动丢包的上限确定，而且要求流量中的帧可以在确定可知的时间送达。两项相对成熟的技术——基于 802.1 as 的时间同步以及基于 802.1Qbv 协议的门控调度机制——即为实现这种需求提供了可靠的底层技术基础。这两项技术因其成熟，被众多设备厂商视作本阶段 TSN 技术的研究、实现的重点。

在设备中，流量的调度操作往往发生在设备的网络接入层，因此网络接入层需要同步于一个工作时钟或者一个本地时钟。是否部署了整网联动的精准流量调度模型（如 IEEE 802.1Qbv）是网络转发是否需要时间同步于工作时钟的主要因素。

在 TSN 的协议体系中，新增的 IEEE 802.1 AS 被推荐为时间敏感型网络时间同步的关键协议。基于 IEEE 1588-2008 定义的精确时钟同步协议 PTP 标准的广义精确时钟同步系统（gPTP）由 IEEE 802.1AS 定义，并且用于时间敏感的桥接分组交换局域网。gPTP 是一个分布式主从结构，它对所有 gPTP 网络中的时钟与主时钟进行同步。首先由最佳主时钟算法（Best Master Clock Algorithms，BMCA）建立主次关系，分别称为主时钟（Clock Master，CM）和从时钟（Clock Slave，CS）。IEEE 1588 所采用的 PTP 是由网络的 L3 和 L4 层的 IP 网络传输，通过 IPv4 或 IPv6 的多播或单播进行时钟信息的分发。而 gPTP 则只在 L2 工作，嵌入在 MAC 层硬件中，直接在数据帧中插入时间信息，并随着数据帧在网络各个节点之间传输。

快速启动能力也是工业网络所要求的一项特性，这要求能在较短的时间内完成锁定时钟的任务。gPTP 第一步进行时钟同步（频率对齐），接下来对设备和链路时延进行实时测量、补偿、校准，从而实现工业单元中时间树上桥接节点和端节点的快速时间同步。

gPTP 应用的快速生成树协议（Rapid Spanning Tree Protocol，RSTP）是一种网络中的节点路径规划，经过网络配置后可以生成一个效果最优路径。TSN 桥接节点对其进行计算并以表格形式分发给每个终端的节点存储。当一个 TSN 节点准备对其他节点发送数据时，它会先检查这个表格，进而计算最短路径，整个网络以最短路径传送至需要接收的节点。IEEE 802.1AS 的时钟结构如图 3-11 所示。

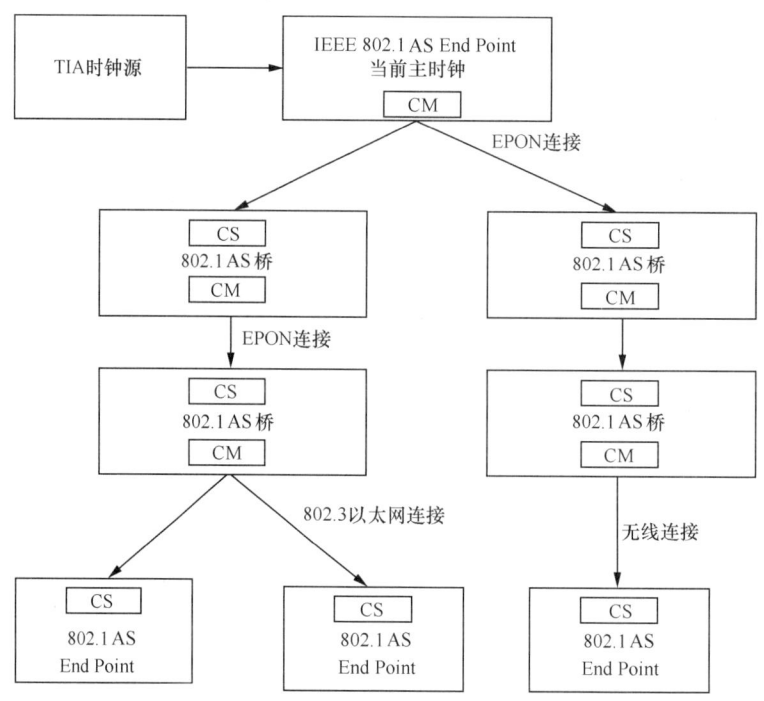

图 3-11　IEEE 802.1AS 的时钟结构

图 3-11 中，最左下方的 802.1AS 端点从上游 CM 接收时间信息。该时间信息包括从 GM（Grand Master Clock，最优时钟）到上游 CM 的累计时间。对于全双工以太网 LAN，可计算本地 CS 和直接 CM 对等体之间的路径时延测量并用于校正接收时间。在调整（校正）接收时间后，本地时钟应与 gPTP 域的 GM 时钟同步。TSN 网络也支持交叉通信，每个节点都会有 RSTP 所给出的路径表。

802.1AS 的核心在于时间戳机制（Timestamps）。PTP 消息在进出具备 802.1AS 功能的端口时，会根据协议触发对本地实时时钟（Real Time Clock，RTC）的采样，并将自己的 RTC 值与来自该端口相对应的 CM 信息进行比较。利用路径时延测算和补偿技术，将其 RTC 值匹配到 PTP 域的时间。当 PTP 同步机制覆盖整个 AVB 局域网，各网络节点设备间就可以通过周期性的 PTP 消息的交换，精确地实现时钟调整和频率匹配算法。最终，所有的 PTP 节点都将同步到相同的"挂钟"（Wall Clock）时间，即主节点时间。在最大 7 跳的网络环境中，理论上 PTP 能够保证时钟同步误差在 1μs 以内。

IEEE 802.1AS-Rev 则是一种多主时钟体系，主要优势是支持新的连接类型（如 Wi-Fi）、改善冗余路径的支持能力、增强时间感知网络的主时钟切换时间等性能。当有一个 Grand Master 宕机时，其可确保快速切换到一个新的主时钟，以便实现高可靠性系统。对于车载系统而言，采用 IEEE 802.1 AS 即可；而对于工业领域则考虑高可靠性，采用 IEEE 802.1 AS-Rev 版本。

3.2.2 更低的端到端时延及确定性

流控制定义了关键数据流在 TSN 网桥内的处理方式，保证 TSN 流的确定性端到端超低时延传输。TSN 通过以下标准为不同的需求场景提供不同程度的确定性低时延传输方案。

1. IEEE 802.1Qbv 排队与转发

TSN 标准的核心是基于全局时间的流量调度，全局精准时间同步由 IEEE 802.1AS 提供，IEEE 802.1Qbv 则提供了基于服务等级的流量调度，能够避免不同等级流量间相互干扰，为时间关键流量提供确定性的端到端时延。

时间感知整形器（Time Awareness Shaper，TAS）（见图 3-12）是为了更低的时间粒度、更为严苛的工业控制类应用而设计的调度机制，目前被工业自动化领域的企业所采用。TAS 由 IEEE 802.1Qbv 定义，是基于预先设定的周期性门控制列表、动态地为出口队列提供开/关控制的机制。802.1Qbv 定义了一个时间窗口，是一个时间触发型网络（Time-Triggered Ethernet）。这个窗口在这个机制中是被预先确定的。这个时间感知门的控制列表被周期性地扫描，并按预先定义的次序为不同的队列开放传输端口。出口硬件有 8 个软件队列，每个都有唯一的传输选择算法。传输由时间感知门控制列表（Gate Control List，GCL）控制，它是由多个门控制实体来确定软件的队列开放。

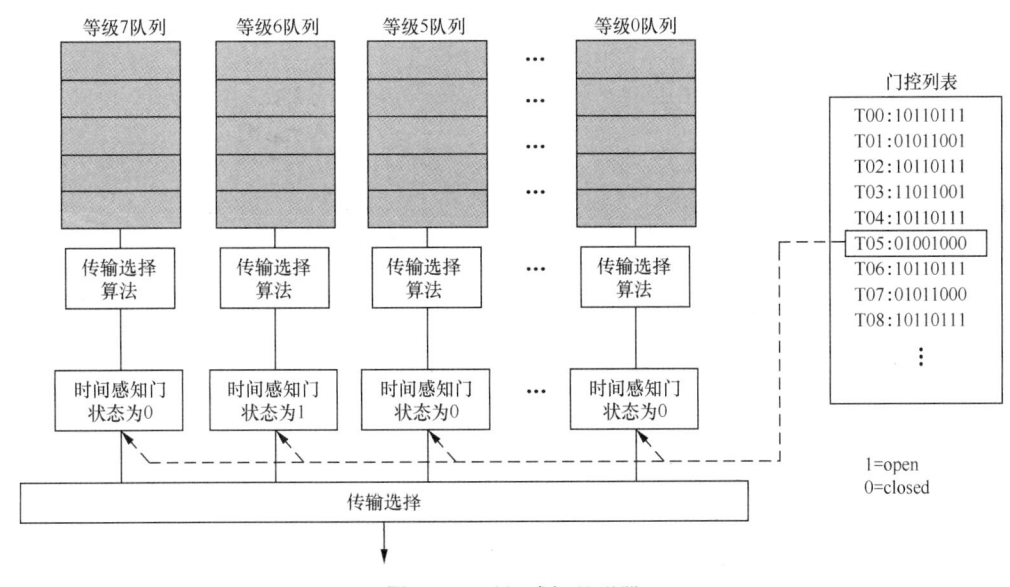

图 3-12 时间感知整形器

进入 TSN 交换机的数据流根据其帧头中的信息会被重新赋予优先级并送至输出端口的指定队列，每个队列都有一个控制传输的时间感知门。当门的状态为开（open）时，传输选择算法会在相应的时间窗口根据优先级选择数据流进行传输；当门的状态为关（close）

或者当前时间窗口的剩余时间不足以传输整个帧时，则不允许传输。

为了避免已传输的非关键流量干扰即将传输的关键流量，通常会在非关键流量的时间窗口后加入保护带，保护带的长度为非关键流量中最大帧的传输时间。保护带如图 3-13 所示，在关键流量开始传输时，如果上一个周期传输的非关键数据帧（干扰帧）还没发送完并占用后续时隙（Time Slot），则会导致关键流量不能在其传输窗口完成全部的数据传输。加入保护带后，在保护带时间段内不允许非关键帧的传输，从而保证了关键帧的及时传输。

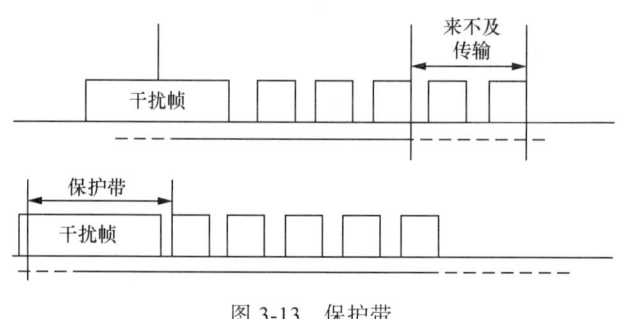

图 3-13　保护带

2. IEEE 802.1Qbu 帧抢占

在 TAS 机制中，会存在以下两个问题。

（1）保护带宽消耗了一定的采样时间；

（2）低优先级反转的风险。

因此，TSN 的 802.1Qbu 和 IEEE 802.3 工作组共同开发了 IEEE 802.3br，即可抢占式 MAC 机制。基于抢占式 MAC 的传输机制如图 3-14 所示。其采用了 802.3TG 中的帧抢占机制，将给定的出口分为两个 MAC 服务接口，分别称为可被抢占 MAC（Preemptable MAC，PMAC）和快速 MAC（Express MAC，eMAC）。pMAC 可以被 eMAC 抢占，进入数据堆栈后等待 eMAC 数据传输完成后再传输。

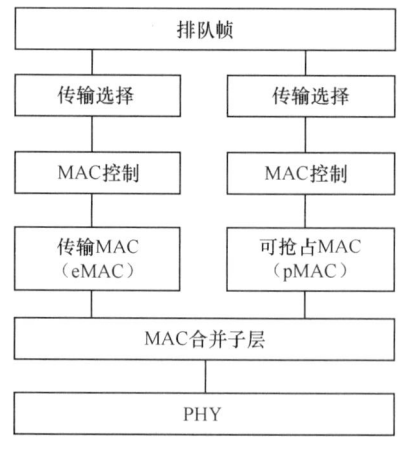

图 3-14　基于抢占式 MAC 的传输机制

IEEE 802.1Qbv 虽然能保护关键流量免受其他网络流量的干扰，但不一定带来最佳的带宽利用率和最小的通信时延。在支持 IEEE 802.1Qbu 帧抢占的链路上，允许中断非关键的标准以太网帧或者巨型帧的传输［如图 3-15 中的（1）和（2）所示］，并优先传输时间关键帧，然后在不丢弃先前传输的非关键帧片段的情况下恢复传输中断的数据，一个非关键的数据帧可以被多次抢占。在应用保护带机制时，帧抢占能有效减小保护带的最大长度［如图 3-15 中（3）和（4）所示］，缩短信道空闲时间。帧抢占机制在保证关键型数据确定性低时延的同时，也提供了更细粒度的服务质量，提高了带宽利用率。

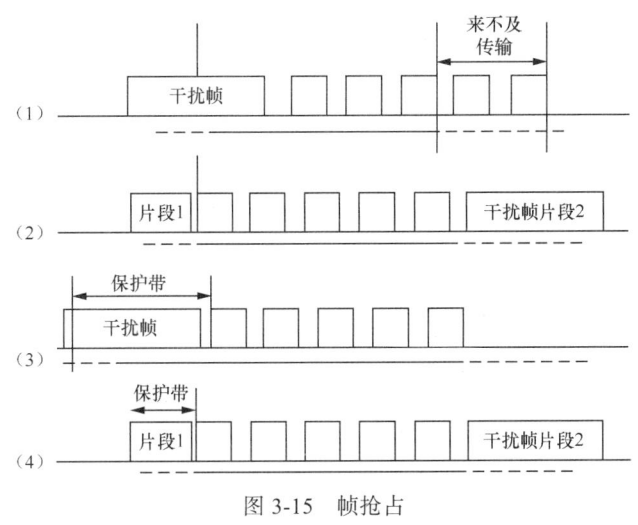

图 3-15　帧抢占

通过抢占，保护带宽可以被减少至最短低优先级帧片段。然而，在最差的情况下，低优先级的帧片段可以在下一个高优先级帧片段前完成。当然，抢占这个传输过程仅在连接层接口——即对于抢占式 MAC，交换机需要专用的硬件层 MAC 芯片支持。

3. IEEE 802.1Qch 循环排队和转发

IEEE 802.1Qch 循环排队与转发（Cyclic Queuing and Forwarding，CQF）是一种流量整形方法，CQF 不断循环协调网桥内关键流量出队和入队的操作，旨在为时间敏感流量提供确定性且易于计算的时延，并实现零拥塞丢失。作为一个同步入队和出队的方法，CQF 使得运行网桥与帧传输在一个周期内实现同步，以获得零堵塞丢包及有边界的时延，并能够独立于网络拓扑结构而存在。

CQF 基于全局的时间同步，以循环的方式在每个传输周期将关键流量沿着其网络路径逐跳传输。非抢占网络中的 CQF 如图 3-16 所示，在每个网桥中，一个传输周期到达的流量会在下一个周期转发至其传播路径上的下一个网桥，依次循环直至到达目的地。循环操作导致帧的网络传输时延完全由周期间隔和通信双方间端到端跳数来表征，且独立于拓扑参数和其他非 TSN 的流量。为了使 CQF 正常工作，所有数据帧必须严格在其分配的周期内到达或离开指定网桥，以确保实现数据要求的时延范围。为此，CQF 可以结合 IEEE 802.1Qci 和 IEEE 802.1Qbv 确保所有帧保持在确定性时延内，并保证在其分配的周期时间内传输。IEEE 802.1Qci-t 表明，它会根据到达时间、速度、带宽，对桥节点输入的每个队列进行滤波和监管，用于保护过大的带宽使用率、突发的传输尺寸及错误或恶意端点。IEEE 802.1Qch 所采用的 CQF 机制遵循"每周期走一步"的策略，为数据传输赋予了确定性。

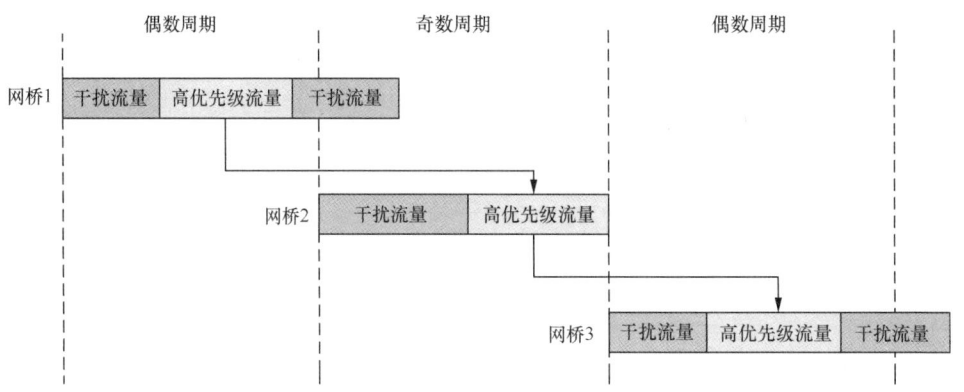

图 3-16 非抢占网络中的 CQF

CQF 与帧抢占 IEEE 802.1Qbu 可以合并使用，以降低完整尺寸帧到最小帧片段的传输周期时间。为使 CQF 正常工作，必须将所有帧保持在其分配的周期内。因此，需要考虑周期时间，使得中间网桥的周期与第一次和最后一次传输的时间对齐，以确保达到所需的等待时间边界。为此，CQF 结合 IEEE 802.1Qci 入口策略和 IEEE 802.1Qbv 整形器，可确保所有帧保持在确定的时延范围内，并保证在其分配时间内发送。

异步流整形机制：CQF 和 TAS 提供了用于超低时延的数据，依赖网络高度时间协同，以及在强制的周期中增强的包传输，但其对带宽的使用效率并不高。因此，TSN 工作组提出 IEEE 802.1Qcr 异步数据流整形器（Asynchronous Traffic Shaper，ATS）机制。ATS 基于紧急度的调度器设计，通过重新对每个跳转的 TSN 流整形，来获得流模式的平滑，实现每个流排队，并使优先级紧急的数据流可以优先传输。ATS 以异步形式运行，桥和终端节点无须同步时间。ATS 可以更高效地使用带宽，可运行在高速连接应用的混合负载时间，如周期和非周期数据流。

3.2.3 高容错性及系统健壮性

通信网络一般由大量的节点和链路组成，通过无线或有线的方式传播通信数据，因此，网络的长期稳定性与可靠性对于整个通信网络具有重要意义。一个可靠的网络，要能够保证长期稳定的正常运转，并且在网络一旦出现故障后，可以快速从故障中恢复。因此，如何提高网络的可靠性是一个重要的研究课题，尤其对于时间敏感型网络来说，时间同步系统的可靠性有着举足轻重的作用。

1. 路径冗余机制

（1）"双域"路径冗余设计

在骨干网设备连接中，通过单一路径进行通信的连接很容易实现，但是这样的网络往往可靠性不高，一个简单的故障就会造成网络的中断，所以在实际网络组建过程中，通常需要添加一些备份路径，增加网络的可靠性。实现网络冗余备份路径上的网桥一般会互相连接，形成一个环路，通过环路形成一个冗余的路径。以太环网是最简单的环网冗余拓扑结构，在一个环网中，所有的网络节点都会有左右两个相邻节点。在典型的冗余环路中，有一个主网桥，主网桥的其中一个端口会被设置为阻塞状态，阻塞状态的端口会阻止以太网数据帧的转发，仅允许冗余控制帧的发送。除了主网桥有转发端口和一个拥塞端口外，其余交换节点都只有转发端口。这样，虽然网络拓扑结构在物理上是一个环状拓扑，但实际上并没有逻辑回路。

IEEE 802.1AS-Rev 中的时间感知系统具有支持多域的能力，且一个时间感知系统可以同时在双域中处于活跃状态，因此可以通过双域备份的方式，实现同步网络中的路径冗余机制。将需要备份的节点设为双层节点，使其同时处于双域之中，每个域都有一个时间同步树，按照既定的时间同步路径一级一级发送时间同步消息。将其中一个域设为域 0（与 IEEE 802.1 AS 协议兼容），即为同步网络中的默认域，另外一个域设为域 1。参考以太环网的实现方式，我们可以将两个域以环状的形式相互叠加，实现对同步网络的双域备份。如图 3-17（a）所示，该图为一个双域路径备份示意图。

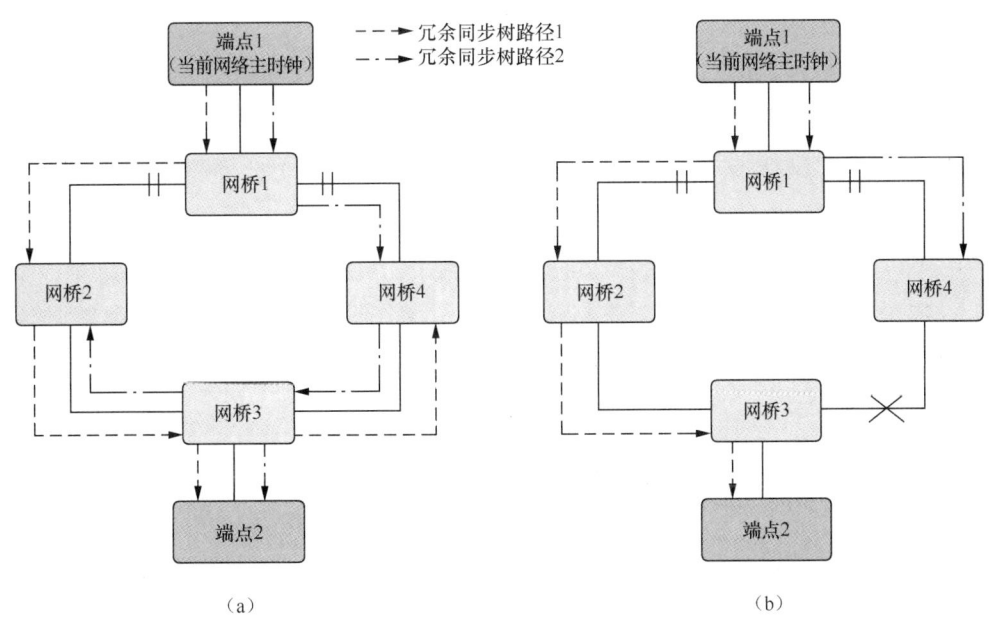

图 3-17　双域路径备份示意图

图 3-17（a）所示是一个有一个主时钟与两个冗余同步树的网络，其中每个同步树处于不同的 gPTP 域（总共有两个 gPTP 域）中。图中端点 1 为当前网络中的主时钟，虚线同步树路径为同步路径 1，处于域 0 中，点划线同步树路径为同步路径 2，处于域 1 中。该拓扑在物理上是一个环形网络，但是因为在域 0 中，图中所示网桥 1 右边的端口为阻塞端口，所以域 0 中的同步路径在逻辑上不是环路，同样，网桥 1 左边的端口在域 1 中为阻塞端口，因此域 1 中的同步路径在逻辑上也不形成环路。两个域分别按照各自的同步路径发送同步消息。

（2）"双域"冗余备份原理

IEEE 802.1AS-Rev 协议采用组播通信的方式，且所有的链路均以全双工模式工作。每经过一个同步周期，主时钟会同时生成两条同步消息和分别与这两条消息对应的 Follow_Up 消息，将它们的 gPTP 消息公共报文头中的 domain Number 分别写入 0 和 1，发送给与它相连的主网桥节点。主网桥节点分别按照两个域中的同步路径转发这两条消息。在网络正常工作状态下，所有的网桥节点都能接收到来自两个域中的同步消息，但是由于节点在两个域中的逻辑拓扑位置不同，收到该同步消息的时间也会不同，位于物理拓扑中间节点，收到两条同步消息的时间相近；位于主网桥节点的邻节点时，收到两条同步消息的时间差最大。

当网桥节点收到两条冗余同步消息中先到达的那个消息时，处理该消息中的时间信息，利用与其对应的 Follow_Up 中的信息同步本地时钟后继续向下一级节点转发。具体实现使用基于查阅表的丢弃算法来对重复报文进行处理。假设一个网桥节点有 A 和 B 两个端口位于环路中，每个端口都维护一个查阅表，若一个同步消息到达端口 A，则端口 A 利用该消息 gPTP 公共报文头中的 sequence ID 和 domain Numbers 信息在端口 B 的查阅表中进行查找，若 B 的查阅表中已存在相同的 sequence ID，和不同的 domain Numbers 的入口信息，说明端口 B 已接收到另一域中的该同步消息，于是，端口 A 更新该同步消息后直接转发，不进行本地时钟校正。当一个终端节点收到来自另一个域中的重复的同步消息后，直接丢弃。

正常工作时，网桥节点会按照先收到的同步消息进行本地时钟同步，对后收到的另一域中的对应同步消息只进行更新和转发。端点 2 会按照第一个接收的同步消息进行时间同步，对于后收到的另一个域中的对应消息直接丢弃。

在同步冗余网络中，当链路发生故障时，该故障路径会使两个域中的同步消息分别从故障发生处断开，如图 3-17（b）所示。当网桥 3 与网桥 4 之间的链路发生故障断开时，按照同步树 1 的路径，网桥 4 将接收不到域 0 中的同步信息，只通过域 1 中的同步消息与主时钟同步，网桥 2、网桥 3 和网桥 2 将接收不到域 1 中的同步信息，只通过域 0 中的同步消息与主时钟同步。通过"双域"路径冗余机制，在单链路发生故障后节点仍能接收到另一个同步域中的消息，从而实现了单链路故障无缝冗余。

2. 主时钟冗余机制

（1）基于"双域"的主时钟冗余机制

网络一般由大量的链路和节点组成，为了提高同步网络的可靠性，上一节是从同步网络中的链路保护机制来考虑的。然而，在网络中除了关注链路的可靠性，节点的可靠性同样值得关注。而在同步网络中，最重要的节点就是主时钟，因此，下文就从网络中的主时钟保护机制着手，进一步研究提高同步网络的可靠性与健壮性的方法。

同步网络中的主时钟是所有时间感知系统的时间参考源，一旦主时钟失效，同步系统中的所有节点就会失去与主时钟的同步，开始以各自的频率自由振荡。为了防止这种情况发生，我们可以通过主时钟备份的方式，对网络中的时间同步系统提供保障。

对网络中的主时钟进行备份，需要在网络中加入额外的时钟作为备份时钟，这个时钟的选取与主时钟采用同样的标准，即时钟质量好、稳定性高，且可以通过外部时钟源来获取标准时间。主时钟备份同样使用"双域"的机制，将网络中以不同主时钟为根节点的同步树设为不同的域，这样，每一个主时钟都有自己的同步路径并位于不同的域中，不同的域在物理结构上相互叠加，但在逻辑结构上互不影响。

因为采用不同的主时钟，即使性能较好，也可能存在时间偏差，例如两个主时钟虽然都与外部时钟源相连，但是由于从外部时钟源恢复的时间不会完全相同，因此两个主时钟的时间也会有所不同。为了防止两个有时间偏差的时钟同时作用于一个同步网络中，我们设置的热备份时钟只有在主时钟失效后才能同步从节点。

定义变量 $SyncInterval$ 为同步消息的发送时间间隔，主时钟按照 $SyncInterval$ 来周期性地发送同步消息，定义变量 $syncReceiptTimeout$ 为从时钟没有接收到同步消息的次数，变量 $syncReceiptTimeoutTimeInterval$ 为同步接收超时时间间隔，它的计算如式（3-1）所示。

$$SyncReceiptTimeoutTimeInterval = SyncReceiptTimeout \times SyncInterval \quad (3\text{-}1)$$

通常取 $syncReceiptTimeout$ 为 3，$SyncInterval$ 为 125 ms，则 $syncReceiptTimeoutTimeInterval$ 为 375 ms。

热备份时钟作为主时钟同步树中的一部分，接收主时钟发送的同步消息，但并不校正本地时钟，当主时钟失效后，网络中的所有节点都接收不到主时钟的同步信息，经过 $syncReceiptTimeoutTimeInterval$ 时间后，所有节点都开始与热备份时钟同步。图 3-18 所示为一个双域时钟备份示意图。

图 3-18 所示为具有两个冗余主时钟的示例网络，一个为主时钟，另一个作为它的热备份时钟，其中每个主时钟都有以其为时间源的同步树，其中虚线路径为主时钟的同步路径，位于域 0 中，点划线同步路径为备份时钟的同步路径，位于域 1 中。正常工作状态下备份

主时钟接收主时钟的同步消息，但并不通过域 0 中的同步时间校正自己的时钟。

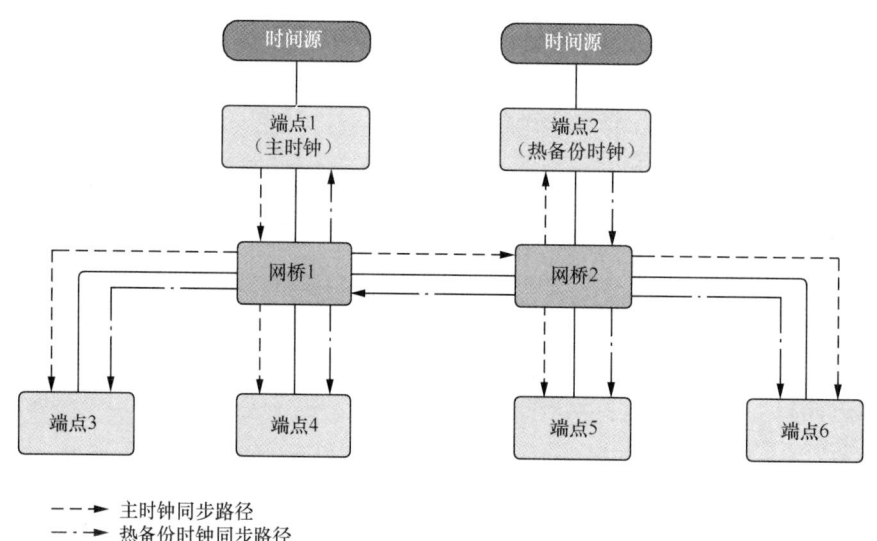

图 3-18 双域时钟备份示意图

当主时钟失效时，网络中的所有节点会立即失去同步消息，按照式（3-1）设置同步接收超时时间间隔为 375 ms，所有节点超过 375 ms 后还未收到同步消息，便切换到当前工作域，通过来自域 1 的同步消息进行本地时钟校正。

（2）基于"多域"的双重冗余机制

在一个同步网络中，路径失效与主时钟失效会给网络中的部分节点甚至全部节点的同步造成损害，尤其在时间敏感型网络里，时间同步系统的失效会对时间敏感型网络的正常运行产生很大影响。因此，为了保障同步网络的稳定运转、所有节点能够长期高精度地同步，将同步路径冗余与主时钟冗余结合起来进行双重冗余保护，使同步网络具有更高的可靠性。

对同步路径和主时钟同时进行冗余备份依然采用环网的形式，使需要备份的网桥节点位于环网中，分别连接着主时钟与热备份时钟，其中，主时钟的同步树有两个——同步树路径 1 与同步树路径 2，分别位于域 0 与域 1 中，热备份时钟的同步树路径也有两个——同步树路径 1 与同步树路径 2，分别位于域 2 与域 3 中，如图 3-19 所示。

主时钟按照本节第一部分所述的方式，同时发送 domain Number 为 0 和 1 的同步消息，热备份时钟按照同样的方式，分别发送 domain Number 为 2 和 3 的同步消息，4 个域中的同步消息按照如图 3-19 所示的路径分别进行转发。当网络正常工作时，所有从节点会通过识别同步消息中的 domain Number 域，只通过主时钟的双域路径进行本地时钟校正，对于 domain Number 不为 0 和 2 的消息，网桥节点处理后只进行转发，终端节点收到后直接进行丢包处理。当主时钟失效时，所用从节点都收不到来自主时钟的新的同步消息，因此，

经过 *syncReceiptTimeoutTimeInterval* 时间后，所有时钟开始与热备份时钟同步，通过 domain Number 为 2 和 3 的消息进行本地时钟校正（见表 3-1）。

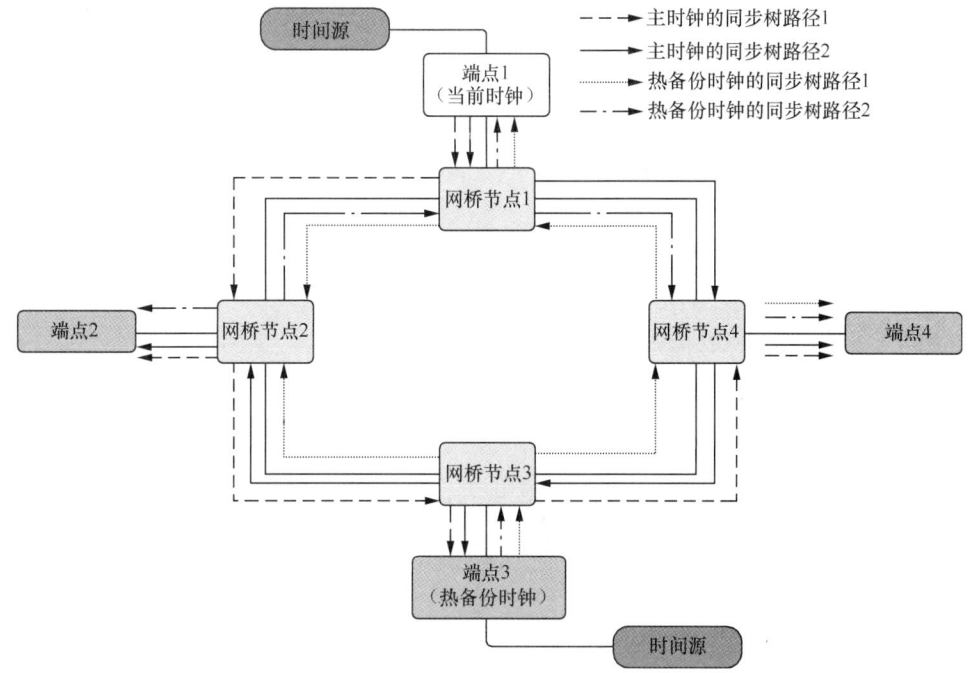

图 3-19　路径冗余与主时钟冗余实例图

表 3-1　网络状态与工作域对应关系表

网络状态		工作域
主时钟正常	路径正常	域 0 或域 1
	路径失效	域 0 或域 1
主时钟损坏 热备份时钟正常	路径正常	域 2 或域 3
	路径失效	域 2 或域 3

通过这种备份机制，不仅主时钟得到了备份保护，每个主时钟还有两个同步域，其同步路径也得到了保障，整个同步网络的可靠性得到了很大提升。

3.2.4　安全机制

TSN 利用 IEEE 802.1Qci 对输入交换机的数据进行筛选和管控，对不符合规范的数据帧进行阻拦，能及时隔断外来入侵数据，实时保护网络的安全，也能与其他安全协议协同使用，进一步提升网络的安全性能。

当输入 TSN 交换机的数据帧不符合要求时，不仅会影响关键数据的传输，还可能危害网络设备的安全。IEEE 802.1Qci 定义的逐流过滤和监管（PSFP）基于规则匹配过滤和监控每个输入设备的流,防止端点或网桥上的软件错误,抵御恶意设备和攻击(如 DoS 等)。

PSFP 根据每个数据帧所携带的流识别号和优先级信息来匹配流过滤器,由流过滤器执行逐流过滤和监管操作;流门用于协调所有的流,确定流的服务等级并有序确定地处理流。流计量用于执行流的预定义带宽配置文件,规定最大信息速率和突发流量大小等。

本章小结

TSN 协议用于解决传统以太网的控制范围远不能达到自动驾驶、智能电网自动化、工业自动化控制等领域对数据流传输的时延要求的问题。它统一了各种各样的数据链路层协议,拥有在不同的行业和领域内同构运行的能力,保障了实时数据的传输。本章对 TSN 的工作进行了讲解,首先,根据 OSI 服务过程,可以将 TSN 的主要标准分为 5 类,包括:流识别、流同步、流管理、流控制以及流完整性。其次,TSN 标准的核心是基于全局时间的流量调度,精准时间同步由 IEEE 802.1AS 提供,IEEE 802.1Qbv 提供基于服务等级的流量调度,能够避免不同等级流量间的相互干扰,为时间关键的流量提供确定的端到端时延,IEEE 802.3br 提供可抢占式 MAC 机制,IEEE 802.1Qch 提供循环排队与转发,为时间敏感流量提供确定性且易于计算的时延,并实现零拥塞丢失。另外,TSN 还提供了高容错性及高系统健壮性保障机制,包括:数据链路路径的冗余机制和主时钟的冗余机制。

本章习题

1. 简述 TSN 技术的发展历程及概念。
2. 简述 TSN 协议的主要标准。
3. TSN 协议如何实现高等级的时间同步?
4. TSN 流从发送端到接收端经过哪些过程?
5. TSN 协议如何实时保证网络的安全?
6. TSN 协议通过哪些机制来实现高容错性和高健壮性?

第4章 5G技术

▶ **学习目标**

了解 5G 在工业领域的应用；掌握 5G 网络的特征与能力；熟悉满足 5G 关键能力的途径；理解垂直行业 5G 组网的技术原理。

▶ **本章知识点**

（1）5G 网络的特征；

（2）5G 网络的性能指标；

（3）5G 的关键能力；

（4）满足 5G 关键能力的途径；

（5）垂直组网技术。

▶ **内容导学**

作为新一代信息通信发展的主要方向，5G 将渗透到未来社会的各个领域，其中工业领域是 5G 的主要应用场景之一。5G 具有大带宽、低时延、大连接的技术特性，是支撑工业互联网的关键使能技术，可有效满足工业上苛刻的安全性、传输时延及可靠性要求。

在学习本章内容时，应重点关注以下要点。

（1）理解 5G 网络的关键能力

5G 具备比 4G 更高的性能，支持 0.1~1 Gbit/s 的用户体验速率、每平方千米 100 万的连接数密度、毫秒级的端到端时延、每平方千米 10 Tbit/s 以上的流量密度、500 km/h 以上的移动性和 10 Gbit/s 以上的峰值速率。其中，用户体验速率、连接数密度和时延为 5G 最基本的 3 个性能指标。5G 将为网络带来百倍以上的能效和成本效率提升。

（2）掌握满足 5G 关键能力的途径

不同于以往以某种单一技术为基础形成针对所有场景的解决方案，5G 是一系列无线技术和网络技术的深度融合。5G 不但关注更高速率、更大带宽、更强能力的新型无线空口技术，而且更关心新的无线网络架构。大规模天线阵列、极化码、超密集组网、终端直通技术（D2D）等关键技术是满足 5G 关键能力的重要途径。

（3）掌握第三代合作伙伴计划（3rd Generation Partnership Project，3GPP）R16 定义的垂直组网技术

3GPP R16 作为 5G 第二阶段标准的版本，主要关注垂直行业应用及整体系统的提升，其引入了新的组网能力，定义了 3 种垂直组网技术：时间敏感型网络（TSN）、5G 局域网（5G-LAN）和非公共网络（NPN）。TSN 通过引入 IEEE 的 TSN 组网方式，实现 5G 网络从尽力而为到确定性，能够更好地满足时间敏感型应用的需求，有助于利用 5G 的覆盖、传输、移动性、安全性优势将其应用范围扩展到更广阔的生产领域；5G-LAN 通过一种虚拟网络（VN）的方式，综合利用 5G 网络的组管理、移动性管理、动态多播、业务连续性、服务质量保障等功能，实现了点对点、点对多点的通信方式，更便捷地实现了与现有企业信息网络的融合；NPN 通过独立组网和非独立组网两种模式为垂直行业提供与公共陆地移动网（PLMN）隔离的 5G 基础网络，并通过与 PLMN 的互相访问，实现了在一张专网上满足多种应用网络需求的目标。TSN、LAN、NPN 可以组合应用，在园区类场景下，以一张网络满足不同应用的组网和性能要求，实现网络和业务的融合。

4.1 5G 愿景

4.1.1 5G 总体愿景

移动通信深刻地改变了人们的生活，但人们对更高性能移动通信的追求从未停止。为了应对移动数据流量的爆炸式增长、海量设备连接，以及各种新的服务和应用场景，第五代移动通信系统（5G）应运而生。

IMT-2020（5G）推进组于 2014 年 5 月发布《5G 愿景与需求白皮书》，其中描绘了 5G 的总体愿景：5G 将渗透到未来社会的各个领域，构建以用户为中心的全方位信息生态系统。5G 将使信息突破时空限制，提供卓越的交互体验，带给用户身临其境的信息盛宴。5G 将拉近万物之间的距离，通过无缝融合，方便地实现人与一切的智能互联。5G 将为用户提供光纤般的接入速率、"零"时延体验、千亿设备的连通性、超高的流量密度、超高的连接密度和超高的移动性等。5G 将为网络带来 100 倍以上的能效提升和 100 倍以上的每

比特成本降低，最终实现"信息随心至，万物触手及"的整体愿景（见图 4-1）。

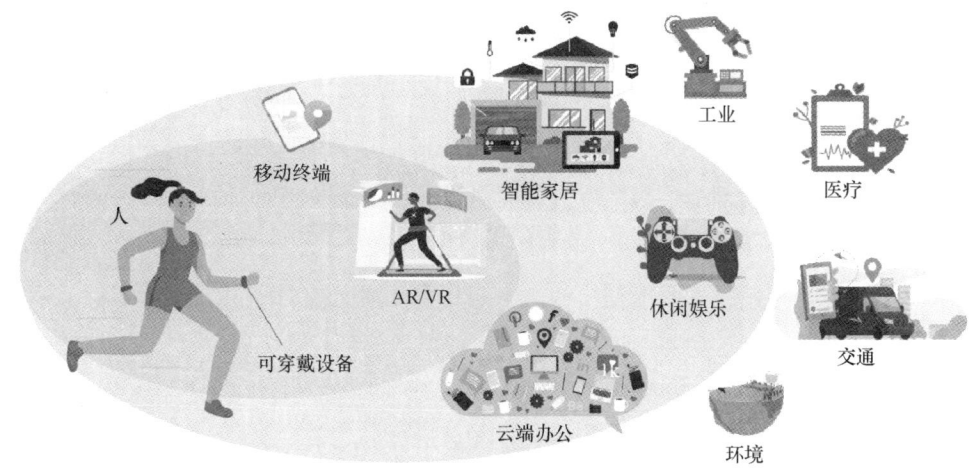

图 4-1　5G 总体愿景

4.1.2　5G 网络的特征

为了满足未来用户和网络的新需求，要求 5G 具有越来越先进的功能，从而实现无处不在的信息传输。因此，未来的 5G 将是一个泛在化、智能化、融合化、绿色节能的网络。

1. 广带化

随着终端的快速发展和各种新兴应用的出现，移动业务数据正在快速增长。技术和行业的融合发展使得移动互联网行业将继续呈现快速增长的趋势，用户对移动网络带宽和传输速率将会有更大的需求。未来几年，移动业务量将呈指数级增长。因此，为了满足未来用户和业务的需求，5G 将具有超高的容量。

2. 泛在化

随着移动智能终端的快速发展与普及，许多新兴互联网业务越来越受到人们的关注，如移动超高清视频播放、虚拟现实（Virtual Reality, VR）、增强现实（Augmented Reality, AR）等。越来越多的用户希望能随时随地通过移动终端观看视频。随着移动网络能力的提升，移动视频的服务质量将提高到一个新的高度。VR 是一种由计算机生成的、可交互的三维动态仿真效果，用户借助智能可穿戴设备，在虚拟场景中产生互动行为，从而达到沉浸式仿真效果。AR 是将真实的信息与虚拟世界的信息同时显示出来，这两种信息相互补充、叠加，有效帮助用户感知和理解现实世界。未来，5G 网络的泛在化将体现在满足各类互联网服务的用户个性化需求，提供无处不在的智能信息服务和无处不在的连接。

3. 智能化

未来，5G 网络的数据流量和信令流量将呈现爆炸式增长。面对这种挑战，我们可以通过网络智能实现每比特收益的最大化，实现网络资源、用户体验和收益的和谐发展。未来网络的智能化主要体现为频谱、网络架构、网络管理和流量控制的智能化。

（1）频谱智能化：目前我国的频谱资源固定分配给不同的无线电部门，频谱资源利用不均衡。未来可以利用新技术智能使用频谱，如利用认知无线电（CR）技术实时监测电磁环境，寻找空闲频谱，通过动态频谱共享提高无线频谱的利用效率。

（2）网络架构智能化：随着互联网业务量的指数级增长以及各种云计算业务的出现，传统网络已经不再适用。软件定义网络（Software Defined Network，SDN）被视为是一种有效的解决方案。SDN 有控制与转发分离、设备资源虚拟化、通用硬件及软件可编程 3 个特点，在未来可以利用 SDN 改造现有的无线网络，以更加智能和灵活的方式提供新的服务。

（3）网络管理智能化：随着移动通信发展到 LTE 阶段，通信网络变得越来越密集。传统的人工维护不仅工作量大，而且成本高。为了降低网络建设和运维成本，自组织网络（Self-Organizing Network，SON）功能被提出，其主要包括自配置（Self-configuration）、自优化（Self-optimization）、自愈（Self-healing）三大功能，可以有效提高网络管理的效率。目前，SON 功能主要用于 LTE 网络。未来通信网络将出现多制式共存的场景，SON 功能将扩展到多制式的研究，这将在更多方面提高管理智能化程度，大大降低网络运行成本。

（4）流量控制智能化：网络中有时存在流量分布极不均匀的场景，忙闲流量差异巨大导致网络资源利用率低。电信运营商提出"智能管道"策略，通过"开源"和"节流"来吸引业务量，保证用户体验。对于 LTE 网络部署，也采用了"智能管道"措施。比如 LTE-Advanced 中的异构网络（Heterogeneous Network，HetNet）可以有效提高小区边缘速率和小区平均吞吐量，适用于时空流量分布不均衡的情况，可以有效吸收热点的流量。在 LTE 建设过程中引入策略和计费控制（Policy and Charging Control，PCC）规则，可以使运营商具有有效、完整的移动智能管道控制能力，并以此技术有效地调整和平衡数据流量。未来业务的发展将会给网络带来更多的流量，需要智能流量控制来提高网络资源效率。

4. 融合化

随着全球信息产业的发展，5G 将具有更加融合的发展趋势，包括三网融合和多制式网络融合。

三网融合是指电信网、广播电视网和互联网三网的融合。三网融合可以推动业务发展，为用户提供更多便利，但与此同时也给网络带来了新的挑战。三网融合需要一个扁平透明的网络架构，同时对网络容量的需求也大大增加。三网融合服务的逐步增加将导致接入网和核心网的流量激增。由于未来 5G 具有超高传输容量、超可靠性的特点，将会产生更多新的技术和新的传输模式，这将有助于进一步推动三网融合的进程。

多制式网络融合是指 2G、3G、4G、5G 等多制式网络并存的局面。多制式网络的融合可以实现电信网络资源共享，最大化投资利益。2G 和 3G 以语音服务为主，在保证语音业务的前提下可适度承载数据业务，4G 网络则主要承载数据业务。WLAN 是对无线蜂窝网络承载的移动数据业务的重要补充。各制式网络需要相互配合、优势互补，以实现低成本、高效率的协调均衡发展。针对网络服务分布的不平衡性，根据网络负载和业务类型动态选择网络，以提升网络流量的价值。例如，当 WLAN 负载较高而蜂窝网络负载较轻时，可以根据网络负载情况动态选择蜂窝网络承担用户的数据业务，在不影响用户体验的情况下，实现不同网络之间的动态负载均衡。

5. 绿色节能

就移动通信而言，提高通信网络的节能环保性能，建设绿色移动网络，实现与环境的和谐发展，已经成为通信行业的共识。目前，基站建设规模逐年扩大，基站年耗电量急剧增加，这不仅给行业带来了巨大的成本负担，也给环境带来了污染。未来 5G 网络中基站之间的距离会更近，异构网络会更加普及。在保证不影响用户感受的前提下，将采用更有效的节能技术，有效降低网络整体能耗，实现绿色环保的移动通信运营。例如，可以利用有源阵列天线技术把有源器件与天线集成于一体，实现电磁波的产生、转换、发射和接收。由于有源天线将射频紧密集成到天线中，没有馈线损耗，在保证输出功率相同的情况下，功耗更小。基站的射频部分置于塔上自然散热，有效降低移动网络的功耗，从而达到节能环保的目的。

4.2 5G 网络性能与技术

4.2.1 5G 网络的性能指标

5G 的典型应用场景涉及未来人们生活、工作、休闲、交通等各个领域，尤其是密集的住宅区、办公室、体育场、露天集会、地铁、高速公路、高铁和广域覆盖等场景，这些场景具有超高流量密度、超高连接密度和超高移动性等特点。在这些场景中，考虑 5G 典型应用（如 VR/AR、超高清视频、云存储和车联网等），结合各场景中可能的用户分布、各种业务的比例以及对速率和时延的要求等，可以得出各种应用场景下的 5G 需求。

5G 关键性能指标主要包括用户体验速率、连接数密度、端到端时延、移动性、流量密度和用户峰值速率，如表 4-1 所示。

表 4-1　5G 性能指标及其定义

指标（单位）	定义
用户体验速率（bit/s）	真实网络环境下用户可获得的最低传输速率
连接数密度（每 km^2）	单位面积上支持的在线设备总和
端到端时延（ms）	数据分组从源节点开始传输到被目的节点正确接收之间的时间
移动性（km/h）	满足一定性能要求时，收、发双方间的最大相对移动速度
流量密度 [bit/(s·km^2)]	单位面积区域内的总流量
用户峰值速率（bit/s）	单用户可获得的最高传输速率

国际电信联盟（ITU）已于 2015 年 6 月确认并统一了 5G 系统的需求指标，如表 4-2 所示。

表 4-2　ITU 制定的 5G 系统性能指标

参数	用户体验速率	峰值速率	移动性	端到端时延	连接数密度	能量损耗	频谱效率	业务密度/一定地区的业务容量
指标	100 Mbit/s ~ 1 Gbit/s	10 ~ 20 Gbit/s	500 km/h	1 ms（空口）	10^6/km^2	不高于 IMT-Advanced	3 倍于 IMT-Advanced	10 Mbit/(s·m^2)

4.2.2　5G 关键能力

相较 4G，5G 需要具备更高的性能，支持 0.1 ~ 1 Gbit/s 的用户体验速率、每平方千米 100 万的连接数密度、毫秒级的端到端时延、每平方千米 10 Tbit/s 以上的流量密度、500 km/h 以上的移动性和 10 Gbit/s 以上的峰值速率。其中用户体验速率、连接数密度和端到端时延为 5G 最基本的 3 个性能指标。同时，5G 需要大大提高网络部署和运营的效率，相较 4G 频谱效率提高 5 ~ 15 倍，能效和性价比提高 100 倍以上。

在 IMT-2020 的《5G 愿景与需求白皮书》中，中国的移动通信领域的专家们在描绘 5G 关键能力时画出了一朵 "5G 之花"，如图 4-2 所示。每一朵花瓣都对应着一项性能指标，花瓣的顶点代表对应指标的最大值，花朵的里层为 4G 具有的性能能力，花朵的外层为 5G 需要达到的性能指标，绿叶则表示着效率指标，是 5G 可持续发展的基本保障。"5G 之花"反映了 5G 满足未来多元化业务和场景需求的能力。

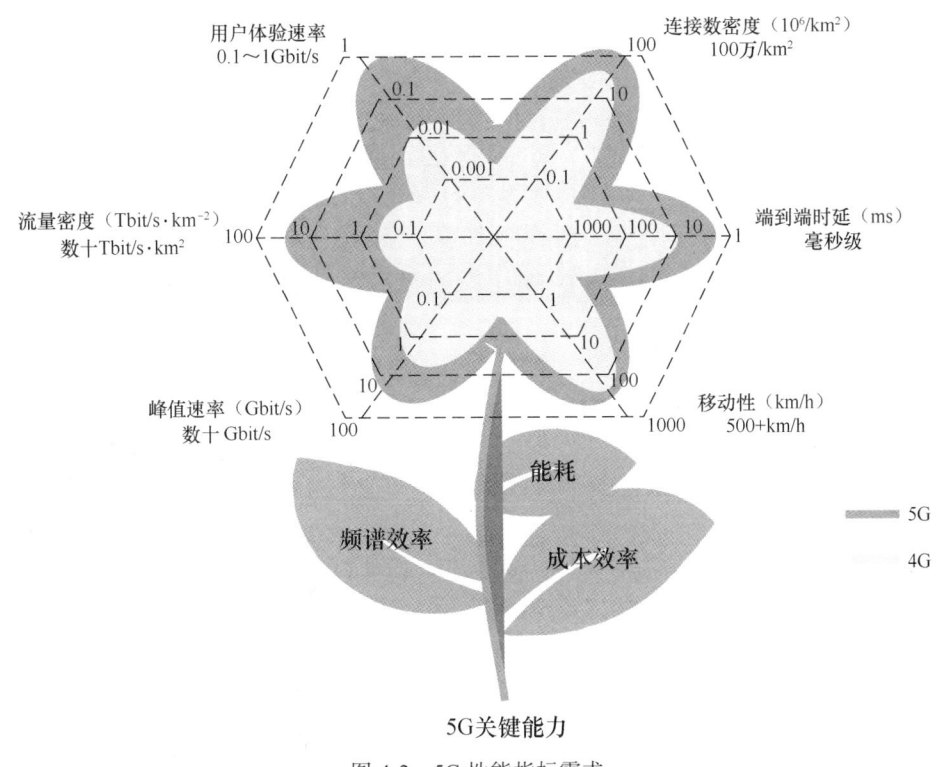

图 4-2　5G 性能指标需求

4.2.3　满足 5G 关键能力的途径

5G 的愿景和关键能力主要是由移动互联网和物联网共同激发的。通常有 3 种方法来满足这些关键能力：提高系统频谱效率、提高系统带宽和超密集组网。

1. 提高系统频谱效率

学术界和工业界一直在努力提高移动通信系统的频谱效率。得益于从模拟到数字的技术革命，2G 时代的频谱效率比模拟通信提高了近 10 倍。然而，随着数字技术不断发展，频谱效率的提高越来越困难。相比增强型高速分组接入技术（HSPA+），LTE 的频谱效率提升很小。为了进一步提高频谱效率，可以从物理层技术、MIMO 技术、干扰控制技术 3 个方面入手。

（1）物理层技术

目前，许多物理层技术（包括 GMSK/CDMA/OFDMA 等多址技术、QPSK/16QAM/64QAM 等调制技术、卷积码/Turbo 码等编码技术、语音和图像压缩/分组头压缩等数据压缩技术和时分/频分等双工技术）都已逼近香农极限，物理层已经没有太大的挖掘空间。目前，有前途的物理层技术包括非正交传输、滤波正交频分复用、极化码、全双工等。但是需要承认的是，这些技术带来的复杂度和功耗是巨大的，但是增益却没有特别显著的提升。

(2) MIMO 技术

MIMO 技术即多输入多输出（Multiple-Input Multiple-Output，MIMO）技术，它将传统的时间、频率、码 3 个维度扩展为时间、频率、码、空间 4 个维度，新的维度为提高频谱效率带来了巨大的可能性。目前广泛使用的 MIMO 是 2×2 MIMO，未来 MIMO 技术是向更多层、更多用户的演进方向发展，最终形成网状 MIMO。然而，MIMO 技术受到天线性能和芯片处理性能的限制，成本太高。同时，随着天线数量的增加，空间相关性增加，性能也会下降。

(3) 干扰控制技术

干扰控制的原理是通过多个基站的信息交互和协作来降低干扰。但是，随着干扰控制要求的提高，需要交换的信息越来越多，开销也会增加。同时，干扰控制的性能也受到交互时延的限制。这也是目前比较难解决的问题。

2. 提高系统带宽

频谱资源是非常紧张的战略资源。根据目前的频谱情况，提高系统带宽的方法主要有两种：一是充分利用现有频谱，提高现有频谱的使用效率；二是使用更高的频谱，并研究使用的可能性和方案。

通过监测发现，授权无线频谱资源的利用率很低，平均利用率为 15%~85%。有的频谱只在某些地区使用，有的频谱只在某段时间使用，有的频谱甚至闲置不用。而且，这些授权频谱所占用的频谱资源多为低频带，具有非常好的传播特性，产业成熟度高，设备实现容易，能带来较高的经济效益。如何更合理地使用这些授权空闲频谱成为一个需要重点考虑的问题。通过频谱重耕和智能频谱利用这两项技术可以实现现有频谱的充分利用。

(1) 频谱重耕

频谱重耕是指由于某种原因可以释放部分频谱，可以对使用这类频谱的技术进行再开发。随着数字化的发展，电视已经全面从模拟向数字转换。因为数字化使用的物理层技术效率更高，所需带宽减少，部分频谱闲置。这部分频谱称为"数字红利"或"白频谱"，主要集中在 470~790 MHz，非常适合无线通信。除了白频谱以外，2G 频谱也是一种主流的重耕频谱。随着技术的发展和演进，2G 通信逐渐成为一种落后的技术。目前，2G 占用 900 MHz 和 1800 MHz 频谱。如果把用户从 2G 迁移到新的通信制式上，2G 频谱则可以被重耕。频谱重耕是一个非常简单、可靠的方案，但最大的困难在于政策风险。因此，这个方案还需要各方的不断推动和共同努力。

(2) 智能频谱利用

对于利用率低但未完全释放的频谱，可以采用智能频谱利用方案，使多系统复用频谱，而不是一个系统独占频谱。认知无线电（Cognitive Radio，CR）是一种革命性的智能频谱共享技术,其核心思想就是通过频谱感知和系统的智能学习能力,实现动态频谱分配和频谱共享。当 CR 用户发现频谱空洞,使用已授权用户的频谱资源时,必须保证通信不会影响到已授权用户的通信,当预测到已授权用户要使用频谱时,需要切换到其他空闲频段、改变发射频率或调制方案以确保原用户系统的可靠运行。

目前移动通信的频段主要集中在 3 GHz 以下,想要获取更多、更大带宽的频谱资源,需要开发更高的频谱。

3. 超密集组网

超密集组网(Ultra Dense Network,UDN)是通过更加密集化的无线网络基础设施部署,实现局部热点区域的百倍级容量提升,其关键点是通过小基站密集部署提升空间复用的方式。目前,UDN 正成为解决未来 5G 网络数据流量提升 1000 倍以及用户体验速率提升 10~100 倍的有效方案。

UDN 可以促使终端在某些区域捕获更多的频谱,更接近各个发射节点,提高了业务的功率效率和频谱效率,大大提高了系统容量,保证了各种接入技术和覆盖层次之间的业务负载分担。虽然 UDN 可以带来相当大的容量提升,但它在实际部署中面临着巨大挑战。一方面,随着小区密度的增加,小区间的干扰问题变得不可避免。干扰是制约 UDN 性能的最重要因素,尤其是小区间控制信道的干扰会直接影响整个系统的可靠性。在真实场景中,如何有效地进行节点协作、干扰消除和干扰协调成为需要解决的关键问题,目前业界已经提出了一系列方案,如虚拟层技术、小区动态分簇等,但效果皆有待进一步检验。另一方面,用户的切换率和切换成功率是网络的重要绩效指标。随着小区密度的增加,基站之间的距离逐渐减小,这会导致用户的切换次数和切换失败率显著增加,将严重影响用户体验。

此外,在未来,室内场景会出现更多的容量需求,因此密集部署的立体分层网络和各种灵活的组网形式将成为未来的趋势,主要技术包括异构网络和终端直通(D2D 技术)。

(1)异构网络

传统的网络结构是具有相同无线传输系统和统一基站类型的同构网络。网络结构的优点是拓扑规则可以提供相同的覆盖范围和相似的服务。然而,随着用户数量的增加和对带宽需求的增加,同构网络也面临瓶颈,无法满足高容量和广覆盖的要求,这就要求网络向立体分层异构网络转型。

异构网络由不同类型和大小的小区组成。微蜂窝(Microcell)、微微蜂窝/皮蜂窝(Picocell)、飞蜂窝(Femtocell)等低功率节点可以放置在宏蜂窝(Macrocell)覆盖的小区内。此外,异构网络的传输系统和频带使用也可以存在差异。目前,异构网络已经有了一定的产业基础。在现有网络中,已经部署了一些简单的异构网络,测量结果明显优于同构网络。当然,相对复杂的异构网络也有一些缺点。随着网络部署密度的增加,小区间的干扰会制约系统容量的增长。因此，如何消除干扰、快速发现小区、协调密集小区之间的协作，并根据终端的不同能力改进移动性增强方案，是异构网络研究中需要解决的关键问题。

（2）D2D 技术

在传统的蜂窝通信系统的组网方式中，双方之间的信息交换需要通过各自的基站，并通过核心网相互通信。但是在海量用户和海量数据的需求下，基站设备和核心网的压力太大。为了减轻网络压力，D2D 技术诞生了。D2D 技术无须借助基站的帮助就能够实现通信终端之间的直接通信，双方直接或通过中继设备（包括其他用户、小站等）传递信息，而不使用核心网。

由于是短距离直接通信，信道质量高，D2D 能够实现更高的数据速率、更低的时延和更低的功耗。通过广泛分布的终端，D2D 能够提高覆盖范围，实现频谱资源的高效利用。D2D 支持更灵活的网络架构和连接方法，提升了链路的灵活性和网络的可靠性。目前，D2D 采用广播、组播和单播技术方案，未来将发展其增强技术，包括基于 D2D 的中继技术、多天线技术和联合编码技术等。

同样，D2D 技术也存在一些问题。D2D 需要考虑如何进行合法监听，以确保信息的安全；如何保证用户的信息安全，保证用户的隐私不被侵犯，并鼓励用户使用自己的终端作为中继终端；由于海量数据的中继和传输，用户终端的电池功耗必然会增加，这也是一个值得研究的问题。这些问题需要业界共同去思考和探索。

4.3 5G 工业网络融合组网

4.3.1 5G 工业应用趋势

5G 系统最大的特点是通信的移动性、广域连接以及业务的多样性。它可以实现人与人、人与物、物与物之间的信息交流和操作上的互联互通，让人们可以随时随地对物进行监控、控制和管理，也可以让物随时随地对人产生影响。

工业互联网是一个可以通过网络互联工业制造领域大多数个性化应用的工业制造系统，是一个可以动态演化的工业生态模型。工业互联网的发展范围很广，涉及的内容很多，对行业的影响可能会超出人们的想象。传统的工业互联网只是工业领域中包括制造业在内的专用网络系统，属于行业专网。虽然它可以互联整个工业制造系统中的所有网络，共享数据和信息，也可以应用工业大数据和工业私有云，还可以引入 5G 新技术，但网络的专业性和私有性使其网络应用只能局限在工业制造领域内。传统的工业互联网缺乏与互联网或无线互联网互联互通的物理渠道和互动平台，无法通过网络与客户沟通，无法为客户提供自由选择的环境。它只能通过网络窗口显示样品供客户选择，仍然是直销的大规模、同质化生产订单模式，无法克服传统制造业的生产过剩问题，无法高效实现用户需求的个性化、小批量异构生产定制，从而制约了工业互联网的应用潜力。

从通信网络的角度来看，工业互联网的典型要求包括低时延（毫秒级）和短数据分组（小于 102 bit）的高可靠性。由于能够提供工业互联网所需的高网络容量和吞吐量以及低时延，5G 能够很好地促进工业互联网的发展。5G 网络利用各种技术，如 UDN、大规模多输入多输出（Massive MIMO）和毫米波（mmWave）等，以提供高速率、大连接数、低时延的通信性能，旨在满足高网络容量、高吞吐量、低时延以及其他各种应用的需求。UDN 是 5G 的关键推动力之一，它利用小型基站的密集部署来提高网络容量。UDN 可以连接大量适合工业应用场景的移动设备，如工业互联网大规模部署的传感器和执行器。Massive MIMO 系统在基站配备了数量众多的发射天线，甚至可能超过大量服务设备中接收天线的数量。Massive MIMO 带来了巨大的性能提升，它可以提供与工业互联网设备的连接性。此外，mmWave 是 5G 的另一项重要技术，它提供了更高的带宽来改善高吞吐量工业互联网应用程序（如勘测和检查）的通信性能。总而言之，5G 有潜力满足许多工业应用的通信需求。可以预见，5G 系统将对工业互联网的应用产生积极而深远的影响。

5G 超级智能终端对工业互联网应用的影响最为直接。基于 5G 的超级智能终端计算能力强，内存容量大，操作系统、管理和应用软件功能强，设备软硬件的标准化和通用性高。由于 IPv6 无限寻址能力的支持和各种标准化终端软件应用的广泛使用，在 5G 网络的支持下，利用大数据和云计算资源的超级智能终端可以成为工业互联网平台上的远程客户端，可以作为用户随时随地控制工业互联网上工业处理流程的控制台，也可以作为用户随时随地了解工业互联网上机器设备动态信息的观察窗口，以及用户设计个性化产品的创意空间。基于 5G 的超级智能终端方便了用户，也将打造商业时代的工业互联网传奇。

5G 的万物互联功能对工业互联网的影响最为广泛。万物互联功能作为 5G 的重要应用之一，是物联网高度扩展和延伸的应用。将工业互联网的传感和控制信息扩展到移动互联网的广阔空间，使工业互联网获取和利用大数据和云计算资源的范围成倍扩大，为工业互联网制造提供的数据、信息、存储和计算能力将更加全面、广泛、便捷。

5G 的低时延控制功能也将对工业互联网产生深远的影响，因为 5G 工业控制基于移动和无线传输，其可靠性、安全性和便捷性不仅可以填补现代工业制造的空白，还可以拓展现代工业制造的应用领域。工业互联网的应用将是一项与时俱进的、时刻处于发展中的高科技技术，尤其是大数据和云计算的应用，不仅提高了人们分析数据和处理数据的能力，而且在更大的范围内实现了工业设备和工业软件的有效对接以及数据链路的贯通。

5G 表面上看只是一个移动通信系统，但实际上，5G 将是一个可以极大融合所有通信技术的综合平台，其包容性足以融合工业互联网中的多种技术。5G 平台支撑的工业互联网必然带来跨界融合的新特征，打造大规模个性化定制，催生开放式协作、服务型制造等新模式,让新业态得以深度应用和全面推广,生产力再次跃升。5G 环境下的工业互联网将越来越注重个性化需求和多元化服务。工业互联网结合了 5G、人工智能、云计算和大数据分析,通过对物理世界的数字化测绘,对从工业设备状态采集来的数据进行分析,从而优化生产流程,进行主动预测性维护,提高单位生产的效率,促进整个工业系统的转型升级。

4.3.2　5G 工业应用组网模式

第五代移动通信无线接入(5G NR)技术标准共包括 R15、R16 和 R17 这 3 个版本,其中 R15 和 R16 标准目前已经冻结并具备基本的部署条件,其时间线如图 4-3 所示。

图 4-3　5G NR 标准时间线

R15 是 5G 标准的基础版,专注于支持 eMBB 业务和基本的 uRLLC 业务。R16 是 5G 标准的增强版,将支持更丰富的物联网和低时延、高可靠性的业务,其中面向工业互联网的接入组网业务需求、网络架构和功能、空口技术增强是这一版本的工作重点。3GPP 系统架构针对工业互联网的标准化工作主要包括新型网络架构、增强的网络功能和新型组网模式 3 个方面。其中,R15 重点完成了新型网络架构和基础功能的标准化,功能增强和新型组网属于 R16 的内容。表 4-3 整理了 3GPP R16 以后已有的工业互联网相关的标准化立项(截至 2019 年年底)。

表 4-3　3GPP 工业互联网相关标准

立项名称(英文)	立项名称(中文)	工作组	版本	对应标准文稿
Study on Communication for Automation in Vertical Domains	垂直领域自动化行业的通信业务需求研究	S1	R16	TR 22.804
Service requirements for cyber-physical control applications in vertical domains	垂直领域信息-物理控制应用的业务需求研究	S1	R16	TS 22.104
Study on enhancement of 5G System (5GS) for vertical and Local Area Network (LAN) services	垂直和局域网服务的 5G 系统的增强研究	S2	R16	TR 23.734
Study on enhancement of Ultra-Reliable Low-Latency Communication (uRLLC) support in the 5G Core network (5GC)	5G 核心网中的高可靠、低时延通信的增强研究	S2	R16	TR 23.725

续表

立项名称（英文）	立项名称（中文）	工作组	版本	对应标准文稿
Study on security enhancements of 5G System (5GS) for vertical and Local Area Network (LAN) services	用于垂直和局域网服务的 5G 系统的安全性增强研究	S3	R16	TR 33.819
Service Enabler Architecture Layer for Verticals (SEAL)	垂直服务业务使能架构层研究	S6	R16	TS 23.434
Study on application support layer for Factories of the Future (FotF) in the 5G network	5G 网络中未来工厂应用支持层研究	S6	R17	TR 23.745
Study on channel modeling for indoor industrial scenarios	工厂内场景的信道建模研究	R1	R16	待定
Study on NR industrial Internet of Things (IoT)	工业物联网新空口研究	R2	R16	TR 38.825

3GPP R16 引入了新的组网能力，定义了 3 种垂直组网技术：时间敏感型网络（TSN）、5G 局域网（5G-LAN）和非公共网络（NPN）。其中，TSN 提供了基于以太网的确定性网络性能，可作为有线和无线连接的适配方案，NPN 提供了安全隔离的独立组网模式，5G-LAN 实现了各种终端之间或终端与应用之间的点对多点或多点对多点的通信。

1. TSN

TSN 与 5G 分别是未来有线与无线工业互联网的关键技术。TSN 与 5G 的融合是构建未来灵活、高效、柔性、可靠及安全的工业互联网的基础。TSN 与 5G 技术互为补充、无缝融合，将为未来工业互联网的蓬勃发展奠定坚实的技术基础。TSN 利用 5G 网络支持超低时延、超高可靠以及确定性时延的特性，构建无线 TSN，其特点如下。

（1）通过使用网络数据/流量感知、QoS 等网络技术以提供确定性数据传输。

（2）基于以太网技术的演进和增强，支持 IP/ IPv6、TCP/UDP 等互联网协议。

（3）支持确定性网络（Deterministic Networking，DetNet）、SDN 等的数据模型和用于过程控制的 OLE 统一架构（OLE for Process Control Unified Architecture，OPC-UA）的应用协议，简化了网络的数据流转流程。

TSN 是一种有界传输时延、传输抖动低、丢包率低的高质量网络实时传输技术。对于 TSN 的全局时钟控制和传输调度功能而言，5G 网络在 TSN 网络架构中相当于桥接黑盒子，通常称为 5GS 桥，如图 4-4 所示。在具体实现上，其通过设备端 TSN 转换器（Device-Side TSN Translator，DS-TT）与 5G 终端连接，控制面 TSN 应用功能（Application Function，AF）通过 N33 对接网络开放功能（Network Exposure Function，NEF）获得网络开放能力，通过 N5 接口与策略控制功能（Policy Control Function，PCF）连接，配置策略。用户面功能（User Plane Function，UPF）通过网络端 TSN 转换器（Network-Side TSN Translator，NW-TT）与 TSN 应用连接。

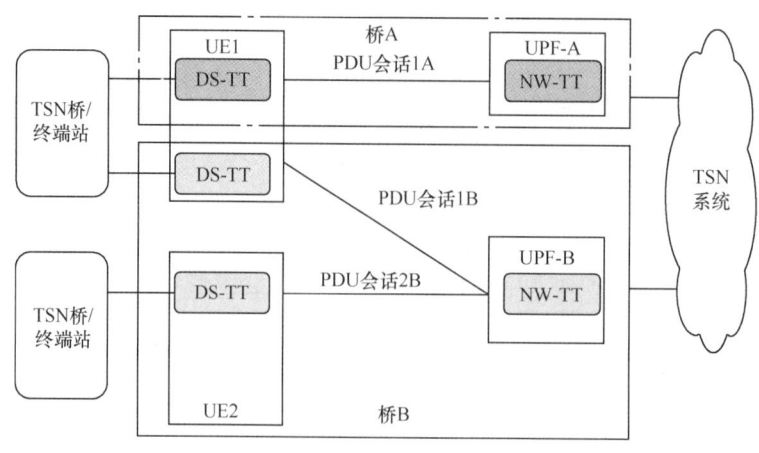

图 4-4 5GS 桥

5GS 桥由 TSN 系统管理，5GS 通过 IEEE 802.1Qcc 和 IEEE 802.1AB 管理接口向 TSN 系统上报 TSN 桥的拓扑、流量等级、端口优先级等相关信息，并映射实现 TSN 系统发起的 QoS 调度请求，如图 4-5 所示。TSN 系统的控制器作为 TSN AF，与 5G 核心网（5GC）交互控制信息。TSN 集中网络控制器（Central Network Controller，CNC）通过与 TSN AF 的交互将 5GS 桥的转发关系发送到网络。同时，5GS 提供了一个开放的接口，支持 TSN AF 读取和分配 DS-TT 或 NW-TT 的端口信息。为了满足 TSN 的性能要求，5G TSN 提供了保证确定性网络通信的机制，主要包括定时和时间同步、服务质量（QoS）映射和保证。时间同步是对 TSN 的重要要求。5GS 支持的 TSN 同步包括两个过程：NG-RAN 的时间同步和桥域的时间同步。NG-RAN 只需要根据 5GS 内部时钟进行同步，而桥域的同步需要 5GS 提供桥两端 TT 之间的传输时延，并将其加入同步数据分组。5GC 定义新的 QoS 模型支持 TSN。CNC 通常利用从网络上获得的信息来计算调度路径、确定流量等级和端口等，并进一步确定时延和优先级的要求。TSN AF 将其映射到 5GS QCI，并通过策略请求的方式影响网络对对应的流实施保障的具体实现，即请求参数包括 MAC 地址、流量级别和 VLAN 标识，以及桥的端口号等。5GS 根据这些参数关联 TSN 对应的 PDU 会话，实现相应的 QoS 策略。为了控制网络传输的抖动，用户设备（User Equipment，UE）和 UPF 提供了保持和前向缓存机制，支持 802.1Qbv 调度机制。该调度基于包时延预算（Packet Delay Budget，PDB）进行 5GS QoS 保障，以确保分组在其预定传输时间之前到达 NW-TT 或 DS-TT 出口。

TSN 与 5G 的融合不可能一蹴而就，将会随着关键技术的突破以及应用场景的需求变化而不断向前演进，为未来工业互联网的逐步部署奠定技术基础。初期以 5G 实现 TSN 功能为主，如何使 5G 具备 TSN 功能是融合首先需要解决的技术难题。包括 TSN 与 5G 如何实现精确时间同步的能力、5G 实现类似于 TSN 的流调度与资源分配能力、5G 实现类似于 TSN 的有界确定时延和抖动的能力等。中期则进入 TSN 与 5G 并行部署阶段，5G 成为

TSN 的冗余部署。当 5G 融合无线 TSN 时，具备实现无线工业以太网的能力，可以与 TSN 并行部署，实现有线与无线的冗余部署，可有效提高工业互联网系统的灵活性与可靠性。但是，TSN 与 5G 网络的管控等功能尚未完全融合。最后，TSN 与 5G 将实现无缝融合，5G 与 TSN 交换机融合。当 5G 与 TSN 无缝融合时，可以作为 TSN 交换机间的无线链路或直接作为 TSN 交换机系统实现交换功能，融合网络实现统一的管控和资源分配。TSN 与 5G 融合成为一个整体，作为工业互联网的完整解决方案。

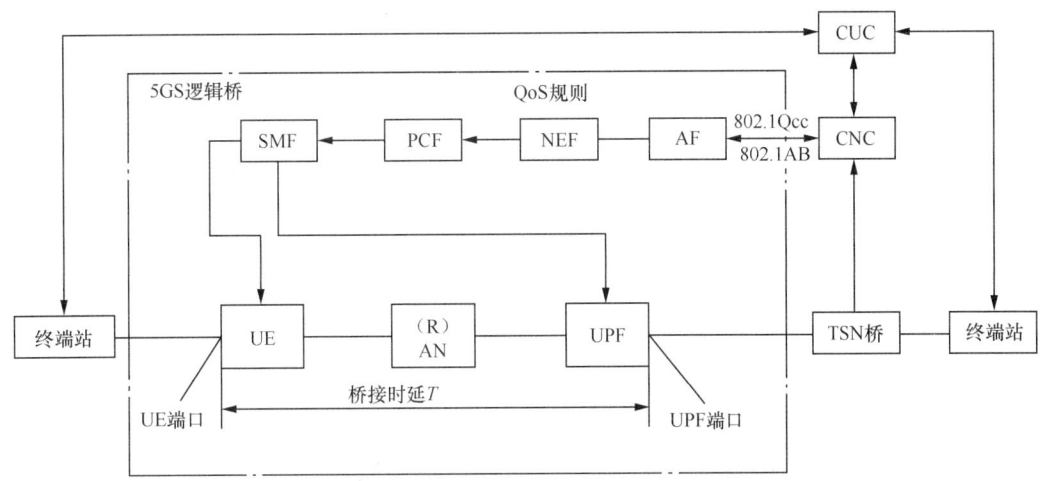

图 4-5　5G 系统与 TSN 系统集成架构

2. 5G-LAN

5G-LAN 支持在一组接入终端之间构建二层转发网络，通过 5G 会话管理功能（Session Management Function，SMF）和 UPF 的交互，实现终端组内的数据交换和用户平面路径选择。5G-LAN 利用了 5G 网络在覆盖范围、移动性、QoS、部署成本等方面的优势，其应用特点是：

（1）终端用户可以随时访问网络，实现基于以太网或 IP 的 P2P 数据通信，如企业办公、数据传输等；

（2）可以减少线缆的部署，灵活快速地搭建通信环境；

（3）可以灵活限制终端用户可访问的地理区域；

（4）支持网络连接，保证终端用户移动场景下的业务连续性；

（5）支持单播、多播、点播的建立；

（6）外网管理员可以通过调用 5G 网络的开放群组管理能力，实现对接入终端的管理或与固话广域网的互通。

5G-LAN 提供了一种利用 5G 网络构建局域网类型服务的技术手段，可以为特定的终端提供 IP 型或以太网型通信服务。5G-LAN 综合利用了 5G 网络的组管理、移动性管理、动态多播、业务连续性、QoS 保障等功能。并且终端之间的通信可以发生在同一个 UPF 内，或者跨 UPF，或者在 UE 和 DN 之间。UPF 将为 N6 接口发送的信息添加或删除 VLAN 标签。

5GS 通过组管理的方式控制终端之间的通信。一组对应一个 VLAN，组员由通用公共用户标识（Generic Public Subscription Identifier，GPSI）标识。组信息可以由网络管理员创建，也可以由 AF 通过 NEF 动态配置或调整。组数据表示对应于组通信的 PDU 会话信息，包括 PDU 会话类型、DNN、S-NSSAI 和应用标识符。为了给 AF 提供友好的界面，NEF 通常会根据配置信息或者从 UDM 获得的签约信息来映射参数，比如将 VLAN 用户信息映射到 GPSI，将外部组信息映射到内部组信息等。

当 PCF 从 AMF 获得用户的组信息时，它可以根据组信息生成 UE 路径选择策略（UE Route Selection Policy，URSP）并发送给 UE，以便 UE 可以根据 DNN 等信息建立或选择会话，会话类型可以是 IP 或以太网。在建立会话的过程中，SMF 会根据组内其他在线用户的 PDU 上下文信息生成包检测规则（Packet Detection Rule，PDR）和转发操作规则（Forwarding Action Rule，FAR），并发送给锚点 UPF，让 UPF 控制终端是否可以互访。5G-LAN 支持用户设备移动时的业务连续性。局域网内通信的业务连续性保障，可以通过 5G SSC1、SSC2、SSC3 中的一种来实现。

3. NPN

5G NPN 是由 5G 技术构建的独立于公众服务的专用网络，其架构如图 4-6 所示。5G NPN 提供了一种新的网络部署形式，可以搭建企业移动接入专网，使垂直行业参与和定制移动通信网络的组网模式成为可能。

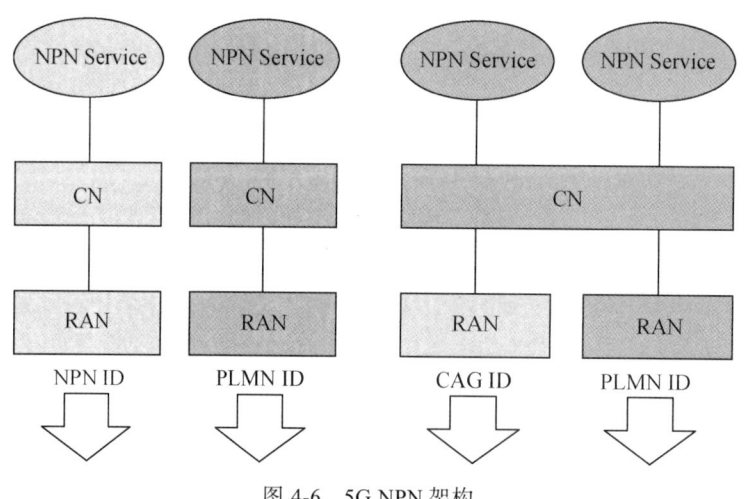

图 4-6　5G NPN 架构

其应用特点包括：

（1）无线接入侧可以限制终端的接入；

（2）可以独立于或基于运营商的网络来构建，无论哪种方式，都可以与运营商的网络进行互访；

（3）支持网络功能和拓扑的定制；

（4）5G-LAN 和 5G TSN 等 5G 应用技术可以集成在 NPN 中。

R16 定义了独立组网和非独立组网两种模式，并定义了相应的识别机制。NPN 独立部署（Stand-alone Non-Public Network，SNPN）不依赖于 PLMN 的任何网络功能，使用 PLMN ID 和网络标识（Network Identifier，NID）的组合标识。PLMN 运营商可以重用自己的 PLMN ID，同时使用 NID 区分各个专网，或者使用专为专网预留的 PLMN ID。SNPN 的 RAN 将广播 PLMN ID 和 NPN ID。

SNPN 的 UE 由 SUPI 识别。如果 UE 被设置为 SNPN 接入模式，那么 UE 只能通过 Uu 接口接入并注册到 SNPN。UE 在初始注册时会携带 PLMN ID 和 NID，NG RAN 会将这些信息送到 AMF。用户在 NPN 中的签约信息包括了统一接入控制（Unified Access Control，UAC）信息，SNPN 可以在网络拥塞时阻止 UE 的接入。在 SNPN 注册的用户可以通过 SNPN 接入 PLMN 的非 3GPP 互通功能（Non-3GPP Interworking Function，N3IWF），从而接入 PLMN 的业务，如图 4-7 所示。此时，UE 需要同时向 PLMN 注册。对 PLMN 来说，SNPN 相当于不受信任的非 3GPP 接入的角色。对于网络触发的 QoS 保证请求，SNPN 根据服务等级协议（SLA）从 NWu 接口的差分服务代码点（Differentiated Services Code Point，DSCP）字段映射 SNPN 要求的 QCI 并执行，并利用 NWu 接口的 N3IWF IP 地址和 DSCP 字段标识设置其包检测过滤器。对于用户设备请求的 QoS，UE 使用与 SNPN 相同的第五代移动通信 QoS 指示符（5QI）作为非 3GPP 接入请求 IPSec 安全关联（Security Association，SA）的 5QI。5QI 是一个标量，用于索引一个 5G QoS 特性。

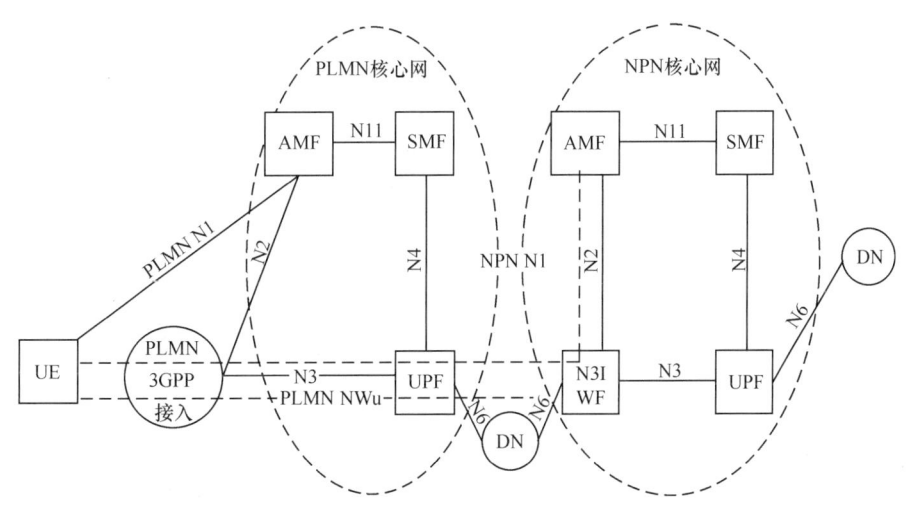

图 4-7 通过 SNPN 访问 PLMN 服务

同样，在 PLMN 注册的 UE 可以通过 PLMN 访问 SNPN，并且 UE 还必须通过 PLMN 向 SNPN 注册，如图 4-8 所示。对 SNPN 来说，PLMN 相当于不受信任的非 3GPP 接入的角色。对于网络发起的 QoS 保证要求，PLMN 通过 SLA 将 PLMN 需要的 QCI 从 NWu 接口的 DSCP 域映射出来并执行。同时，它使用 NWu 接口的 N3IWF IP 地址和 DSCP 字段标识来设置其包检测过滤器。对于用户设备请求的 QoS，用户设备使用与 PLMN 相同的 5QI 作为非 3GPP 接入请求 IPSec SA 的 5QI。如果 NPN 公网集成部署，目前可使用的方式是把 NPN 理解为公网的一个或一组切片/DNN。鉴于 5GC 切片不能限制 UE 在 RAN 侧的接入，因此要为 NPN 划分 NPN 允许的封闭接入组（Closed Access Group，CAG）。CAG 由一组小区 ID 组成，UE 只能在 CAG 对应的区域接入 NPN RAN。RAN 广播 PLMN 和 CAG ID，并基于 CAG 进行访问选择和控制。CAG 信息通常在 UE 中预先配置，可以通过用户配置更新（User Configuration Update，UCU）流程进行更新。

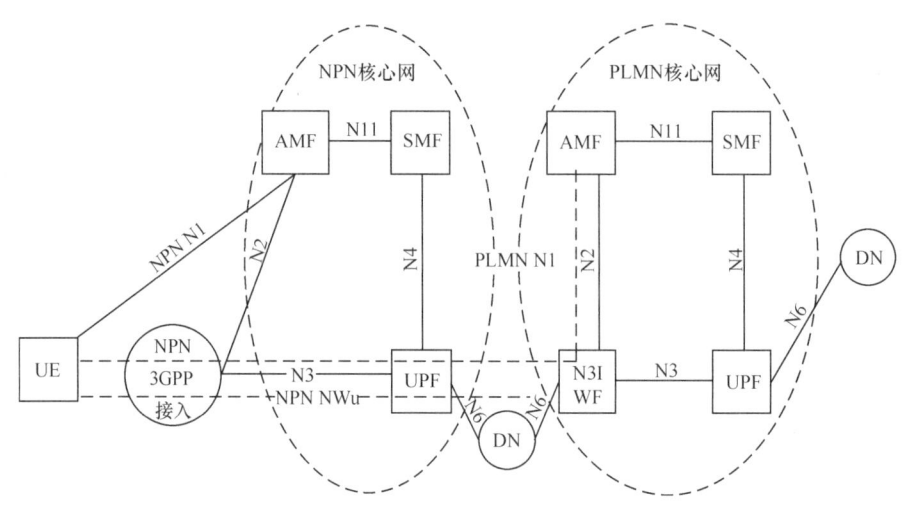

图 4-8 通过 PLMN 访问 SNPN

4.3.3 5G 应用场景

1. 5G 应用场景

随着 5G 商用进程的不断加快，探索发掘、推广普及 5G 典型应用成为 5G 成功商用的关键。2015 年 9 月，ITU 正式确认了 5G 的三大应用场景，分别是增强型移动宽带（enhanced Mobile Broadband，eMBB）、超高可靠低时延通信（ultra-Reliable and Low-Latency Communication，uRLLC）和海量机器类通信（massive Machine-Type Communication，mMTC），如表 4-4 所示。eMBB 将为移动互联网业务提供前所未有的极致体验，主要服务于消费互联网的需求。在这种场景下，强调的是网络的带宽（速率）。前面所说的 5G 指标中,速率达到 10 Gbit/s 以上,就是服务于 eMBB 场景的。eMBB 主要满足超高清视频、下一代社交网络、沉浸式游戏、全息视频等移动互联网服务的需求,随时随地为用户提供无缝高速服务(包括小区边缘、高速移动等恶劣环境和局部热点地区)。uRLLC 和 mMTC 将满足物联网和垂直行业的多元化应用需求。uRLLC 为用户提供毫秒级端到端时延和近 100%的业务可靠性保证,主要针对车联网、工业控制和远程手术等垂直行业。这种场景对时延和可靠性要求很高,比如车联网。如果网络不稳定、时延长,网络无法在极短的时间内响应数据,就可能发生严重的交通事故,甚至危及人身安全。mMTC 场景下在单位面积内有大量的终端,需要网络能够支持这些终端同时接入。mMTC 主要面向海量机器类通信、设备远程激活、远程监测、环境监测、智慧农业等以传感和数据采集为目标的应用场景,具有小数据分组、低功耗、海量连接等特点。

表 4-4 5G 应用场景

关键性能	性能描述	应用业务
eMBB	更大带宽、更高速率的增强型移动宽带	广域覆盖、热点覆盖和大流量业务:虚拟工厂、高清视频、远程维护等
mMTC	支持海量用户连接的物联网	海量机器类通信:设备远程激活、实时跟踪、远程监测和数据回传等
uRLLC	超高可靠性、超低时延业务	网络切片和移动边缘计算应用:工业自动化控制、自动驾驶等

5G 技术的应用趋势将主要体现在万物互联、生活云端化和智能交互 3 个方面。

(1)万物互联

4G 以来,智能家居应用逐渐兴起,但只是处于起步阶段。4G 不足以支持"万物互联",距离真正的"万物互联"还有很长的路要走,而 5G 的巨大流量则能为"万物互联"提供必要的条件。未来几年,物联网的快速发展与 5G 将会有着密不可分的关系。

由于目前网络条件的限制,很多物联网的应用需求无法得到有效满足,主要包括两大场景:一是大规模物联网连接量大,各终端产生的流量低,设备成本和功耗水平相对较低;二是关键任务的联网连接,要求网络具有高可靠性、高可用性、高带宽和低时延的特点。致力于提供更高速率、更短时延、更大规模、更低功耗的 5G,将能够有效满足物联网的特殊应用需求,从而实现物联网在工业、交通、公共事业等领域的新应用,加速物联网的落地和普及。事实上,在 5G 技术研发阶段,各种组织已达成共识,物联网将是 5G 的重要应用场景,也是 5G 部署落地的第一个应用场景。在 5G 技术的研发阶段,物联网的特殊需求也是各个组织都在重点考虑的。

(2)生活云端化

在 5G 时代,4K 视频甚至 8K 视频都能够流畅实时播放,云技术将会得到更好的利用,生活、工作、娱乐都会有"云"的存在，极高的网速也意味着用户可以随时随地将大型文件上传到云中。5G 的移动内容"云"化有两个趋势：从传统的中心云到边缘云，再到移动设备云。由于智能终端和应用的普及，对移动数据服务的需求越来越大，内容也越来越多。为了提升网络的访问速度，基于用户感知，按需智能推送内容，提升用户体验。因此，开放实时无线网络信息，为移动用户提供个性化和上下文相关的体验。在移动社交网络中，流行的内容通常会有大量的移动用户在较近的范围内跟随。同时，由于技术的进步，移动设备成为能够提供剩余能力（计算、存储等）并可以成为"云"的虚拟资源，从而形成移动设备的云。

（3）智能交互

无论是无人驾驶汽车之间的数据交换，还是人工智能的交互，都需要利用 5G 技术巨大的数据吞吐量和效率。由于 5G 的时延只有 1 ms，AR/VR、无人驾驶汽车、远程医疗、智能工厂以及其他需要精确时间和超高速网络速率的应用将在 5G 环境中成为可能，这些应用将改变未来的生活。

2. 5G 工业应用场景

5G 应用于工业领域，其无线化特性可以大大降低工业机器之间的线路成本，同时增强设备的移动性，提高生产线的灵活性，从而能够进行模块化生产和柔性制造。5G 的网络部署快，可以在各种场景中平滑切换，降低了工厂的网络部署和维护成本。此外，由于 5G 网络的广覆盖，各种跨区域的协同维护和远程定位变得容易，这可以使工厂和生产线的建设和改造更加方便，大大提高效率、降低成本。与 4G 技术相比，5G 具有低时延、高可靠性、高速率、高密度部署的优点。另外，不同的工业生产场景对网络 QoS 有着不同的要求，一些进程需要低时延，一些需要高可靠性，一些需要高带宽和高速率，5G 网络切片技术可以在通用的网络平台上根据业务和用户的动态需求，进行资源的按需调整，提升网络的灵活性。

5G 在工业领域有着广阔的应用前景，包括工业传感器、AR/VR、云端机器人、远程自动化控制和无人驾驶/自动配送等。

（1）工业传感器

在工业生产过程中，通常会使用触觉传感器、视觉传感器、力传感器、超声波传感器和听觉传感器等工业传感器对生产过程中的各种参数进行监测和控制，以确保生产环节的正常运行，保证生产产品的质量。在一些对环境敏感和高精度制造的场景下，传感器获得的信息需要快速传递到系统的执行器以实现生产操作的高精度控制，整个过程要求网络具备非常低的时延和非常高的可靠性，5G 的引入可以很好地解决这个问题。根据生产场景，工厂的生产区域可能存在数万个传感器和执行器，这也需要借助 5G 网络的海量连接能力。

（2）AR/VR

AR/VR 将在未来的工业生产过程中发挥非常关键的作用，能够帮助减少安全隐患、提高生产效率。

VR 技术可以改变以往的人机接口模式，使人沉浸在计算机生成的虚拟工厂环境中，并通过语言、手势等自然的方式与之进行实时交互，创建全新的多维信息空间。工业领域一直都属于资本密集型产业，很多制造设备都价格高昂，一些岗位上的新人如果在不够熟悉操作流程的情况下就直接在设备上进行操作，很可能会因为操作不当而损坏设备，给企业带来巨大的损失。VR 可针对此类问题，对设备的基本操作、典型缺陷处理、故障分析等模块进行真实模拟，使一线的工作人员能更加安全、准确地掌握各类操作技能。

在工业领域中，可以通过 AR 技术对生产数据进行三维空间（Three-Dimensional Space，3D）可视化呈现，让数据更加直观地表达机械设备的生产状态，生产人员佩戴 AR 眼镜对生产线设备进行扫描获取生产数据，快速了解生产线的生产状况。VR 数字化虚拟工厂通过虚拟方式构造整条生产线的虚拟仿真，同时打通和现场工业软件的数据协议，打破生产线时空维度的限制，在 VR 环境中调用每台设备的生产数据，实时监控生产线的生产状况，实现预测性维护。

（3）云端机器人

机器人若想达到和人一样"聪明"，其"大脑"体积会是人脑的 100 万倍。AlphaGo 机器人这样等级的处理能力需要 1000 多个 CPU 和 100 多个 GPU，把它们安装在每个机器人上是不现实的。目前市场上的人工智能机器人的"大脑"普遍装载在机器人本体上，由于机器人硬件空间有限，所以"脑容量"很小，这导致机器人能够处理的东西十分有限。而云端智能机器人的"大脑"放置在云端，不受物理空间体积的限制，这意味着它有无穷尽的空间来存储数据，处理能力更强，能够完成的功能也就更多。

云端智能机器人要求网络将机器人从外部采集的信息实时发送到云端，并将云计算的结果实时返回给机器人本体。这一过程对网络的要求很高，第一，需要极低的时延。人体神经系统的反应时延约为 100 ms，机器人要想达到这种响应效果，要求在云端的处理时间和网络传输时间之和不能超过 100 ms。第二，需要高带宽。机器人需要两个以上的高清摄像头才能实现 3D 视觉，网络需要为机器人提供 10 Gbit/s 以上的带宽。5G 网络的特性使得将复杂的处理能力放到云端成为可能，基于 5G 的云端智能机器人通过 5G 网络连接共享云"大脑"，降低了硬件成本，提高了效率。

（4）远程自动化控制

针对煤矿和油田开采等易发生危险的工业生产环节，可将前端开采设备所面临的环境场景实时传输到后端，实现大型设备的远程操作和管理。5G 的低时延特性可以实现这一应用。此外，利用 5G 网络的高覆盖、高可靠性、大容量通信和灵活部署等特点，实现工厂网络无盲区覆盖、无缝集成和跨网融合，精确控制设备的移动，远程控制管路阀门，提高生产效率和质量。

（5）无人驾驶/自动配送

无人驾驶/自动配送在导航技术上的升级和系统架构的优化，对无线通信在网络时延、服务可用性、确定性、吞吐量和传输时延等方面提出了更高的要求。5G 网络结合激光定位、视觉定位等导航技术，可以为不同的技术指标分配不同的传输带宽，实现工厂内外的无人驾驶/自动配送、智能物流等功能。

本章小结

本节介绍了 5G 网络及其在工业制造网络化中的应用。首先，5G 将是一个广带化、泛在化、智能化、融合化、绿色节能的网络，为制造企业的网络带来百倍以上的能效和成本效率的提升，是无线接入的重要手段。5G 的三大应用场景分别是 eMBB、uRLLC 和 mMTC，其中，uRLLC 为用户提供毫秒级端到端时延和近 100%的业务可靠性保证，主要针对车联网、工业控制和远程手术等垂直行业。5G 为工业互联网引入了 3 种垂直组网技术：TSN、5G-LAN 和 NPN。TSN 通过引入 IEEE 的 TSN 组网方式，在尽力而为的 5G 网络上实现性能的确定性，能够更好地满足时间敏感型应用的需求；5G-LAN 提供了一种利用 5G 网络构建局域网类型服务的技术手段，综合利用了 5G 网络的组管理、移动性管理、动态多播、业务连续性、QoS 保障等，实现点对点、点对多点的通信方式，更便捷地实现了与现有企业信息网络的融合；NPN 通过独立组网和非独立组网两种模式为垂直行业提供与公众网络隔离的 5G 基础网络，并通过与 PLMN 的互相访问，构建了在一张专网上满足多种应用网络需求的基础。

本章习题

1. 简述 5G 网络的几个特征。
2. 简述 5G 的关键性能指标。
3. 5G 的三大应用场景是什么？
4. 什么是 5GS 桥？
5. 简述 5G 的到来会对工业领域产生什么影响。

第5章

软件定义网络

▶学习目标

了解软件定义网络(SDN)的发展历程;熟悉 SDN 的工作原理及各网络设备;理解 SDN 控制器的核心功能。

▶本章知识点

(1) SDN 的发展历程;

(2) OpenFlow 在 SDN 中的技术轨迹;

(3) SDN 的流表策略;

(4) SDN 的基本架构与工作原理;

(5) SDN 控制器的核心功能;

(6) SDN 控制器的体系架构。

▶内容导学

SDN 是网络虚拟化的一种实现方式,OpenFlow 作为 SDN 的早期实现方案之一,通过将网络设备的控制平面与数据平面分离开,从而实现网络流量的灵活控制,使网络作为管道变得更加智能。

在学习本章内容时,应重点关注以下要点。

(1) 理解 SDN 的工作原理

SDN 与传统网络最大的区别在于网络设备的转发功能可以通过软件来定义。SDN 采用集中式的控制平面和分布式转发平面,两个平面相互分离,控制平面采用控制-转发通信接口对转发平面上的网络设备进行集中控制，使得新网络功能的部署只需要在控制节点集中进行软件升级，进而实现网络功能的快速、灵活定制。

（2）掌握 SDN 控制器的核心功能

控制器是 SDN 的重要组成部分，应该维护整个网络的全局视图、执行策略决策、控制构成网络基础设施的所有 SDN 设备，并为应用程序提供北向 API。SDN 控制器的核心功能是实现设备和拓扑的发现和监控、流的管理、设备管理和跟踪统计。

（3）掌握 SDN 控制器的体系架构

SDN 控制器功能分为基本功能层和网络基础服务层，并在这两层的基础上通过向上层应用开发者提供各级编程接口，可以灵活方便地完成整个 SDN 的设计和管理。基本功能层提供了 SDN 控制器作为整个控制平面最基本的功能，包括底层硬件的抽象和对上层网络功能模块的管理。所有网络应用都是基于该层提供的接口进行开发的，网络基础服务层的可扩展性显著增强，可以为上层网络的应用开发和运营提供强大的通用平台。

5.1 软件定义网络的概念

5.1.1 软件定义网络的起源

说到 SDN 的起源，可以先从互联网的发展史说起，简单介绍一下互联网发展过程中一些具有代表性的重要事件。1950 年，随着通信技术和计算机技术的快速发展，科学家们开始尝试建立连接网络，实现不同计算机用户之间的远程通信，这使得学术界开始关注分组交换、排队论和分发等一系列技术。1962 年，麻省理工学院的一篇博士论文首次提出了分组交换的概念，这项技术逐渐发展成为互联网上的一种标准的通信手段。在 1960 年"冷战"的背景下，美国国防部开始发展计算机网络，这个网络起初很小，只连接美国斯坦福大学、加利福尼亚大学洛杉矶分校和犹他州大学 4 所学校的几台大型计算机，但此网络的成功运行给计算机网络的概念带来了根本性的改变，也标志着互联网的诞生。国际标准化组织（ISO）于 1974 年公布了著名的 ISO/IEC 7498 标准。该标准首先引入并定义了网络层模型的概念，即许多人所知的开放系统 OSI 参考模型。1974 年 12 月，由斯坦福大学的 Vinton.G.Cerf 和 Robert E.Kahn 领导的研究小组提出了著名的传输控制协议/互联网协议（TCP/IP）。TCP/IP 基于互连计算机网络的思想，将使用不同协议的网络连接起来，使得构建大规模数据分组网络成为可能。1983 年，ARPANet 宣布将旧的通信网络控制协议替换为 TCP/IP。1984 年，欧洲核子研究组织（CERN）的 Tim Berners-Lee 博士提出了开发一个分布式系统的想法，以解决 CERN 主机不兼容、无法共享文件的问题。1991 年，Tim 利用超文本标记语言（HTML）和超文本传输协议（HTTP）创建了第一个存储浏览器 Enquire，开启了 Web 的应用，进而演变为著名的万维网（WWW）技术。"互联网"一词在 1996 年随着万维网的广泛使用而流行起来。在接下来的 10 年里，互联网采用了"细腰"的概念，将各种底层网络技术与丰富的上层应用相结合，受到全世界的青睐。

由此可见，互联网最初的设计目标就是将分散的计算机连接起来实现资源共享。在互联网的早期，研究机构、公司或大学可以将其计算资源组织成专用网络，但只能用于小规模的研究或辅助服务。例如在一些中小企业内部往往有小型的专用机房，为员工提供数据库、邮件等服务，这些服务主要针对内部人员，服务规模小，所以不需要大量的运营管理人员就可以正常运行。随着企业规模的不断扩大，需要向外界提供的服务也越来越多，以往的小型机房已经难以满足日益增长的需求，这就要求企业投入较高的运维管理费用来扩建小型机房。为了解决这个问题，互联网数据中心（Internet Data Center，IDC）应运而生，业界开始考虑将各种服务托管到数据中心进行统一的管理，从而有效降低企业的网络运维管理成本。

随着业务的增长和数据中心的扩展，服务器的计算能力相对于原有的计算机有了显著的提高，但仍然难以充分利用计算资源。如果服务器只处理少量的任务，或者大量空闲时间不执行操作系统的任务，就会造成部分计算资源的浪费。因此，一些研究者提出了一种新的设计思路——虚拟化。虚拟化技术的核心思想是在一个真实的物理机上创建多个虚拟逻辑主机，每个虚拟主机都有自己的虚拟设备，如主板和网卡。这些逻辑主机的虚拟设备可以实现对实际物理设备的高效复用，大大提高了物理基础设施资源的利用率。同时，为了使用户更方便地利用各种逻辑资源，对逻辑主机的灵活性和隔离性提出了很高的要求，即每个逻辑主机都可以支持不同的操作系统，并且可以并行运行，互不干扰。在接下来的几年里，基于上述技术特点，虚拟化技术以其自身的优势逐渐成为 IT 领域的热门话题之一。

事实上，虚拟化技术的优势不仅体现在资源的充分利用上，在其他方面也有一定的优势。例如，IT 管理部门可以挂起虚拟机，通过复制文件的方式方便地将各种应用程序从一台设备移动到另一台设备，并使用复制的虚拟机文件构建新的虚拟机。这种灵活性使网络管理员能够根据用户的访问需求、流量负载和经济等因素，方便地将虚拟机分配到不同的数据中心。通过虚拟化技术可以将所有主机集中起来，并可以关闭一些未使用的设备或将其置于睡眠状态，从而降低数据中心的能耗。简而言之，网络管理员可以动态分配存储、计算和网络等 IT 基础设施资源，以满足用户的灵活、高效需求。

虚拟化技术提供的灵活性带来了新的业务模式。为了满足用户对存储和计算资源日益增长的需求，考虑到高峰业务需求和服务体验，数据中心的网络管理人员需要购买大量冗余设备，这消耗了大量的能源，并占用了很大的空间。随着亚马逊业务的不断扩大，需要增加更多的设备来满足业务需求，但这些设备只在业务高峰期工作，其他时间通常闲置，因而造成了 IT 资源的极大浪费。为了解决这一困境，亚马逊开发了亚马逊云服务（AWS），可以通过

AWS租用闲置资源，从而提高业务闲置时的资源利用率。当亚马逊内部业务繁忙、需要大量资源时，AWS可以通过减少用户分散的资源来保证内部对资源的需求。当内部不需要这些资源时，AWS可以增加用户分散的资源，这种商业模式在很大程度上推动了云计算技术的诞生。

从网络技术发展的角度来看，自20世纪70年代以来，用户对互联网的需求随着网络服务的丰富和发展而不断变化。互联网最初是为数据传输而设计的，IP数据分组主要包括源主机和目的主机的网络地址。互联网上的大部分流量都是基于TCP/IP架构的，虽然设备的性能有了很大的提高，但网络架构本身并没有发生根本性的改变。然而，随着网络中传输流量的快速增加，业务应用对网络的要求也越来越高，具有端到端连接和尽力而为路由转发的传统网络体系架构难以满足新出现的需求。从亚马逊多租户数据中心的上述应用场景可以看出，它对网络提出了更高的要求，也要求不同租户网络之间高度隔离，以保证每个租户多样化的QoS。显然，仅仅依靠端到端的传统网络很难满足这一要求。为了应对租户之间的隔离性问题和极复杂的网络需求，各种技术层出不穷。例如，虚拟局域网（VLAN）技术是针对二层局域网中的隔离性问题提出的。它主要使用VLAN标签来隔离网络中的不同用户。但是标签数量有限，所以VLAN技术在大规模网络中的作用非常小。近年来，业界提出了改进的网络虚拟化技术，如虚拟可扩展局域网（Virtual eXtensible Local Area Network，VxLAN）和基于通用路由封装的网络虚拟化（NVGRE）等。

从上述技术的发展历程来看，这些网络技术的创新往往是被动推进的。通常，当用户发现网络存在问题或有新的业务需求时，研究人员在TCP/IP的基础上进行改进，提出新的协议，并在网络设备中逐步改造、集成。虽然近年来研究人员针对存在的问题提出了许多新的协议，但这种设计方法并不是一个系统的解决方案，通过这种方式，网络设备将变得越来越复杂、越来越臃肿。从未来网络发展的角度来看，这无异于饮鸩止渴，且不说全新的网络应用场景，就目前来看，这种解决方案远远不够。例如，在典型的多用户数据中心中，每个虚拟机都需要通过一个IP地址连接到外部网络。虚拟机迁移后，可以再次为虚拟机分配新的物理地址（媒体访问控制地址）和IP地址。当虚拟机的数量比较少时，管理员可以手动配置，所以问题不是很大。但是，当虚拟机数量规模很大时，管理员手动配置各种策略（如QoS策略、ACL策略等）就变得不现实了。针对新的需求，用户希望通过设计新的网络协议来实现所需的新功能。

然而，由于厂商设备的封闭性，人们无法灵活地添加新协议来实现各种功能。这是因为网络管理员必须使用商用路由器和交换机提供的管理接口来配置设备，尽管这些设备可以通过一些接口来方便管理员对其进行配置，但由于各种原因，它们被隐藏在技术细节的底部，网络管理员必须通过设备本身封闭的操作系统来完成配置，这在很大程度上限制了网络管理的灵活性。

当人们想要添加新的协议时，通常需要重新研发设备，并为设备添加相应的功能，这通常需要较长的开发周期和较高的成本，从而使得网络升级和部署新业务变得困难。除了相对封闭的交换设备阻碍了网络管理员快速开发新协议之外，传统网络固有的交换设备架构也限制了协议的创新。多次更替设备只能提升转发速率和增加对新协议的支持，对于网络架构本身改变不大，这主要是因为传统网络交换设备的控制平面和数据平面集中在一起，智能决策功能和高速转发功能由硬件制造商控制，设备的可编程能力很弱，研究人员和管理人员无法添加和实施它们的新协议。因此，出现了转发与控制单元分离和路由控制平台两种新技术。这两种技术的核心思想是试图将网络设备的控制逻辑和转发逻辑分离，采用标准 API，进而提高灵活性。但是，新协议的设计和实现不是一蹴而就的，需要的时间比较长，需要技术、行业、标准等方面的支持。但是，由于商业原因，很多设备厂商不愿意采用转发与控制单元分离的标准数据平面 API，因为开放的 API 会引入新的厂商与之竞争，所以这两种协议最终没有得到广泛的应用。

近年来，研究人员建立了一系列大型网络实验基础平台，促进了网络技术的创新发展，如美国的 PlanetLab 和 Emulab。2005 年，美国国家科学基金会（National Science Foundation，NSF）资助启动了全球网络创新环境（GENI）项目。与此同时，为了更好地实现控制与转发分离并加快网络创新，斯坦福大学与美国国家自然基金会以及几家工业厂商一起，在 2006 年推出了 Clean-Slate 项目，摒弃了传统的渐进叠加和向前兼容的原则，旨在重塑互联网。Clean-Slate 最初选择了 5 个关键研究方向：网络体系架构、异构应用、异构物理层技术、安全、经济和政策。2006 年，斯坦福大学的研究生 Martin Casado 就参与了 Clean-Slate 项目，主要负责一个名为 Ethane 的项目。此项目的初始目标是提出一种新的企业网络架构，通过集中控制进一步简化模型，并为企业网提供更高的安全性。因此，Ethane 最初的设计目标是允许网络管理员能够定义一个完整的网络安全策略，这些策略将自动发送到每个交换机，以指导网络流量的处理。Ethane 项目最早部署的实验环境由一台控制器和 19 台交换机组成，用于管理 300 个有线用户和一些无线用户的流量。此后，Martin Casado 在 2007 年 SIGCOMM 会议上发表了一篇关于 Ethane 的论文，引起了学术界的广泛关注。在 Ethane 的系统架构中，控制和转发是完全解耦的，包含了 SDN 的早期思想，为 SDN 技术的发展奠定了基础。

2007 年，Martin Casado 与 Nick McKeown 等共同成立了致力于网络虚拟化技术创新的公司 Nicira，最早提出了 SDN 的概念。紧接着在 2008 年，Nick McKeown 在 SIGCOMM 会议上首次提出了在校园网中使用 OpenFlow 协议的设想。OpenFlow 协议正式进入了人们的视野，SDN 即将出现。为了简化 Ethane 项目中的交换机设计，提出了 OpenFlow 协议。该协议用于控制控制平面与数据平面的交互，可以将控制与转发完全分离，使交换机专注于转发工作，控制器专注于决策控制。OpenFlow 协议使网络具有更高的灵活性和强大的可编程能力，获得了 2008 年和 2009 年 SIGCOMM 最佳示范奖，为 SDN 的早期发展提供了强大的动力,成为后续 SDN 领域的核心技术。

2011 年初,在谷歌、脸书、雅虎等行业巨头的推动下,开放网络基金会(ONF)正式成立,并提出了 SDN 的概念。ONF 致力于推动 SDN 架构和技术的标准化和发展。同年 4 月,斯坦福 Clean-Slate 项目工作组和 Internet2(I2)等联合启动了一项网络开发和部署行动计划,旨在创建一个基于 SDN 的网络创新实验平台,支持全球的科学研究。与加拿大 CANARIE、日本 JGN-X、巴西 RNP 等实验平台合作,实现与亚洲、欧洲、北美洲、南美洲的互联。

随着 SDN 的出现,传统的网络设备供应商不得不重新思考其未来的发展战略。2013 年 4 月,开源平台项目 OpenDaylight(ODL)的出现在 IT 行业引起了巨大轰动。ODL 旨在促进 SDN 技术的交流和开源架构的产业化,提供开源代码和架构,加速标准化、SDN 的发展。ODL 项目的成立是 SDN 技术发展的一个里程碑,代表了传统网络芯片和设备巨头对网络领域开源技术方向的认可。2012 年 8 月,谷歌公司提出了使用 SDN 技术解决数据中心之间流量的方案。谷歌的 B4 网络作为 SDN 实际部署的一个成功商业案例,引起了全球业界的关注,使 SDN 技术更加广为人知。这个案例证明了 SDN 技术可以针对性地解决传统网络面临的一系列棘手问题,也让业界对 SDN 技术的可行性更有信心。

2012 年,美国电话电报(AT&T)公司、德国电信等基础网络运营商在欧洲电信标准化协会(European Telecommunications Standards Institute,ESTI)上提出了网络功能虚拟化(Network Functions Virtualization,NFV)的概念。NFV 是一种新的网络架构概念,旨在摆脱专用硬件的限制,通过通用的信息技术硬件和虚拟化技术实现网络功能的软件化。NFV 与 SDN 紧密相关,但也存在差异。它们的核心理念是软件化、开放性、标准化,从而提高了灵活性、降低了成本。不同的是,SDN 更关注网络体系架构的可编程性,而 NFV 更多关注的是网元层面的虚拟化和上层功能的软件化。由于 NFV 更接近运营商的业务需求和成本需求,它一出现就受到了以运营商为主的广泛关注。根据 ETSI 的统计数据,截至 2016 年 2 月,ESTI 的 NFV 规范组(NFV ISG)已经拥有来自全球通信行业的 116 个成员和 175 家参与单位。

随着 B4 在谷歌数据中心的成功落地与应用,如何利用 SDN 技术改造运营商网络成为新的探索目标。最初,AT&T 提出了 Domain2.0 项目计划,到 2015 年底已经完成了计划的 5.7%。2016 年将进一步加强云化和网络软件化的基础。到 2020 年底,网络控制权将通过 SDN 和 NFV 放入云端和用户手中。2017 年 1 月,AT&T 又提出了 Network 3.0 Indigo。Indigo 的主要目标是构建一个可靠的环境,更好地利用大数据的可用优势,让不同的组织实现数据共享和协同分析。目前,AT&T 已经成功发布了基于 SDN 的产品服务理念——按需服务(On-Demand Service)。用户可以添加或更改网络服务类型,例如,根据要求实时设置网络速率,并支付相关费用。从概念的提出到试商用,按需服务仅用了 6 个月。此外，中国的三大运营商也开始探索 SDN 的商业部署。2014 年 4 月，中国电信和华为联合宣布，完成了全球首个运营商 SDN 的商用部署，并成功将 SDN 技术应用于数据中心网络。2014 年 8 月，中国移动和华为利用 SDN 技术完成了政企专线服务在分组传输网（PTN）中的改造，大大提高了带宽利用率和运维效率。同年，中国联通首次实现了 SDN IPRAN 的商业化，初步实现了精简运维、快速创新、可视化运维的目标。2015 年 9 月，中国联通发布了新一代网络架构 CUBE-Net 2.0 白皮书，旨在利用 SDN/NFV、云和超宽带技术实现网络重构。2017 年 6 月，中国最大的民营电信运营商鹏博士集团在全球范围内正式发布运营商级别的软件定义广域网（SD-WAN）服务，成为中国首家提供 SD-WAN 服务的电信运营商。2017 年 8 月，中国电信集团公司发布了由 Versa 支持的全球 SD-WAN 产品，注入了"云网融合、网随云动"的灵魂。

在 SDN 网络操作系统方面，斯坦福大学和加利福尼亚大学伯克利分校共同创立了开放网络实验室（Open Networking Lab，ON.Lab）。实验室于 2014 年 12 月推出了新的 SDN 开源操作系统——开放网络操作系统（ONOS）的首个版本。ONOS 是业界首个开源的 SDN 控制平台，主要面向运营商的业务场景，满足用户对高可靠性和灵活性的需求。ODL 以设备制造商和互联网制造商为主，而 ONOS 则以运营商和设备制造商为主。ODL 主要针对大规模网络环境下的应用，在一定程度上代表了运营商的利益，可以帮助运营商提高服务效率、减少费用。2015 年谷歌在其 Jupiter & Andromeda 项目中确认采用 SDN 管理大规模环境。谷歌指出其 SDN 基于 3 个要素：白盒交换机、SDN 控制器和 Clos 架构设计。这与脸书的架构类似，在大规模的网络架构中似乎更偏向使用 SDN 元素。并且，具有一定研发实力的公司都倾向于自研、自建的网络架构，而不是完全依赖网络设备商。2017 年，VMWare 宣布其 NSX 有 2400 个以上的客户，带来了 10 亿美元销售额。这是商用 SDN 领域披露的最大一笔销售额。同年 3 月底，相关行业报道称，思科正在开发一款新的网络操作系统 Lindt。Lindt 操作系统增强了软件定义的基础设施，主要针对中型企业和小型企业，用于覆盖更广泛的思科交换机。虚拟化领导厂商 VMWare 公司于 2018 年 5 月推出了 NSX SD-WAN，通过 NSX 数据中心集成和端到端分段，提供从数据中心到分支机构再到云平台的可靠应用性能，成为 SD-WAN 市场的领导者。NSX SD-WAN 通过对所有设备和用户端点的完全可见性、指标和控制，以及简化的激活和自动连接，实现云平台和应用程序性能。同年 6 月，HPE Aruba 公司推出 SD-Branch，它将新的分支和前端网关与现有的 HPE Aruba 技术（包括 ClearPass 策略管理）相结合，形成集成的 SD-WAN、WLAN、LAN 和安全解决方案。新的 Aruba 分支网关是使用其内部开发的软件专门构建的，具有集成的思想。这些网关与 Aruba 最近增强的 Aruba Central 云管理平台集成，为 SD-WAN、有线和无线网络以及策略实施提供单点登录。Aruba 表示 SD-Branch 可以使客户以更少的员工管理更多的分支机构，同时利用一致的方法实现跨地点的安全性和合规性。网络安全仍然是数据中心未解决的关键问题。广泛使用互联网，意味着公司必须进行深度防御，不能长期依赖基本的安全防护软件。IT 组织在数据中心会继续使用防火墙/UTM 和 ADC 设备，但它们还必须启用内部数据中心安全防护措施，因为一个虚拟机或容器被破坏会让攻击者通过"可信"的东西流量（East-West Traffic）访问其他数据中心应用程序。网络软件提供了对关键数据中心资产的分段/隔离，以及监控数据流量以识别攻击和改变网络以修复特定威胁的能力。2019 年，网络软件供应商必须构建一个基础广泛的安全生态系统，将软件定义的数据中心网络（Software-Defined Data Center Network，SDDCN）元素与大多数组织中已部署的各种网络和 IT 安全系统集成在一起。为了确保高水平的用户体验，许多 SD-WAN 提供商正在增强其公共云的应用加速功能。他们还通过私有云网络和安全功能扩展其连接的深度。2019 年，随着 SDN 编排（策略业务流程）、性能监测和安全能力的提高，这些从 SD-WAN 到 SDDCN 的集成将得到扩展。此外，传统上应用程序交付控制器（ADC）设备位于防火墙和应用程序服务器之间，它可以查看、路由和分析大部分入站和出站流量。软件网络和虚拟化使得 ADC 功能的分解与微服务（例如服务产品和灵活的许可）的广泛使用成为可能。如果将虚拟 ADC 分布在整个数据中心，可以实现容器到容器的通信，增强安全性并提供应用程序或客户的 QoS。根据调查机构 TBR（Technology Business Research）的最新市场调查研究，SDN 正在被大多数企业采用，并将占到全球企业网络基础设施收入的 40%。由于 SDN 解决方案大多与传统网络技术并存，供应商收入将稳步增长。然而，网络功能的不断虚拟化已经开始破坏现有的状态。

TBR 高级分析师 Krista Macomber 表示："今天的商业环境的特点是遍布全球的信息和工作人员，以及对实时响应的需求，网络管理人员面临新的安全威胁和日益苛刻的传统架构所难以解决的流量需求。"企业开始部署 SDN 技术，以有效地服务于现代的工作负载生态系统。SDN 的早期用户体验到了网络监控增强、IT 服务提供更加灵活等优势，推动了从试验阶段到生产环境的过渡。然而，SDN 仍然面临几个关键的挑战，包括对更好的内部变更管理的要求，以及缺乏明确定义的业务用例。在 SDN 架构应用于更广泛的企业网络之前，必须克服这些问题。

回顾整个互联网的发展历史可以看到，网络已经从最初的端到端模式发展到今天的多租户数据中心等复杂应用场景；用户需求从最初的简单可达性到现在对 QoS、流量等多方面的需求；网络协议来自最初的 TCP/IP 协议套件和上千种补丁协议。整个网络变得越来越复杂，但设备架构仍然像往常一样封闭、缺乏灵活性，难以跟上不断变化的应用需求。可以说，SDN 技术是网络发展的必然产物，它的快速发展是大势所趋。随着 SDN 部署范围的扩大，一个解决方案可能无法满足所有客户端的需求。许多企业正在部署多种 SDN 技术来支持核心网络功能和相关的特定用例，如微分段技术。因此，网络供应商的环境变得越来越没有挑战性，因为不可避免地要接受对开放网络技术的日益增长的需求。例如，传统网络厂商思科、VMWare 等公司正在向 SDN 方向发展。

5.1.2　OpenFlow 原理

OpenFlow 起源于斯坦福大学的 Clean-Slate 项目团队。CleanSlate 项目旨在改变设计过时且难以改进的现有网络基础架构。2006 年，斯坦福的学生 Martin Casado 领导了一个名为 Ethane 的网络安全与管理项目，该项目尝试使用集中式控制器，让网络管理员可以轻松地根据网络流量定义安全控制策略，并将这些安全策略应用到各种网络设备中，从而实现对整个网络通信的安全控制。受这个项目的启发，Martin 和他的导师 Nick McKeown 教授发现，如果让 Ethane 的设计更一般化，将传统网络设备的数据平面和控制平面两个功能模块分离，通过一个具有标准化接口的集中式控制器来管理和配置各种网络设备，这将为网络资源的设计、管理和使用提供更多的可能性，从而促进网络的创新和发展。于是他们提出了 OpenFlow 的概念，2008 年，Nick McKeown 等在 ACM SIGCOMM 上发表了一篇题为《OpenFlow：在校园网络中实现创新》的论文，首次详细介绍了 OpenFlow 的概念。除了解释 OpenFlow 的工作原理，本文还列举了 OpenFlow 的几种应用场景，包括：

（1）校园网对实验通信协议的支持；
（2）网络管理和访问控制；
（3）网络隔离和 VLAN；
（4）基于 Wi-Fi 的移动网络；
（5）非 IP 网络；
（6）基于网络的数据分组处理。

Nick 和他的团队基于 OpenFlow 为网络带来的可编程的特性，进一步提出了 SDN 的概念。如果将网络中的所有网络设备都作为被管理的资源，那么参考操作系统可以抽象出一个网络操作系统，此操作系统一方面抽象了底层网络设备的具体细节，同时也为上层应用提供了统一的管理视图和编程接口。这样，在网络操作系统平台的基础上，用户可以通过软件开发各种应用，定义逻辑上的网络拓扑，以满足对网络资源的不同需求，而无须关心底层网络的物理拓扑结构。

通俗地讲，OpenFlow 是使用类似于 API 进程配置网络交换机的协议，是基于网络中的流概念设计的一种 SDN 南向接口协议。要想理解这个概念，首先需要介绍一下流的概念，IP 网络是一种基于数据分组转发的分组交换网络，一次网络通信会产生大量的数据分组，虽然前后数据分组之间有着千丝万缕的联系，但是传统网络设备对它们的处理是独立的（每个分组都需要独立地进行查表、匹配，然后动作），这大大降低了处理的效率。因此，如果能通过提取出这次通信产生的数据分组的共同特征（如 MAC 地址、IP 地址等），把它们抽象成一个流，使网络设备统一看待这些数据分组，将能很好地解决上面提到的问题。

SDN 的核心思想是数据和控制分离，在 OpenFlow 引入了流的概念后，控制器可以根据某个通信流的特点，利用 OpenFlow 协议提供的接口，对数据平面设备（OpenFlow 交换机）部署策略——流表（Flow Table）。这次通信的后续流量则根据对应的流表在硬件层上进行匹配转发，从而实现了灵活的网络转发平面策略，网络设备不再受到固定协议的约束，即软硬件解耦。

OpenFlow 的思路很简单，网络设备维护一个流表，并仅根据该流表进行转发。流表本身的生成、维护和下发完全由外部控制器实现。这里的流表并不是指 IP 五元组，事实上，OpenFlow 1.0 定义了 12 个关键字，包括端口号、VLAN 和 L2/L3/L4 信息，但是每个字段都可以通用分配。网络运营商可以决定使用何种粒度的流。例如，如果运营商只需要根据目的 IP 进行路由，那么流表中就可以只有目的 IP 字段是有效的，其他全为通配。

对于 L2 交换设备来说，这种控制和转发分离的体系结构意味着媒体访问控制地址的学习由控制器实现，虚拟局域网（VLAN）和基本 L3 路由配置也由控制器分配给交换机。对于 L3 设备，各种 IGP/EGP 路由协议在控制器上运行，控制器根据需要将它们发送到相应的路由器。流表的分发可以是主动的，也可以是被动的。在主动模式下，控制器主动将自己收集的流表信息分发到网络设备，然后网络设备可以根据流表进行转发。被动模式是指当网络设备接收到没有匹配的流表的消息时，它将该消息转发给控制器，控制器决定如何转发该消息并将其发布到相应的流表。控制器同时控制多个交换机或路由器设备时，它们看起来像一个大型的逻辑交换机，每个交换机或路由器都像这个逻辑网络设备的远程显卡。

OpenFlow 交换机是整个 OpenFlow 网络的核心组件，主要管理数据层的转发。OpenFlow 交换机收到数据分组后，首先在本地流表中查找转发目的端口。如果不匹配，它会将数据分组转发到控制器，由控制层确定转发端口。

安全通道（Secure Channel）是将 OpenFlow 交换机连接到控制器的接口。控制器通过该接口来控制和管理交换机。与此同时，控制器接收来自交换机的事件并向交换机发送数据分组。交换机和控制器通过安全通道进行通信，所有信息必须以 OpenFlow 协议中指定的格式执行。OpenFlow 协议用于描述控制器和交换机之间交互所使用信息的标准，以及控制器和交换机之间的接口标准。

OpenFlow 协议支持 3 种类型的信息：控制器到交换机（Controller-to-Switch）、异步（Asynchronous）和对称（Symmetric），每种类型都有多个子类型。控制器到交换机的信息由控制器发起，并直接用于检测交换机的状态。异步信息由交换机发起，通常用于更新控制器的网络事件和改变交换机的状态。对称信息可以由控制器或交换机发起，无须请求。

从上面的描述可以看出，OpenFlow/SDN 的原理并不复杂，很难被认为是严格意义上的创新。但 OpenFlow/SDN 越来越受到业界的关注，近年来成为热门技术之一。目前包括惠普、IBM、思科、NEC、华为、中兴在内的传统网络设备厂商纷纷加入 OpenFlow 阵营，并生产了一些支持 OpenFlow 的网络硬件设备。Facebook 也宣布在其数据中心使用 OpenFlow/SDN 技术。目前，OpenFlow 协议仍在发展中。下面将深入分析 OpenFlow v1.0，详细介绍 OpenFlow 协议的基本架构。

OpenFlow v1.0 的架构原理如图 5-1 所示。在 OpenFlow v1.0 中，流表、安全通道和 OpenFlow 协议是核心概念。OpenFlow 流表是特定流的策略表项集合，负责查询和转发数据分组。OpenFlow 交换机通过安全通道与控制器相连，传输 OpenFlow 协议消息，负责控制器与交换机之间的交互。下面将依次介绍 OpenFlow v1.0 中的流表、安全通道与协议消息。

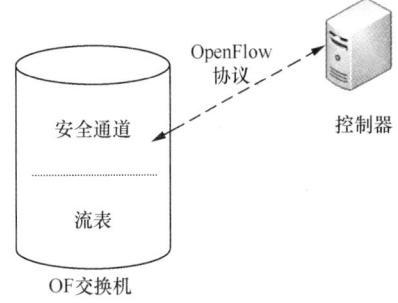

图 5-1 OpenFlow v1.0 架构原理

1. 流表

OpenFlow 控制器通过部署流表来指导数据平面流量。在 OpenFlow v1.0 中，每个 OpenFlow 交换机只有一张流表，该表存储许多表项，每个表项表示一个流及其对应的处理方法动作表。一个数据分组进入 OpenFlow 交换机后，需要先匹配流表。如果符合其中一个表项的特征，则按照相应的动作进行转发。此外，每个流表项都有一个截止日期，超过该日期后，流表将被自动删除。

（1）流表项的结构

OpenFlow 的流表项主要由 3 部分组成，即用于数据分组匹配的分组头域（Head Field）、用于保存与条目相关的统计信息的计数器，以及匹配表项后要对数据分组执行的动作表，如图 5-2 所示。

图 5-2 OpenFlow v1.0 流表项结构

（2）分组头域

分组头域是数据分组匹配流表项时的参考，这在功能上类似于传统交换机进行第二层交换时数据分组的 MAC 地址。如图 5-3 所示，在 OpenFlow v1.0 中，流表项的分组头域包括 12 个字段，在协议中称为 12 元组（12-Tuple），提供一至四层的网络控制信息，详见表 5-1。其中，交换机的入端口属于一层标识；以太网源地址、以太网

| 入端口 | 以太网源地址 | 以太网目的地址 | 以太网帧类型 | VLAN 标识 | VLAN 优先级 | 源 IP 地址 | 目的 IP 地址 | IP 数据分组类型 | 服务类型 TOS | 传输层源端口号 | 传输层目的端口号 |

图 5-3 OpenFlow v1.0 中的 12 元组

目的地址、以太网帧类型、VLAN 标识和 VLAN 优先级属于二层标识；源 IP 地址、目的 IP 地址、IP 数据分组类型和服务类型 TOS 属于三层标识；传输层源端口号和传输层目的端口号属于四层标识。这些丰富的匹配字段为识别流提供了更精细的颗粒度。

表 5-1 OpenFlow v1.0 中的 12 元组详细信息

字段	字节数	适用范围	说明
入端口	未规定	所有数据分组	数据分组进入交换机的端口号，从 1 开始
以太网源地址	6	有效端口收到的数据分组	无
以太网目的地址	6	有效端口收到的数据分组	无
以太网帧类型	2	有效端口收到的数据分组	OpenFlow 交换机必须支持由 IEEE 802.2+SNAP 或 OUI 规定的类型
VLAN 标识	12	帧类型为 0 x 8100 的数据分组	VLAN ID
VLAN 优先级	3	帧类型为 0 x 8100 的数据分组	VLAN PCP 字段
源 IP 地址	4	ARP 与 IP 数据分组	可划分子网
目的 IP 地址	4	ARP 与 IP 数据分组	可划分子网
IP 数据分组类型	1	ARP 与 IP 数据分组	对应 ARP 中 opcode 字段的低字节
服务类型 TOS	6	IP 数据分组	高 6 bit 为 TOS
传输层源端口号	2	TCP/UDP/ICMP 分组	当数据分组类型是 ICMP 时，低 8 bit 用于标识 ICMP 类型
传输层目的端口号	2	TCP/UDP/ICMP 分组	当数据分组类型是 ICMP 时，低 8 bit 用于标识 ICMP 码值

每个元组都有自己适用的场景，数值的长度不都相同，其中 IP 地址还可以指定子网掩码来完成更精确的匹配。需要明确的是，入口端是数据分组进入 OpenFlow 交换机的物理端口标识，可视为一层数据分组的标识。

（3）计数器

流表项中的计数器用于统计相关流的一些信息，如搜索次数、发送和接收的数据分组数量以及生存期（生存时间）等。此外，OpenFlow 还为每个表、每个端口和每个队列维护它们相应的计数器（如表 5-2 所示）。

表 5-2 OpenFlow v1.0 中的计数器

类型	计数器	字节数
每张表	有效表项	4
	查表的数据分组	8
	匹配的数据分组	8
每条表项	接收数据分组	8
	接收字节	8
	生存时间/s	4
	生存时间/ns	4

续表

类型	计数器	字节数
每端口	接收数据分组	8
	传送数据分组	8
	接收字节	8
	传送字节	8
	接收出现的错误	8
	传送出现的错误	8
	接收后丢弃的分组	8
	传送时丢弃的分组	8
	接收的帧排列错误	8
	溢出错误	8
	CRC 校验错误	8
	帧冲突	8
每队列	传送的数据分组	8
	传送的字节	8
	溢出错误	8

（4）动作表

动作表指定了 OpenFlow 交换机处理相应流的行为。动作表可以包含 0 个或更多动作，交换机将按顺序执行它们。如果其中不包括转发操作，数据分组就会被丢弃。如果包括转发动作，数据分组会被相应地转发。但是 OpenFlow v1.0 不能保证数据分组的转发顺序。动作可以分为两种类型：必选动作（Required Action）和可选动作（Optional Action）。默认情况下支持必选动作，交换机需要通知控制器来支持可选动作。此外，当流表项中有 OpenFlow 交换机不支持的操作时，将向控制器返回一条错误的消息。OpenFlow v1.0 中的动作如表 5-3 所示。

表 5-3　OpenFlow v1.0 中的动作

类型	名称	说明
必选动作	转发	交换机机必须支持将数据分组转发给设备的物理端口及下面的虚拟端口。 ALL：数据分组复制为多份转发到所有端口（不包括入口，不考虑最小生成树）； CONTROLLER：将数据分组封装为 Packet-in 消息并转发给控制器； LOCAL：转发给本地网络栈； TABLE：对控制器 Packet-out 数据分组执行流表的匹配； IN_PORT：把数据分组从它的入端口发回去
	丢弃	没有明确指明处理行动的表项，所匹配的所有数据分组默认被丢弃
可选动作	转发	NORMAL：按照 OpenFlow 交换机所支持的传统交换机的二层或三层策略进行转发。 FLOOD：通过最小生成树从出口泛洪发出，但不包括入口
	入队	将分组转发到某个端口上已配置好的队列中，队列的配置 OpenFlow 无法实现
	修改域	交换机将修改数据分组的分组头，可以为 12 元组中的任意字段

根据所支持的不同类型的动作，OpenFlow 交换机分为两类：一类是 OpenFlow-Only；

另一类是 OpenFlow-Enabled。前者不支持使用 NORMAL 端口对数据分组按照二、三层策略转发，而后者可以运行传统的二、三层协议来处理特定的流。

（5）流表的匹配

在 OpenFlow v1.0 中，数据分组由 12 个元组匹配，因此当一个数据分组进入 OpenFlow 交换机时，它的 12 元组将被解析，后续的动作将通过比较流表中分组头域中的 12 元组来决定。整个过程如图 5-4 所示。

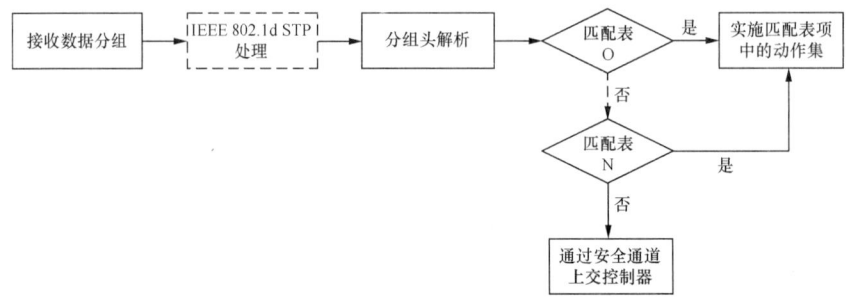

图 5-4　OpenFlow v1.0 中流表的匹配流程

图 5-7 所示是官方 OpenFlow v1.0 协议规范中的一部分。OpenFlow v1.0 中的流表匹配过程将对 OpenFlow 交换机收到的数据分组进行分析。

为了避免交换机互连可能带来的广播风暴，一些 OpenFlow 交换机选择支持生成树协议（Spanning Tree Protocol，STP）。这样，所有通过物理端口进入 OpenFlow 交换机的数据分组，在进行包头解析之前，都会经过传统的生成树处理，然后再进行分组头解析。

分组头解析用来获取所接收数据分组的 12 元组，这是一个复杂的过程，如图 5-5 所示。OpenFlow 交换机首先根据接收到的数据分组分析其输入端口、以太网源地址、目的地址和协议类型，根据以太网类型获取 VLAN 或三层 IP 信息，然后根据 IP 包头中的协议类型获取 ICMP 信息或四层源端号和目的端口号。在获得数据分组的 12 元组之后，可以使用它来匹配流表项中的分组头域。

从图 5-8 可以看出，OpenFlow v1.0 规定只要数据分组匹配上一条条表项，就会立即跳出匹配过程，执行相应的动作表。所以 OpenFlow 交换机要优化控制器发送的流表项匹配顺序。流表是 OpenFlow 交换机上对数据转发逻辑的抽象，是交换机进行转发策略控制的核心数据结构。交换芯片通过查找流表项对进入交换机的网络流量做出决策，并执行合适的动作。流表的功能类似于传统交换机中的两层 MAC 地址表和路由器中的三层 IP 路由表，但与传统设备不同的是，流表可以同时包含更多层次的网络特性，由网络管理员通过控制器编程来定义，不再受设备自带操作系统的限制。通过为各种网络服务部署流表，一台 OpenFlow 交换机可以集交换、路由、防火墙、网关等功能于一身，大大提高了网络部署的灵活性。因此，流表是 OpenFlow v1.0 和后续协议版本中的核心概念之一。

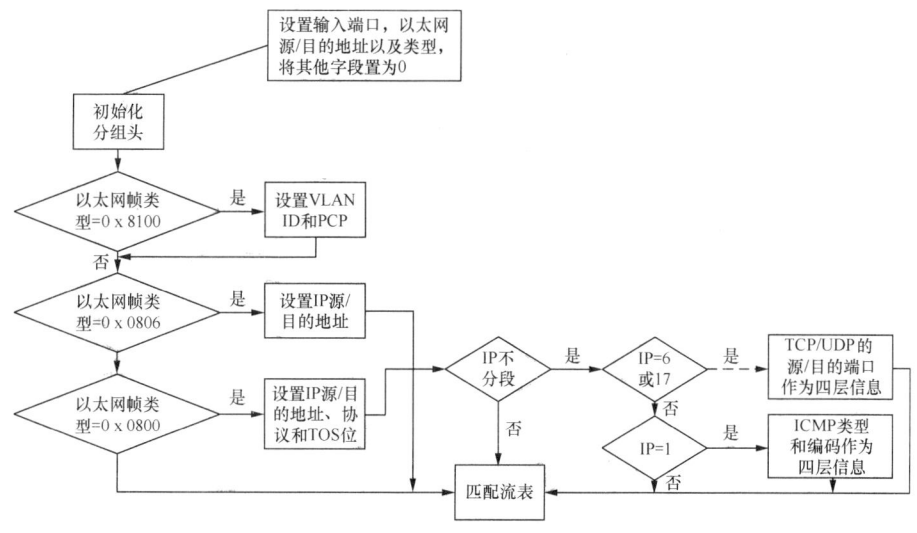

图 5-5 OpenFlow v1.0 对数据分组头的解析流程

2. 安全通道

OpenFlow 安全通道承载 OpenFlow 协议的消息，无论是下发流表还是其他控制消息都要通过这个通道。这部分流量属于 OpenFlow 网络的控制报文，不同于数据平面的网络流，不需要经过交换机流表的检查。为了保证"本地流量"的安全可靠传输，OpenFlow v1.0 规定通道建立在 TCP 连接之上，采用安全传输层协议进行加密。

（1）OpenFlow 安全通道的建立

OpenFlow 控制器开启 TCP 的 6633 端口，等待交换机连接。当交换机启动时，尝试连接到指定控制器的 6633 端口。为了保证安全，双方需要交换证书进行认证。因此，每台交换机应至少配置两个证书，一个用于认证控制器，另一个用于向控制器发出认证。

当认证通过后，双方向对方发送握手消息，该消息携带支持的最高协议版本号，接收方将使用双方支持的最低协议版本进行通信。一旦发现两者拥有共同支持的协议版本，则建立安全通道；否则，发送错误消息，描述失败原因，并终止连接。

（2）OpenFlow 安全通道的维护

安全通道建立后，交换机和控制器通过消息协商一些参数，并定期交换一些"keep alive"消息来维持连接。当连接异常时，交换机尝试连接备份控制器。当多次尝试失败时，交换机将进入紧急模式并重置所有 TCP 连接。此时，所有分组将匹配指定的紧急模式表项，所有其他正常表项将从流表中删除。此外，当交换机刚刚启动时，默认进入紧急模式。通过这个通道，控制器和交换机就可以交互 OpenFlow 消息。

3. 协议消息

OpenFlow v1.0 支持 3 种消息类型：控制器到交换机、异步和对称，每种消息又有多个子消息类型。

（1）控制器到交换机消息

这类消息由控制器发起，包括 Features、Configuration、Modify-State、Read-State 等几类消息，用于管理 OpenFlow 交换机。控制器通过各种请求消息查询 OpenFlow 交换机的状态，OpenFlow 交换机在收到应答消息后需要回复相应的响应消息。

① Features

安全通道建立后，控制器立即向交换机发送功能请求消息，以获取其支持的特性。

② Configuration

控制器可以通过设置配置消息或获取配置消息查询交换机的配置信息，交换机需要通过配置响应消息进行回复。

③ Modify-State

控制器通过端口模式消息来管理端口状态，并通过流模式（Flow-mod）消息添加和删除交换机的流表项。

图 5-6 所示是 Flow-mod 消息的具体格式，前 4 个字段是 OpenFlow 消息的通用报头。通配符（wildcard）表示匹配时 12 元组的掩码位。中间部分从 in_port 到 tp_dst 字段说明了流表项 12 元组的信息。cookie 字段在处理数据分组时不会用到，因为它没有任何意义。控制器通过 cookie 来过滤流的统计信息。command 字段表示对流表的操作，包括增加、删除、修改等。idle_time 和 hard_time 给出了该流表项的生存时间，两者同时设置时，以先到的生存时间为准。两者同时为 0 时，流表项不会自动失效。priority 字段的设置参考流表匹配的内容，原则上优先级越高，所属的 Table 号就越小。buffer_id 表示对应 Packet-in 消息的 buffer_id。out_port 仅在 command 为 Delete 或 Delete Strict 时有效，表明当某表项不仅与 Flow-mod 中给出的 12 元组匹配，且转发动作中指定端口等于该 out_port 的动作时才予以删除。flags 字段为标识位。

④ Read-State

在流表结构中，OpenFlow 针对每个表、每个流表项、每个端口和每个队列都会维护它们相应的计数器。当控制器需要统计信息时，它会向交换机发送相关的请求消息以请求信息。

⑤ Send-Packet

在许多情况下，控制器需要向数据平面发送数据分组。此时，可以将 Packet-out 消息封装到数据分组中并传输到 OpenFlow 交换机，并在消息中指定特定的动作表。这种消息通常作为控制器处理分组输入消息发送到逻辑的一部分。若希望封装的数据字段独立于相应的 Packet-in 消息，则需要将 buffer_id 字段指定为 −1，并给出一个明确的数据字段值。

⑥ Barrier

Barrier_Request 消息可以保证控制器不会积累大量未处理的信息。当交换机收到此消息时，它会立即处理之前收到的所有消息，然后再处理之后收到的消息。

version		type		length	
xid					
wildcard					
in_port			dl_src		
dl_src					
dl_cst					
dl_dst			dl_vlan		
dl_vlan_pcp		pad		dl_type	
nw_tos		nw_proto		pad	
nw_src					
nw_dst					
tp_src			tp_dst		
hard_time			priority		
butter_id					
out_port			flags		
actions[0]					

图 5-6 OpenFlow v1.0 中的 Flow-mod 消息格式

（2）异步消息

异步消息可以向控制器更新网络事件或交换机状态的变化。如果交换机不知道如何处理流量或自身状态发生异常时，OpenFlow 交换机会通过此类消息将相应情况报告给控制器，让控制器来完成决策。

（3）对称消息

与前面的消息不同，对称消息是由控制器或 OpenFlow 交换机中的任一侧发起的，此类消息有以下 3 种类型。

① Hello

握手消息 Hello 能够让认证双方建立安全通道。如果它们有共同支持的协议版本，就可以建立安全通道。如果发送了错误的消息，连接将被断开，并表述失败的原因。

② Echo

双方都可以向另一方发送 Echo-Request 消息，接收方回复 Echo-Reply。此消息可以测量时延。

③ Vendor

该消息预留给未来协议版本，使 OpenFlow 交换机制造商能够提供额外的功能。

5.1.3 开放网络基金会

开放网络基金会（Open Networking Foundation，ONF）是由德国电信、Facebook、谷歌、微软和雅虎等公司在 2011 年创立的。其目的是推动 SDN 和规范 OpenFlow 协议及相关技术，从而推动互联网的进步。作为一个非营利的产业联盟，ONF 已经成为最为活跃和最有影响力的 SDN 标准化组织。

ONF 组织成员由董事会成员和普通成员组成。其中，董事会成员包括几家运营商、互联网及软件公司，主要有谷歌、德国电信、日本 NTT、AT&T、中国联通、土耳其电信、Mircosoft、Verizon、雅虎和高盛等；普通会员包括网络设备厂商、网络运营商、服务器虚拟化技术提供商、测试仪器厂商等 100 多家厂商。目前，ONF 成员的数量增长迅速，并在不同领域开展了 SDN 技术研究和应用案例部署。

2016 年，ONF 宣布将与开放网络实验室合并。这两个非营利组织已经完成合并。

ONF 由 3 个讨论组和 13 个工作组组成，讨论组包括论坛组、日本组和技能验证组。工作组包括结构框架组、协议升级组、配置与管理组、转发抽象组、光传输组、教育推广组、北向接口组、迁移组、无线与移动组、测试与互操作组、L4~L7 组、运营商级 SDN 组和安全组。

ONF 讨论组和工作组通过会议或邮件的方式对 SDN 和 OpenFlow 的相关规范进行讨论，并根据研究结果不定期发布技术报告。ONF 自 2011 年成立以来，最主要的研究成果包括 SDN 白皮书、OpenFlow 协议和 OF-CONFIG 协议，其中 OpenFlow 协议及 OF-CONFIG 协议的发展历程如图 5-7 所示。

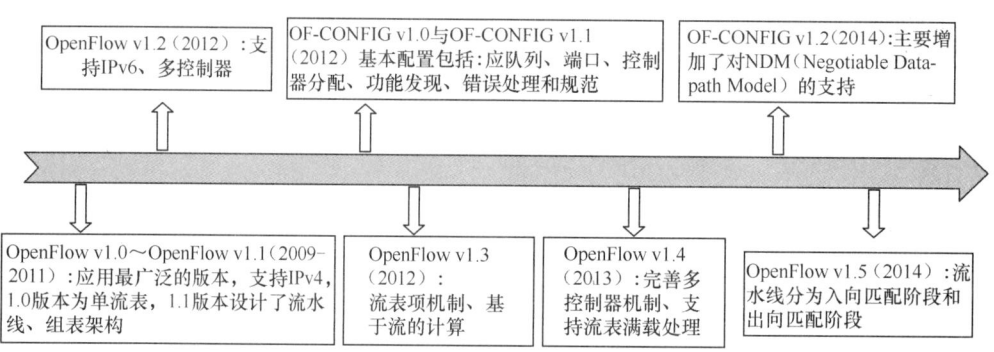

图 5-7 OpenFlow 和 OF-CONFIG 的发展历程

5.2 软件定义网络的关键技术

5.2.1 SDN 的工作原理

SDN 与传统网络最大的区别在于网络设备的转发功能可以通过编写软件来定义。在传统的网络中，控制平面功能在各个网络节点中分布式运行，因此部署新的网络功能需要升级所有相应的网络设备，这使得网络创新难以实现。SDN 将网络设备的控制平面和转发平面分离，并集中实现控制平面，使得新网络功能的部署只需要在控制节点集中进行软件升级，进而实现网络功能的快速灵活定制。此外，SDN 架构具有很强的开放性，通过对整个网络进行抽象，为用户提供完整的编程接口，让用户根据上层的服务和应用程序获取所需的网络资源，从而满足自己特有的需求。SDN 由于其开放性和可编程性的特点，可能会打破一些厂商在设备、软件和协议上的垄断，从而让更多的人参与到网络技术的研发工作中。

按照行业的一般理解，SDN 可以定义为一种数据控制分离、软件可编程的新型网络架构，其基本架构如图 5-8 所示。SDN 采用集中（逻辑集中）式的控制平面和分布式转发平面，两者是分开的。所有具有上述特点的网络架构都被定义为广义的 SDN 技术。

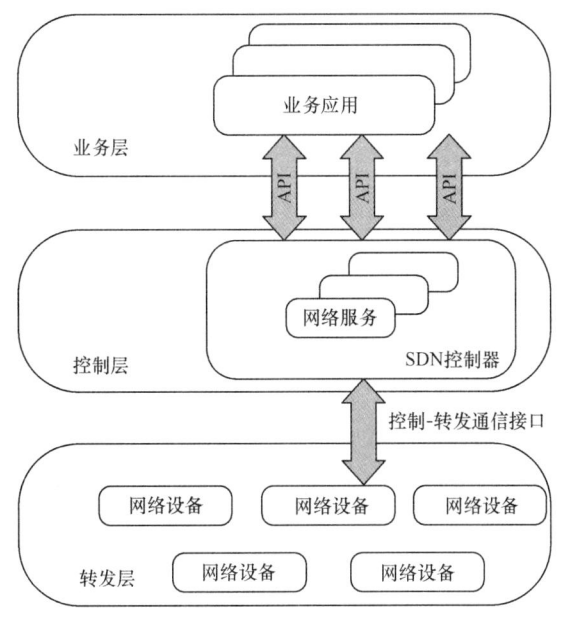

图 5-8　SDN 的基本架构

在 SDN 架构中，控制平面通过控制-转发通信接口对网络设备进行集中控制，这部分控制信令的流量在控制器和网络设备之间，与终端之间进行通信产生的数据流量无关。网络设备通过接收控制信令生成转发表，并据此决定数据流的处理，因此不再需要使用复杂的分布式网络协议来决定数据的转发，SDN 的数据控制分离如图 5-9 所示。

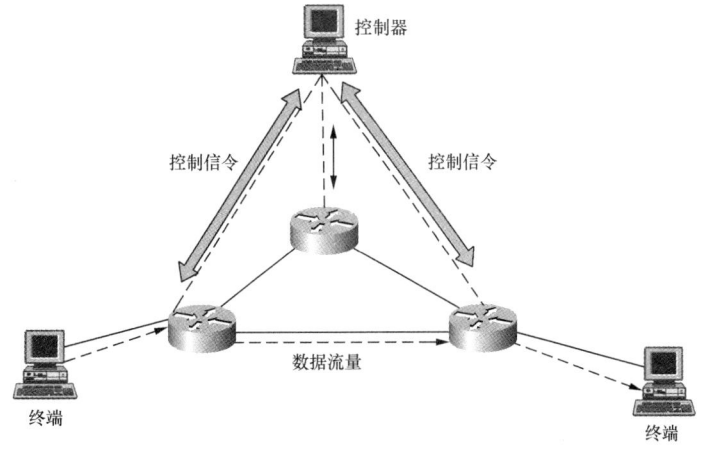

图 5-9　SDN 的数据控制分离

要知道，SDN并不是特定的网络协议，而是一种网络架构，它可以包含多种接口协议。例如，使用北向应用程序编程接口（API）实现业务应用程序与SDN控制器的交互，使用OpenFlow等南向接口协议实现SDN控制器与SDN交换机的交互。这样就使基于SDN的网络架构更加系统化，具有良好的感知能力和管控能力，从而推动网络向新的方向发展。

以上定义是目前行业内对SDN技术的基本定义。显然，不同的标准化组织都有自己的参考体系结构，他们的研究和关注点也各不相同。其中最具影响力的ONF组织在SDN的标准化过程中扮演着重要的角色，其所理解的SDN主要是从网络用户的角度来定义的，特别强调未来的网络系统应该能够根据业务的需求灵活地定义和操作底层网络资源。ONF组织明确定义了SDN的核心架构，也定义了完全开放的SDN南向接口协议——OpenFlow，并致力于推动其标准化。图5-10所示为ONF组织提出的SDN系统架构。

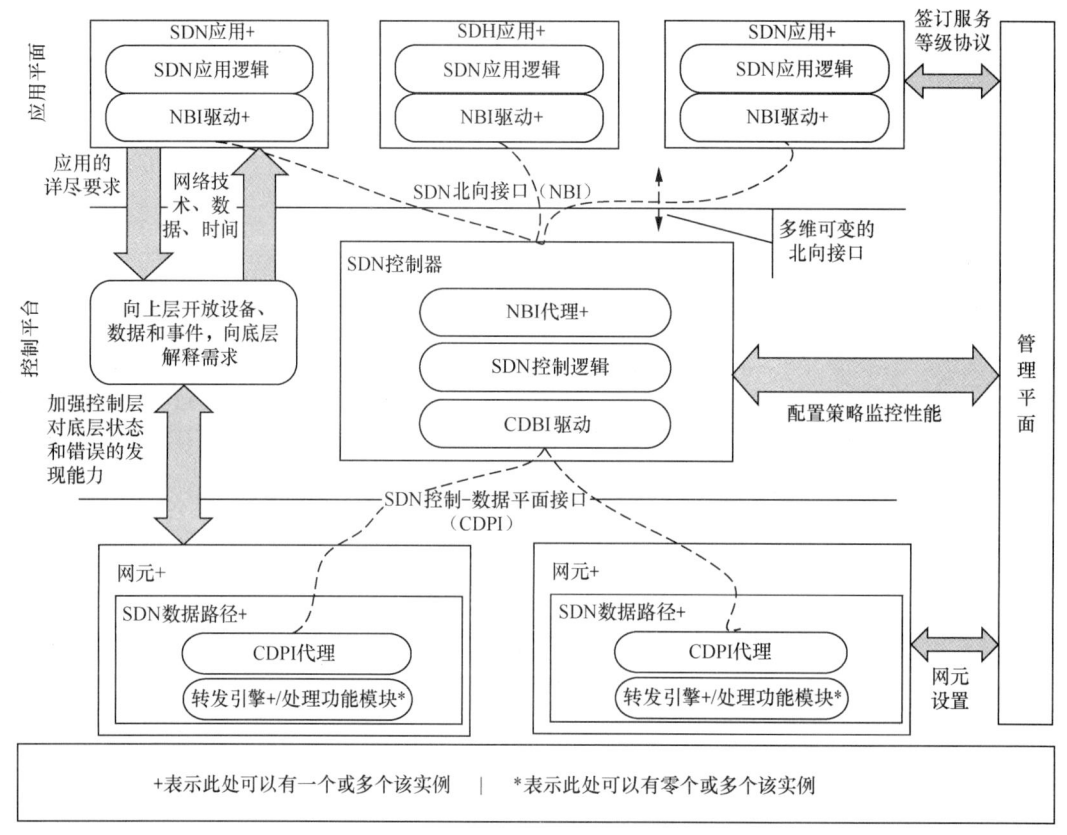

图5-10 ONF组织提出的SDN系统架构

5.2.2 SDN设备

SDN设备包括与控制器通信的API、抽象层和硬件或软件，软件SDN交换机结构如图5-11所示。对于物理交换机，分组处理功能主要体现在硬件的分组处理上。硬件SDN

交换机结构如图 5-12 所示。

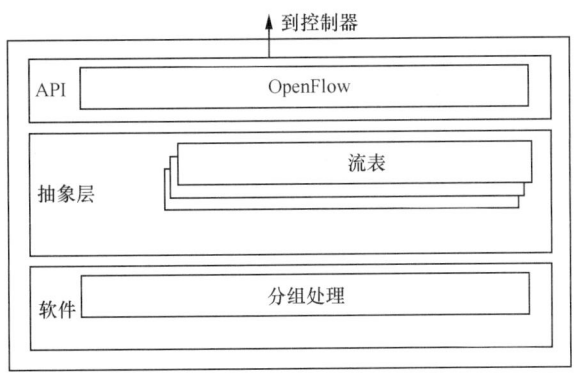

图 5-11　软件 SDN 交换机结构

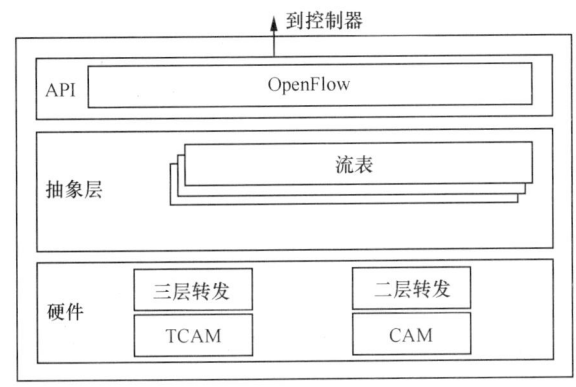

图 5-12　硬件 SDN 交换机结构

抽象层包含一个或多个流表，分组处理逻辑包含一些机制，这些机制可以根据对传入分组的评估及根据最高优先级的匹配流表项采取相应的操作。如果找到一个匹配的条目，传入的数据分组将由设备本地处理，除非有明确指示将数据分组转发给控制器。如果没有找到匹配的条目，分组可以被复制并传递给控制器进行进一步的处理。这个过程就是控制器消耗分组。对于硬件交换机来说，这些机制是由专用硬件实现的。对于软件交换机来说，可以通过软件镜像实现同样的功能。随着时间的推移，真正的分组逻辑被迁移到硬件上，这是为了让交换机能够以越来越快的线性速度处理到达的分组。最近，纯软件交换机在数据中心重新出现。该交换机通常以应用程序软件的形式与数据中心机架中的虚拟机的管理程序相融合。

1. 流表

流表是 SDN 设备上的基本数据结构。网络设备使用这些流表来评估传入的数据分组，并根据刚刚收到的数据分组的内容采取适当的措施。这些操作包括将数据分组转发到某个端口、丢弃数据分组或通过所有端口泛洪数据分组等。SDN 设备本质上并没有什么不同，只是有了流表及其相关逻辑后，这些基本操作将会变得更加通用、可编程性也更强。

流表由一些具有优先级顺序的流程项组成。每个流表项通常由两部分组成：匹配字段和操作。匹配字段用于与传入的数据分组进行比较。传入的数据分组将根据优先级顺序与匹配字段逐一进行比较，并选中第一个完全匹配的流表项。操作就是一些指令，当传入的数据分组与某个流表项定义的匹配字段匹配时，网络设备执行相应的指令。

与特定匹配无关的字段可以在匹配字段中设置为通配符。例如，当仅使用 IP 地址或子网地址来匹配数据分组时，其他所有字段都设置为通配符。同样，如果只使用 MAC 地址或 UDP/TCP 端口进行匹配，其他字段就无关紧要了，所以这些字段也是通配符。根据应用程序的需要，可以使所有字段都有意义，这种情况下将没有通配符字段。这种流表和流表项的结构使 SDN 应用程序开发人员能够匹配数据分组，并以各种可能的组合形式采取适当的操作。

前文已经对 SDN 设备进行了大致的描述，接下来将介绍 SDN 设备的两种实现方案。首先介绍简单的软件 SDN 设备，然后介绍硬件 SDN 设备。

2. 软件 SDN 设备

图 5-14 所示为一个基于软件的网络设备。用软件来实现 SDN 设备是构造一个 SDN 设备最简单的方法，因为所涉及的流表、流表项、匹配字段，很容易映射到常用的软件数据结构中，比如排序数组、散列表等。所以由两个不同团队开发的软件 SDN 设备比两个不同的硬件 SDN 设备更容易在行为上实现统一。但软件实现的速度可能比硬件实现的速度更慢、效率更低，因为软件实现的速度不能从任何硬件中加速。所以对于那些必须以非常高的速度运行的网络设备，恐怕只有硬件实现是可行的。

通配符的匹配是典型散列表技术的难点问题，因此图 5-15 所示的数据分组处理功能需要非常复杂的软件逻辑才能实现高效的匹配字段搜索。因而在 SDN 发展的早期，由于所使用的自检技术效率的不同，不同的软件实现可能会有很大的性能差异。幸运的是，目前 SDN 设备的软件实现已经比较成熟。事实上，有两个 SDN 软件实现的参考模型得到了广泛认可，它们都使用复杂而高效的方式进行搜索，这使得软件 SDN 设备在性能上更加统一。

软件实现在资源方面较少受限，这是因为在典型的软件实现中，不存在诸如处理能力和内存大小差异之类的问题。因此，硬件 SDN 设备支持的流表项数目相对有限，而软件设备的流表项数目上限可能高出几个数量级。由于 SDN 设备的软件实现能够以更大的灵活性实现更复杂的动作，所以软件 SDN 设备可以比硬件 SDN 设备使用更丰富的动作也就不足为奇了。

SDN 设备的软件实现在基于软件的 SDN 设备中最为常见，例如虚拟化系统的虚拟机管理程序。这些虚拟机管理程序通常集成了软件交换机，而软件交换机的作用是将不同的虚拟机连接到虚拟网络上。与虚拟机管理程序一起使用的虚拟交换机是 SDN 的理想选择。事实上，整个虚拟化系统通常由一个集中的虚拟机管理程序控制，这也与 SDN 范式中的集中控制器架构非常吻合。

3. 硬件 SDN 设备

SDN 设备的硬件实现比其相应的软件实现操作速度更快，因此更适用于性能敏感的环境，如数据中心和核心网络。为了理解流表和流表项等 SDN 对象是如何转换成硬件来实现的，我们需要简要回顾一下当前网络设备的硬件构成。

目前，网络设备采用专门的硬件设计来加快对传入数据分组的检查，然后根据数据分组的分配情况做出判决。如图 5-15 所示，我们可以看到图 5-14 中描述的数据分组处理逻辑已经被专门的硬件所取代。这种硬件包含了二层和三层的转发表，通常使用内容可寻址存储器（Content-Addressable Memory，CAM）和三元内容可寻址储存器（Ternary Content Addressable Memory，TCAM）来实现。RAM 技术由于性价比的提升在现代二层和三层转发表中更受欢迎。三层转发表用于 IP 级路由决策，属于路由器的基本操作。它将目的地 IP 地址与流表项进行匹配，并根据匹配结果采取适当的动作。二层转发表用于 MAC 层的转发决策，属于交换机的基本操作，它将目的地 MAC 地址与流表项进行匹配，并根据匹配结果采取适当的转发动作。

二层转发表通常采用传统的 CAM 或者基于硬件的散列技术来实现。这种关联存储器通常用于有正确索引的时候，如一个 48 位的 MAC 地址，而 TCAM 则用于更复杂的匹配功能。作为一种硬件形式，TCAM 不仅可以用于检查精确的匹配，还可以用于检查第 3 种状态，它可以使用掩码将匹配字段的某些部分作为通配符来处理。举个简单的例子，IP 目的地址与网络地址的匹配所执行的是最长前缀匹配，我们的目标是确定其中最匹配的表项。TCAM 的一个更重要的应用是为传入分组的一部分字段寻找可能的匹配。因此，这种类型的 TCAM 对于像策略路由（Policy-Based Routing，PBR）这样的功能而言至关重要。

硬件的功能特性使得网络设备能够以非常高的速度匹配数据分组并采取相应的动作。然而，这也给 SDN 设备开发人员带来了一系列挑战。

（1）把流表项转换成硬件表项应该怎么做才能得到最好的结果？比如硬件开发者应该在何时何地使用 CAM 或者 TCAM，或者直接使用基于 RAM 的散列表。

（2）硬件需要处理哪些流表项？相对地，回归软件将处理哪些流表项？大多数实现只能使用硬件来处理一部分查找，而其他搜索仍然需要切换回到软件搜索。显然，硬件查找要比软件查找快得多，但是硬件表在任意时刻能够处理的表项数量有限，所以使用软件表项来处理溢出部分。

（3）硬件对操作的限制可能会影响到使用硬件或软件的选择，对此应当如何解决？例如，像分组修改这一类的动作,如果用硬件来处理的话可能会存在较多的限制,或者根本不可用。

(4)如何跟踪每个流的统计信息?像 TCAM 这样的设备可以匹配多个流,因此使用此类设备不可能单独计算每个流。再者,跨不同表的统计数据的收集也会带来一些问题,因为这些表之间可能会重复计数或遗漏计数。

这些因素与其他因素一起,会影响到正在开发的 SDN 设备的质量、功能和效率,因此在设计过程中必须加以考虑。例如,硬件表的尺寸可能会限制流的数量,而硬件表功能的限制可能会影响它所支持的特殊功能的广度和深度。SDN 应用程序可能需要适应 SDN 硬件设备的这些限制,以实现多个异构 SDN 设备的互操作。

SDN 设备设计人员面临的困难比较大,同时 SDN 应用程序开发人员面临的变数也不小。第一代 SDN 设备开发者基本都是被驱赶着去改造现有的硬件来支持 SDN 的,所以不会有太多的选择,实际上也无法实现所有指定的功能。另外,SDN 应用开发者要应对跨厂商出现的不一致性问题,他们需要在整个网络的基础上调整性能,还要处理很多其他有待进一步明确的问题。

本节概述了 SDN 设备的组成、设备开发过程中一些必须注意的事项以及在涉及 SDN 应用时必须考虑的因素。

5.2.3 SDN 流表策略

流表是 SDN 交换机处理数据分组的最基本依据,它直接影响数据转发的效率和整个网络的性能。流表由集中化的 SDN 控制器基于整个网络拓扑视图生成,并统一下发到数据流传输路径上的所有 SDN 交换机。因此,流表的生成算法成为影响控制器智能化水平的关键因素。

SDN 交换机的流表机制打破了传统网络中的分层概念。传统的二层网络信息如源MAC、目的 MAC 和 VLAN ID,三层信息如源 IP 和目的 IP,或者四层信息如源 TCP/UDP端口号和目的 TCP/UDP 端口号都被统一封装在流表中。因此,控制器需要根据不同层的网络传输要求,制定相应的转发策略,并生成相应的流表下发给交换机。

对于二层转发,在 SDN 控制器的链路发现过程中实现了 MAC 地址学习,基于二层信息的数据分组转发也相对容易实现,只需控制器基于目的 MAC 地址将对应的交换机转发端口号写入对应的交换机流表项即可。

对于三层转发,在 SDN 中,控制器利用相关的路由算法计算源地址和目的地址之间的路由信息,并根据 IP 地址和 MAC 地址将对应交换机的转发端口号写入对应交换机的流表项中。

对于四层转发,在 SDN 中,第四层数据分组解析将在控制器中完成,相应的交换机转发端口号会根据 TCP/UDP 端口号、IP 地址、MAC 地址写入对应交换机的流表项中。

与传统网络一样,SDN 控制器可以有效处理不同层次上的数据转发。制定流表时,通过使用不同网络层次的规则和算法来减少流表的数量。不同的是，传统网络在各个设备本地执行相关算法，通常只根据设备自身掌握的有限局部链接情况做出数据处理决策。而 SDN 具有集中化管理和控制的优势，控制器具有全局的网络资源视图，更容易获得优化的算法执行结果。但是，这样做会有一些问题。比如在 SDN 系统中，所有数据流的转发过程都需要由控制器来决策，从而给控制器带来了很大的压力。

控制器通过流量表下发机制控制 SDN 交换机设备，SDN 控制器的下发有主动和被动两种模式。主动模式意味着在数据分组到达 OpenFlow 交换机之前就设置流表，因此当数据分组到达交换机时，交换机就知道如何处理包了。这种方法有效地消除了每秒可以处理的数据量的限制，理想情况下，控制器需要尽可能多地预扩散流表项。被动模式是指当数据分组到达交换机时，它找不到与之匹配的流表项，只能将其发送到控制器进行处理。一旦控制器确定了合适的方法，那么相关信息就会返回并缓存在交换机上，同时控制器将确定这些缓存信息的存储时限。

不同的流表下发方式各有特点。主动模式的流表下发使用预设规则来避免每次都为每个数据流设置流表项的工作，然而，考虑到数据流的多样性，为了保证每个流都被转发，流表项的管理变得很复杂。例如，需要合理设置通配符来满足转发需求。被动的流表下发可以更有效地利用交换机上的流表存储资源，但在处理过程中，会增加额外的流表设置时间。同时，一旦控制器和交换机之间的连接断开，交换机将无法转发后续到达的数据流。

流表匹配遵循两条原则：

（1）在优先级不同的情况下，优先级高的先匹配，优先级低的后匹配，优先级的范围 0~66 535，数字越大则优先级越高；

（2）在优先级相同的情况下，当流表项具有相同的优先级，相同的 actions，不同的匹配域粒度的情况下，按照流表项添加的先后顺序匹配，最先添加的流表项，数据流优先匹配，即按照添加的先后顺序进行匹配。

5.2.4 SDN 控制器

控制器是 SDN 的重要组成部分，其设计与实现是 SDN 最关键的技术环节之一。因此，了解控制器的体系结构对于深入研究 SDN 技术极其重要。

SDN 控制器应维护整个网络的全局视图、执行策略与决策、控制构成网络基础设施的所有 SDN 网络设备，并为应用程序提供北向 API。控制器通常有自己的一套通用应用模块，比如学习交换机、路由器、基本防火墙、简单负载均衡器等。其实这些都是应用，但往往与控制器捆绑在一起。这里我们关注的是严格意义上的控制器。

图 5-16 所示为 SDN 控制器的结构。图中描述的模块为控制器提供的核心功能，包括南北应用程序接口，以及一些可能使用控制器的示例应用程序。南向 API 为 SDN 设备提供

接口。如果是开放的 SDN，那么这个 API 就是 OpenFlow，而在其他可供选择的 SDN 解决方案中，可能是其他 API，比如 BGP。值得注意的是，在一些产品中，OpenFlow 和替代方案共存于同一个控制器中。因为南向 API 的工作开始得比较早，所以这个接口在定义和标准化工作上都比较成熟。

1. SDN 控制器的核心模块

控制器抽象出它与 SDN 设备之间的通信协议细节，使应用程序可以与 SDN 设备通信，而不需要知道设备之间的具体区别。控制器还需要提供这些原生接口之间的核心功能，控制器的核心功能包括如下几类。

（1）终端用户设备发现：发现终端用户设备，如笔记本电脑、台式电脑、打印机等。

（2）网络设备发现：发现构成网络基础设施的网络设备，如交换机、路由器、无线接入点等。

（3）网络设备拓扑管理：维护网络设备和与其直接连接的用户终端设备之间的详细连接信息。

（4）流管理：为控制器管理的所有流建立一个数据库，并与网络设备一起执行所有必要的协调工作，以确保网络设备上的流表项与该数据库同步。

控制器的核心功能是实现设备和拓扑结构的发现和监控、流的管理、设备管理和跟踪统计，这些是由控制器内部的一组模块来实现的，其结构如图 5-13 所示，这些模块需要维护包含当前拓扑结构和统计

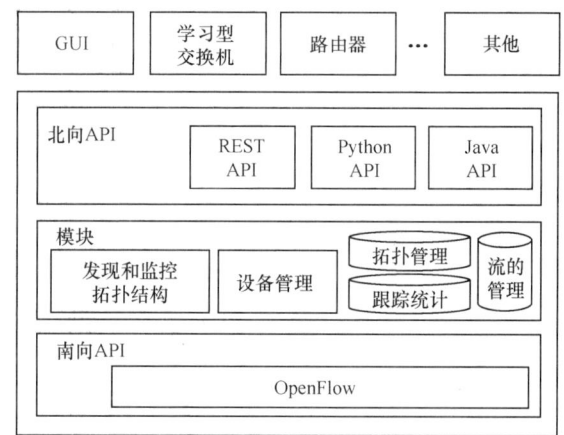

图 5-13　SDN 控制器结构

信息的本地数据库。控制器通过学习所有交换机和用户终端设备的存在状态，并跟踪它们之间的连通性来掌握当前的网络拓扑结构。控制器还在本地维护从每个交换机收集的流统计信息，还可以在设计中使用可插拔模块来实现这些功能，从而可以根据每个网络的不同需求来定制控制器的功能组合。很多已经实现 SDN 的公司都非常关注这些核心模块，以便于进行网络建模和创建抽象层。

2. SDN 控制器体系架构

控制器连接底层交换设备和上层业务应用，可视为 SDN 的整个大脑。传统网络的数据平面和控制平面在物理上紧密耦合，而 SDN 中数据平面和控制平面相对分离，增加了灵活性。控制器作为 SDN 的核心部分，与计算机操作系统的功能类似。它需要为网络开发者提

供一个灵活的开发平台，且为用户提供一个便于操作的用户接口。因此，参考计算机操作系统的体系结构将更有助于对 SDN 控制器体系结构进行理解和设计。下面简单介绍控制器的功能模块组合、层次化结构和微内核 3 个阶段。

在计算机发展早期，开发人员通常出于简单的目的设计基于模块化架构的计算机操作系统。在这种架构下，整个操作系统简单地组合一些功能模块来实现其整体功能。随着新功能不断集成到操作系统中，模块化组合架构逐渐暴露出其弊端，主要体现在简单随意的组合，难以支持很多复杂的功能，导致整体操作系统扩展性差，难以维护。

为了解决功能模块组合架构的问题，人们提出了一种层次化的操作系统架构，根据模块的不同功能进行分类：最基础的模块放在最底层；部分核心模块作为第二层；其余模块根据分类情况依次向上叠加。分层架构中的每个模块都处于清晰的层次。与模块化组合架构相比，层次化架构更容易组织和管理每个模块，系统的可扩展性得到了显著增强。但是，严格的分层设计可能会限制模块的跨层调用，甚至影响操作系统的运行效率。特别是模块越来越多时，这种类似于塔式的体系架构会越建越高，操作系统就会越来越庞大。为了解决层次化架构的问题，微内核的操作系统体系架构应运而生。其基本思想是将操作系统的硬件相关部分提取为硬件抽象层（Hardware Abstraction Layer，HAL），HAL 通过开放的 API 为更高层提供服务。基于此，微内核本身只保留几个基本功能，其他功能都在内核之外实现。这样一来，内核就不会随着功能的增加而变大，彻底解决了传统架构中操作系统不够灵活、可扩展性差的问题。微内核架构除了在实现上非常精炼之外，还有以下两个公认的优势：①很多高层服务模块并不包含在内核中，而是在内核上运行，所以在高层模块更新时不需要重新编译内核；②引入的硬件抽象层可以很容易地让微内核运行在不同架构的硬件上。由于这些原因，微内核架构近年来得到了广泛的认可。

以上思想对于 SDN 控制器的设计具有重要的参考意义，接下来我们对 SDN 控制器的体系架构进行分析。与计算机控制系统一样，控制器的设计目标是通过对底层网络的完全抽象，使开发人员能够根据业务需求设计出各式各样的网络应用程序。如果按照模块组合的架构来实现 SDN 控制器，当控制器的功能逐渐增加时，系统可扩展性差的问题必然会凸显出来，开发新的网络应用将变得极其困难。因此，市面上大多数开源控制器的设计都采用类似于计算机操作系统的层次化架构，如图 5-14 所示。从图中可以看出，在这种体系结构下，控制器功能分为两层：基本功能层和网络基础服务层，下面将详细分析。

（1）基本功能层

这一层主要提供控制器所需的基本功能。一个通用的控制器应该能够方便地添加接口协议，这对于动态灵活地部署 SDN 非常重要，因此这一层首先要做的就是完成协议适配功能。需要适配的协议主要有两种。一种是用于与底层交换设备进行信息交互的南向接口协议；另一个是用于控制平面分布式部署的东西向接口协议。协议适配层主要有以下 3 个方面的作用。第一，网络维护人员可以使用更适合真实网络情况的协议来优化整个 SDN。第二，考虑到与传统网络的兼容性问题，可以借鉴有的网络协议，以最小的成本对传统网络进行升级改造；第三，通过协议适配功能，控制器可以完成对底层多个协议的适配，并向上层提供统一的 API，从而达到对上层屏蔽多个协议的目的。

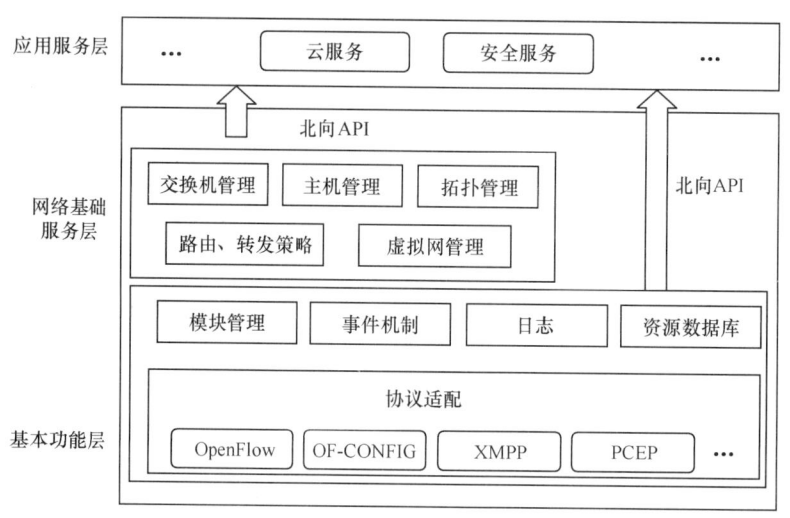

图 5-14 控制器层次化架构

协议适配层工作完成后，控制器需要提供支持上层应用开发的功能。这些功能主要包括 4 个方面内容。

① 模块管理：重点管理控制器中的各个模块。允许在不停止控制器运行的情况下加载新的应用模块，实现上层业务变化前后底层网络环境的无缝切换。

② 事件机制：该模块定义了与事件处理相关的操作，包括创建事件、触发事件等操作。事件作为消息的通知者，在模块之间划定了界限，提高了应用程序的可维护性和重用性。

③ 日志：该模块提供基本的日志功能。开发者可以用它快速地调试自己的应用，网络管理员可以用它来高效、轻松地维护 SDN。

④ 资源数据库：该数据库包含了各种底层网络资源的实时信息，主要包括交换机资源、主机资源、链路资源等，便于开发人员查询和使用。

（2）网络基础服务层

对于一个完善的控制器架构来说，仅实现基本的功能层是远远不够的。为了使开发人员能够专注于上层业务逻辑，提高开发效率，有必要在控制器上加入网络基础服务层，以提供基本的网络功能。作为控制器实现的一部分，网络基础服务层的模块可以通过调用基本功能层的接口来实现设备管理、状态监控等功能。这层涵盖了许多模块，取决于控制器的具体实现。下文将介绍一些主要的功能模块。

① 主机管理：类似于交换机管理模块的功能，主要负责提取网络中主机的信息。

② 拓扑管理：控制器从资源数据库中获取链路、交换机和主机的信息后，形成整个网络的拓扑结构。

③ 路由和转发策略：为数据分组分组提供转发策略，最简单的策略是根据二层 MAC 地址转发或根据 IP 地址转发数据分组分组。用户也可以在此基础上继续扩展，实现自己的转发策略。

④ 虚拟网管理：虚拟网络划分可以有效地利用网络资源，实现网络资源价值最大化。然而，为了安全起见，SDN 控制器必须能够通过集中控制和自动配置的方式实现对虚拟网络的安全隔离。

在这两层的基础上，控制器通过向上层应用开发者提供各级编程接口，可以灵活方便地完成整个 SDN 的设计和管理，调用从信令层到各种网络服务的 SDN 可编程能力给网络开发者。在这种层次化架构设计中，基本功能层提供了 SDN 控制器作为整个控制平面最基本的功能，包括底层硬件的抽象和对上层网络功能模块的管理。所有网络应用都是基于该层提供的接口进行开发的，网络基础服务层的可扩展性显著增强，可以为上层网络的应用、开发和运营提供强大的通用平台。

随着业务和各种信息化应用的快速增长，网络环境变得更加复杂，边界趋于模糊。各种业务应用场景引入了新的安全威胁，并给网络管理带来了新的挑战。SDN 控制器需要协调分布在各下级平台上的一系列相关资源，有时需要维护事件的完整性，这个过程通常被称为编排。此外，一个软件开发网络应用程序可以调用其他外部服务，并且可以安排一些附加的软件开发网络控制器来实现其目标。将 n 层节点视为服务器，$n-1$ 层节点视为客户机。一台服务器控制多台客户机的情况可视为编排，比如 App 可以编排多个控制器，超级控制器可以编排多个设备。

目前各工作组、运营商、设备供应商和开源社区对业务编排有许多不同的想法。近年来，SDN 与 NFV 的结合引起了业界的广泛关注，多种功能的融合使得业务编排变得更加重要。比如，国际互联网工程任务组（The Internet Engineering Task Force，IETF）主张在现有的网络层协议上增加插件，并在网络和应用层之间增加 SDN 协同编排器（SDN-Orchestrator，SDN-O）进行能力开放的封装，而不是直接采用 OpenFlow 进行能力开放。目前业务编排主要有两种发展思路。一是创建独立的业务编排层，一个来自华为和中国移动联合提出的 Open-Orchestrator（Open-O）开源项目，它可以提供开放源码软件接口、VNF 管理器和 VIM 接口。Open-O 旨在建立一个网络服务目录和 VNF 目录。二是基于 MANO+OSS 进行编排，主要处理 VNF 生命周期的具体虚拟化管理服务。

3. SDN 控制器接口

控制器需要向 SDN 应用程序提供用于访问网络的应用编程接口。有时候，北向 API 只是一些低级接口，以通用统一的方式提供对网络设备的访问。在这种情况下，应用程序只需要知道每个设备的存在，而不需要知道这些设备之间的差异。在其他场合，控制器可能会提供高级 API，即抽象网络本身，这样应用开发者就不需要考虑每一个设备，而是把网络作为一个整体来考虑。

图 5-17 给出了 SDN 控制器的北向 API。控制器将网络中发生的事件通知应用程序，事件从控制器传递到应用程序。这些事件可能是由于控制器接收到数据分组或网络拓扑中的某些状态变化（如链路断开）而导致的。应用程序通过不同的方式影响网络的运行，也可以在不触发控制器事件的情况下独立调用方法。

通过网络搜索可以显示市场上有超过 20 种 SDN 控制器。有趣的是，北向接口（North Bound Interface，NBI）却并没有标准。为什么 NBI 的标准化很重要？从客户的角度来看，标准化的 NBI 将会有利于 SDN 应用程序的市场体现。SDN 应用程序开发人员不需要再针对各种不同 SDN 控制器的专用接口来修改应用程序。当你获得一个 SDN 应用程序时，也不再需要对其代码做出很大的改变就可以将不同的控制器即插即用地添加到环境中。另外，由于 SDN 控制器能够做到即插即用，企业或运营商在通过创建自定义的 SDN 应用程序来差别化展示其终端服务方面的投资也将更加灵活。

4. SDN 控制器的现有实现

目前市场上有很多可用的 SDN 控制器，包括开源的和商用的 SDN 控制器。开源 SDN 控制器有很多种形式，从基本的 C 语言控制器到基于 Java 的控制器，甚至还有一种基于 Ruby 和 C 的控制器叫作 Trema。这些控制器的接口可以使用控制器自己的编程语言，也可以选择使用其他语言。开源控制器 OpenDayLight（ODL）是由供应商联盟开发的。开放网络操作系统（ONOS）也是一种重要的开源控制器，在电信运营商市场上迅速获得青睐。其他厂商也推出了自己的商用 SDN 控制器。NEC、IBM 和惠普等厂商提供的控制器本质上也是基于 OpenFlow 的实现。其他大多数网络设备厂商则提供了供应商特定的 SDN 控制器，一定程度上也支持 OpenFlow，支持哪个版本的 OpenFlow 规范差别很大。一般来说，这些商用控制器不支持最新版本的 OpenFlow 规范，因为规范更新太快，这些网络设备供应商既没有能力也没有动力跟上它的发展。

专有替代控制器有优点也有缺点。虽然专有控制器比名义上的开放系统更封闭，但它们在自动化和可编程性方面确实有更多的优势，有责任为网络设备提供技术支持。它们使传统交换机能够执行类似 SDN 的操作，从而避免在迁移到 SDN 的初始阶段更换旧的交换设备，但它们确实构成了一个封闭系统，这显然违背了 SDN 的初衷。专有控制器并没有去掉网络设备中的控制功能，因此网络设备的成本往往很高。

5. SDN 控制器评估要素

可以在 SDN 控制器上开发网络应用，提供智能化和个性化的网络服务。控制器作为应用开发和运行的平台，将直接影响网络运行状态。近年来，随着 SDN 技术的发展和演进，学术界和工业界纷纷推出各种 SDN 控制器，让人们很难选择。下文将详细介绍 SDN 控制器的 10 个评估要素，方便网络管理人员根据自己的需求做出合理的选择。

（1）对 OpenFlow 的支持

OpenFlow 作为 SDN 最主流的南向接口协议，也是 ONF 力推的标准化协议。支持 OpenFlow 协议可以被视为体现 SDN 控制器通用性的一个重要标准。OpenFlow 协议有很多版本，并且在不断完善中。因此，在选择控制器时，我们应该重点关注 OpenFlow 所支持的功能，包括支持可选功能和扩展功能。此外，还需要了解网络提供商的路线图，是否能够支持新版 OpenFlow。

（2）网络虚拟化

网络虚拟化是指多个逻辑网络共享底层网络的网络基础设施，从而提高网络资源利用率，加快业务部署，提供业务 QoS 保障。SDN 控制器具有全局网络视角，其集中式管理和控制的优势可以极大地简化资源的统一分配，能够动态地创建基于策略的虚拟网络，这些虚拟的网络能够形成类似于服务器虚拟化计算资源池的逻辑网络资源池。

（3）网络功能

当云服务提供商提供多租户网络服务时，出于安全考虑，租户希望自己的流量和数据可以独立于其他租户，因此 SDN 控制器在提供网络虚拟化能力的同时，还需要提供严格的隔离保障功能。同时，OpenFlow v1.0 协议提供了基于流的匹配转发模式，方便对流的细粒度进行处理。此外，SDN 控制器具有整体网络拓扑视角，能够发现从源端到目的端的多条路径，并提供多路径转发功能。与传统的多链接透明互联（TRILL）和最短路径桥接（Shortest Path Bridging，SPB）方案相比，SDN 控制器可以在不改变网络的情况下提供相同的能力。

（4）可扩展性

SDN 的集中式架构便于网络管理员根据需要灵活添加、更改和删除控制器中相应的网络服务模块，使得对整个网络的管理如同在一个网络设备中一样。因此，SDN 可扩展性的一个重要指标就是所支持的 OpenFlow 交换机的数量。一般来说，一个 SDN 控制器应该能够支持至少 100 个交换机，尽管对于不同的应用场景，数量并不是绝对的。此外，如何降低广播对网络带宽和流表规模的影响也是评价 SDN 控制器可扩展性的一个重要因素。

（5）性能

SDN 控制器最重要的功能是将每个流第一个数据分组分组的处理结果以流表项的方式写入交换机的流表，方便后续报文的处理。因此，控制器对流的处理时延和每秒处理的新流的数目是评价控制器性能的最重要性能指标。

（6）网络可编程性

在传统网络环境下，网络功能的更改需要在相关设备上依次配置，不仅耗时且易出错，还不能根据网络的动态变化实时调整，这种原始的静态网络编程特性使得网络性能难以得到保证。作为一种新兴的网络技术，SDN 的一个重要特性是拥有网络可编程性，具体包括数据流的重定向、准确的报文过滤以及为网络应用提供友好的北向可编程接口。

（7）可靠性

可靠性是评价网络的一个非常重要的标准。作为整个网络的控制中心，SDN 控制器的单点故障可能会导致整个网络瘫痪。目前，为了提高 SDN 的可靠性，主流的方法是利用集群技术，为 SDN 控制器提供主从热备份机制，一旦检测到主 SDN 控制器出现故障，可以立即切换到备用控制器。另一种方法是通过控制器计算从源端到目的端的多条转发路径，并将备份路径存储在组表中，当网络链路出现故障时，可以自动切换到备份路径，从而提高网络的可靠性。

（8）网络安全性

为了提高网络安全性，控制器需要企业级的身份认证和授权。同时为了使网络管理人员能够更灵活地控制网络，控制器需要具有控制各种关键流量访问的能力，例如管理流量和控制流量等。此外，作为易遭受网络攻击的重点目标，控制器本身需要限制控制信令的速率，并在控制平面提供告警机制。

（9）控制器供应商

SDN 技术作为未来网络领域的重要技术，近年来各大网络厂商争相进入 SDN 市场。考虑到 SDN 市场的不稳定性和特殊性，在选择 SDN 控制器时，不仅要参考上述技术指标，还要关注供应商的资金和技术资源、SDN 的研发和进展情况，以及他们在 SDN 市场的定位和竞争能力。

（10）集中管理和可视化

SDN 的一个优点在于能够给网络管理者提供物理网络和各虚拟网络的可视化信息，如流量、拓扑等。此外，网络管理员通常希望能通过标准协议和技术来监控 SDN 控制器。因此，在理想情况下，SDN 控制器需要通过 REST API 为网络信息访问提供支持。

6. SDN 控制器的潜在问题

和任何新技术一样，开源 SDN 控制器的诞生必然会遭受磨难。虽然控制器的概念及其体系结构有助于解决许多重要问题，但到目前为止，大规模的商业部署仍然较少。随着商业部署的规模越来越大，实践经验越来越多，拥有一个各方面性能都优异的网络就更加必要了。尤其是在人们对这种架构的建立有普遍信心之前，应对众多 SDN 应用和复杂异构设备类型的实践经验是必不可少的。如果这些不同类型的部署想要成功，SDN 控制器仍然有许多潜在的问题需要解决。在某些情况下，这些解决方案会以各种形式出现在不同的厂商中，而在其他情况下，像 ONF 这样的标准组织必须推行某个标准。集中式控制结构要解决的问题包括延迟、可扩展性、高可用性和安全性。除了这些常见的问题外，SDN 集中式控制器还面临着应用程序之间的协调、流量的优先级安排等挑战。

对于 AT&T、Verion 等大型电信运营商来说，网络规模是 SDN 需要解决的一个非常重要的问题。一个控制器可能运行多个 SDN 应用程序。此时，应用程序的优先级和与流处理相关的问题就变得非常重要。

一个新兴的北向 API 标准使得开发者可以在各种控制器上复用应用程序成为可能。在 OpenFlow 早期的标准化工作中，人们普遍认为相应的北向 API 很快就会出现。如果没有北向 API，迁移到 SDN 的大部分优势就会丧失。2013 年底，ONF 成立工作组，专注于北向 API 的标准化工作。目前，通过与开源 SDN 的合作，最终产生了一个基于意图的北向接口，名为 Boulder。Boulder 创建了一个语义和信息的模型，既能向应用程序传达网络的变化，又可以对底层进行抽象。如果不同类型的 SDN 控制器采用这种统一的 NBI，SDN 将有望获得较大的发展势头。

对于是否所有主流控制器都应该使用标准的北向接口，目前业内还没有达成共识。另一个观点是，每种控制器都将生成自己的生态系统，这让人想起微软 Windows 和苹果 OSX 所拥有的生态系统，其中一些应用程序仍然是该平台独有的，而其他应用程序则可以跨越多个平台使用。此外，使用特定控制器编写的应用程序可能比使用控制器的北向接口编写的应用程序更具有性能优势。

SDN 设备中的流需要按照优先级进行处理，与传入数据分组匹配的第一个流才真正起作用。在 SDN 应用中，正确地对 SDN 设备上的流进行优先级排序是非常重要的。如果优先级排列不正确，则产生的动作也不正确。例如，应用程序设计人员将为更具体的流安排更高的优先级，并为特征最少的流安排最低优先级。对于单个应用程序，这是相对容易的。然而，当有多个 SDN 应用程序时，流表项的优先级将变得难以管理。

7. 开源控制器

随着 SDN 技术的快速发展和控制器在 SDN 中的突出作用，控制器软件正呈现出蓬勃发展的态势。尤其是开源社区在这一领域做出了很大的贡献，为业界提供了很多开源控制器。不同的控制器各有特点和优势。下面将详细介绍 SDN 业界广泛采用的几种典型控制器，并对其他开源控制器进行简要介绍。

（1）NOX/POX

NOX 是世界上第一个开源 SDN 控制器，由 Nicira 公司于 2008 年主导开发。作为 SDN 控制器的先驱，它的出现对 SDN 的发展具有里程碑式的意义。NOX 的出现在很大程度上推动了 OpenFlow 技术的发展，也是早期 SDN 领域许多研究项目的基础。NOX 底层模块由 C++ 实现，上层应用用 C++ 和 Python 共同编写。从图 5-15 所示的框架中可以看出，NOX 的核心组件提供了与 OpenFlow 交换机交互的 API 和辅助方法，包括连接处理器和事件引擎，同时还提供了主机跟踪、路由计算和 Python 接口等可选的附加组件。

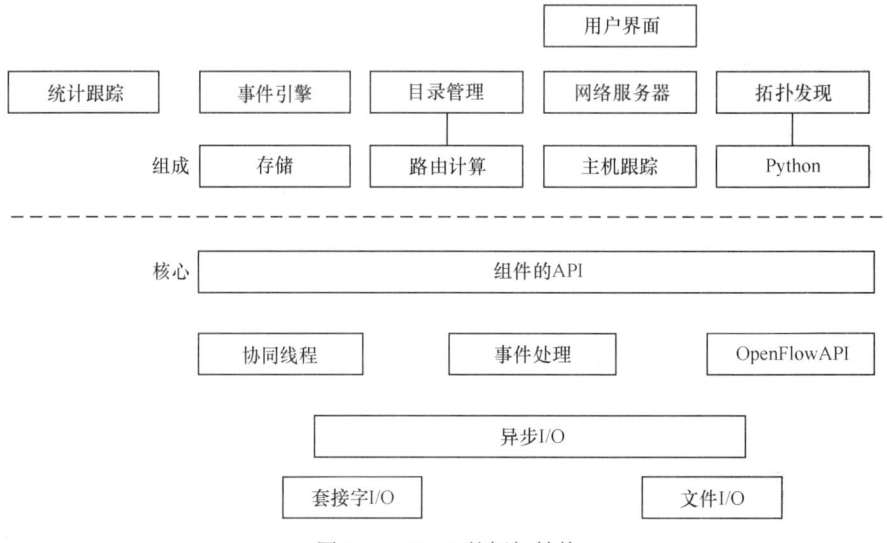

图 5-15　NOX 的框架结构

由于 NOX 代码量大且复杂，网络研究者在一定程度上面临着很多问题。因此，2011 年 Nicira 公司重新推出了其兄弟版的 NOX 控制器 POX。POX 完全用 Python 编写，保持与 NOX 一致的事件处理机制和编程模式。由于 Python 本身简单易学，更容易被研究者接受，得到了广泛的关注和应用。综上所述，POX 控制器主要包含以下技术特点：一是基于 Python 实现 OpenFlow 接口；二是可以和 PyPy 捆绑运行，易于部署；三是支持 Linux、Mac OS、Windows 等计算机操作系统，灵活易操作。

为了方便用户开发基于 POX 控制器的各种应用，POX 控制器提供了相应的核心 API 和一系列的组件。

（2）Ryu

Ryu 是由日本电报公司主导开发的一个开源 SDN 控制器项目，旨在提供一种健壮、灵活的 SDN 控制器。Ryu 使用 Python 开发，提供了完备而友好的 API。其目标是使得网络运营商和应用程序提供商能够有效和方便地开发新的 SDN 管理和控制应用。目前 Ryu 提供了丰富的协议支持，还提供了丰富的第三方工具，如防火墙 App 等。

Ryu 的整体架构如图 5-16 所示，其中最上层为 OpenStack 和 Web 提供了编程接口，中间层是 Ryu 开发的应用组件，底层是 Ryu 在底层实现的基础组件。Ryu 是基于 Python 模块形式的组件框架设计的。组件以一个或多个线程的形式存在，因此提供一些接口用于控制组件的状态和生成事件是很方便的。事件中封装了具体的消息数据，用于多个组件，因此事件对象是只读的。

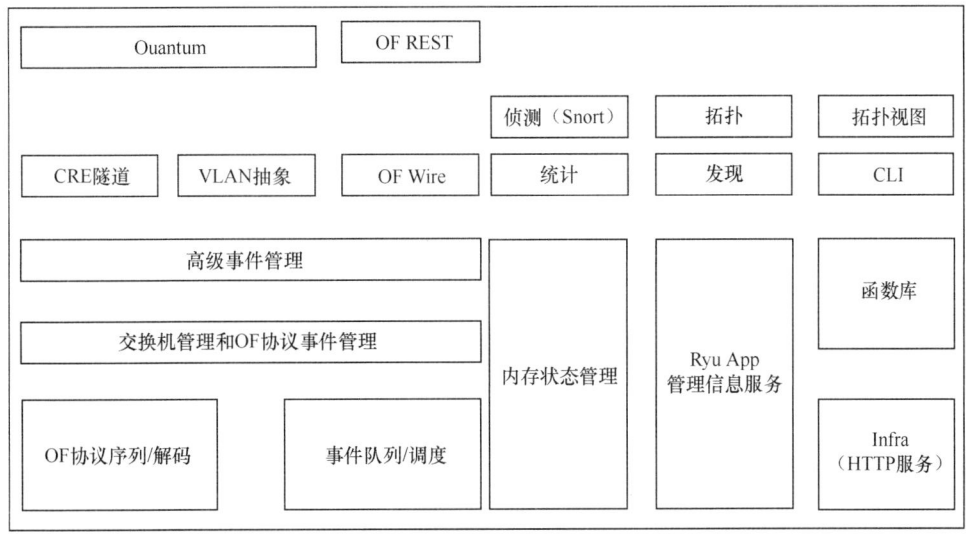

图 5-16　Ryu 的整体架构

（3）Floodlight

Floodlight 是一款基于 Java 的开源 SDN 控制器，符合 Apache Licence v2.0 软件许可，支持 OpenFlow 协议。Floodlight 是一个免费的开源控制器，具有与商业版本相同的应用程序编程接口，使得开发人员能够将 Floodlight 上的程序轻松转移到商业版本的控制器上。

Floodlight 类似于其他控制器，也采用分层架构来实现控制器的功能，并提供了非常丰富的应用，可以在网络中直接部署一些基本功能。此外，Floodlight 还提供了友好的前端 Web 管理界面，用户可以通过该界面查看连接的交换机信息。Floodlight 通过向 OpenFlow 交换机发送流表等手段实现数据分组转发决策，从而达到对交换设备集中控制的目的。

Floodlight 整体架构由控制器核心功能和运行在其上的应用组成。应用可以通过 Java 接口或 REST API 与控制器交互，其整体架构如图 5-17 所示。

Floodlight 采用模块架构实现控制器的功能和应用。在功能上，Floodlight 可以看作是由控制器的核心服务模块、通用应用模块和 REST 应用模块 3 个部分组成。核心服务模块为通用应用模块和 REST 应用模块提供 Java API 或 REST API 的基础支持服务；REST 应用模块依靠核心服务模块和通用应用模块提供的 REST API，这类应用程序只需调用 Floodlight 控制器提供的 REST API 即可实现相应的功能，可以使用任何编程语言进行开发，但受 REST API 的限制，它们只能实现有限的功能。开发人员可以使用系统提供的 API 来创建应用程序，或者添加自己开发的模块。这种模块化、层次化的部署模式实现了控制器的可扩展性。

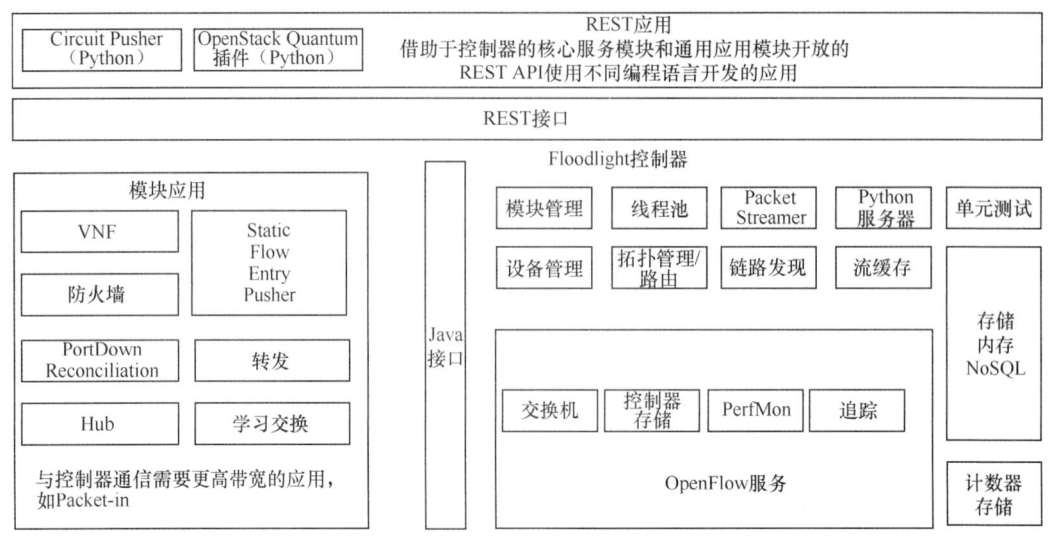

图 5-17　Floodlight 的整体架构

（4）ONOS

ONOS 是 ON.Lab 主导开发的分布式开源控制器平台。ONOS 的主要发起成员包括 AT&T、华为、思科、英特尔等多家企业。其核心目标是创建一个满足运营商网络需求的开源控制器。

2015 年底，Ciena 公司发布了首个商业版的 ONOS——Blue Planet ONOS。在中国，ONOS 也发展得十分迅速。在 2015 年 ONOS 发布的场景中，华为是唯一参与贡献的设备厂商，贡献了 IP 和光协同场景，其他场景由 ON.Lab 提供。2015 年 4 月，中国联通与 ONOS 开源组织签署战略合作意向书，成为中国首个加入 ONOS 的运营商。2015 年 12 月，北京邮电大学正式加入 ONOS 项目，成为国内首个加入 ONOS 项目的高校成员。

ONOS 正在提升 SDN 和 NFV 的敏捷性，以满足关键任务。增量型 SDN 可以实现传统网络系统的软件定义转换，其控制平面嵌入在网络设备中。革命型 SDN 采用白盒开关，依靠 ONOS 实现实时的网络控制。ONOS 支持多种南向协议，包括 OpenFlow，同时提供开放的北向 API。其分布式核心架构采用了多种分布式技术，更新版本的主要目的是提高性能。

ONOS 基于 Java 进行开发，使用 Maven 构建项目，支持新模块的运行加载和注销。其控制器架构与其他控制器架构类似，大致可分为南向协议层、适配层、南向接口抽象层、分布式核心层、北向接口抽象层和应用层，整体架构如图 5-18 所示。

其中南向接口抽象层支持以插件的形式添加新的南向接口协议，以支持 SDN 控制器对 SDN 交换机和传统网络交换机的统一管理，实现网络的平稳过渡。分布式核心层可以实现分布式控制器的信息同步，其性能满足运营商对可靠性和高性能的要求，从而实现电信级别的 SDN 控制平面。北向接口抽象层为应用层提供了许多灵活的编程接口，如网络全局视图接口，以完成应用开发，实现对网络的控制和管理，满足运营商对 SDN 控制器的需求。

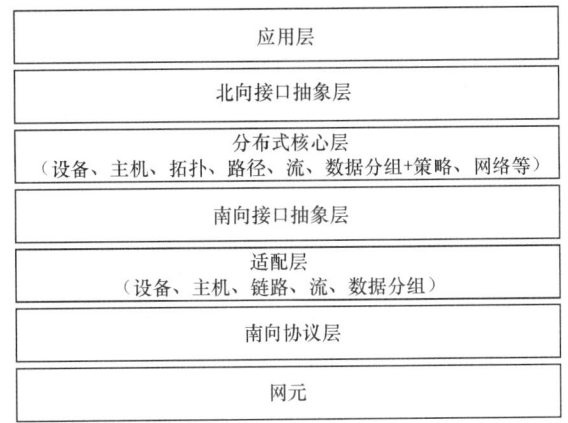

图 5-18 ONOS 的整体架构

此外，在 ONOS 系统体系结构中定义了服务和子系统两个基本概念。其中，服务是由多个组件组成的功能集，根据 ONOS 的体系结构级别创建一个垂直切片，多个组件提供的服务的集合称为一个子系统。ONOS 定义了 7 个子系统：设备、链接、主机、拓扑、路径服务、流表规则和数据报文。每个子系统相互独立，管理着自己的事务，但它是一个有机的整体。

ONOS 各子系统的主要功能如表 5-4 所示。

表 5-4 ONOS 各子系统的主要功能

子系统名	功能
设备	管理底层基础设备
链路	管理设备链路信息
主机	管理终端主机以及所处网络位置信息
拓扑	管理时序性网络拓扑视图
路径服务	根据基础设备间采用的最新的网络拓扑视图计算路径
流表规则	管理基础设施匹配动作的流规则
数据报文	允许应用监听来自网络设备的数据分组

（5）OpenContrail

OpenContrail 是 2013 年由 Juniper 开发的 SDN 开源控制器。控制器用 C++编写，为网络虚拟化提供所有基本组件，用户界面用 Python 编写。OpenContrail 提供了一套扩展 API 来配置、收集和分析网络系统中的数据。它能够与 KVM 和 Xen 虚拟机管理程序顺利协作，还支持开放堆栈（OpenStack）和云堆栈（CloudStack）等云平台组合应用。OpenContrail 可以应用在许多不同的网络环境中，目前主要用于以下两种网络场景：一是云计算网络场景，主要包括企业和运营商的私有云；二是在运营商网络的网络功能虚拟化

（NFV）场景中，可以为运营商边缘网络提供增值服务。

在 OpenContrail 系统中，数据模型起着核心作用。数据模型通常包括组件、性能和数据模型之间的关系。目前，OpenContrail 系统有两种类型的数据模型：高层级服务数据模型和低层级技术数据模型。这两种数据模型目前使用的是 XML 语法。其中，高层级服务数据模型主要负责抽象化的最高层描述网络的状态，使用组件直接将服务映射到终端用户上。目前 OpenContrail 系统支持的高级服务数据模型主要包括租户、虚拟网络、连接策略和安全策略。低层级技术数据模型则侧重于抽象层中底层的网络所需状态。整个系统架构如图 5-19 所示。

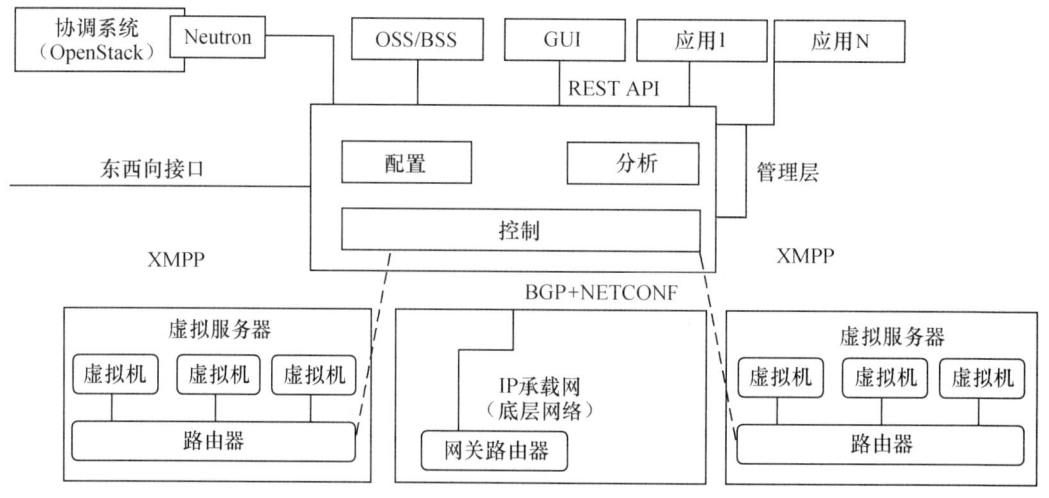

图 5-19 OpenContrail 系统架构

从图 5-23 可以看出，系统主要由 SDN 控制器和虚拟路由器（vRouter）组成。其中，控制器通过北向接口与编排系统和上层业务进行通信，通过 BGP、NETCONF 等南向协议与网关路由器和物理交换机进行通信，通过可扩展通信与存在协议（eXtensible Messaging and Presence Protocol，XMPP）与虚拟路由器进行通信。vRouter 是数据转发平面，运行在虚拟服务器的 Hypervisor 上，Hypervisor 是一种运行在物理服务器和操作系统间的中间层软件，部署在网络环境中，通过服务器到服务器之间的通道在虚拟机之间转发数据分组，从而在数据中心提供虚拟网络服务。控制器主要包括 3 个组件：配置节点、控制节点和分析节点。

① 配置节点

配置节点主要服务于上层应用程序。配置节点一方面向上层应用程序提供北向 REST API，这些 API 可以用于对系统进行配置、获取系统的运行状态信息；另一方面，配置节点包含一个转换引擎，该引擎将高层级服务数据模型的组件转换为相应的低层级数据模型组件。

② 控制节点

控制节点实现了一个逻辑集中的控制平面，目的是保持一个短暂的网络状态，同时对节点进行控制，从而保证网络状态的连续性和一致性。控制节点实现了控制平面的部分逻辑集中，控制平面的部分功能仍将以分布式方式部署在网络中的物理路由器和虚拟路由器上。图 5-20 显示了该控制节点的内部结构，从中可以看出控制节点通过使用 IF-MAP 从配置节点接收配置状态，利用 IBGP 与其他控制节点交换路由信息，保证所有控制节点保持相同的网络状态，利用 XMPP 发送配置状态。控制节点代理计算节点的特定类型的流量，XMPP 也接收这些代理请求；控制节点使用 BGP 与网关节点交换路由，使用 NETCONF 协议发送配置状态。

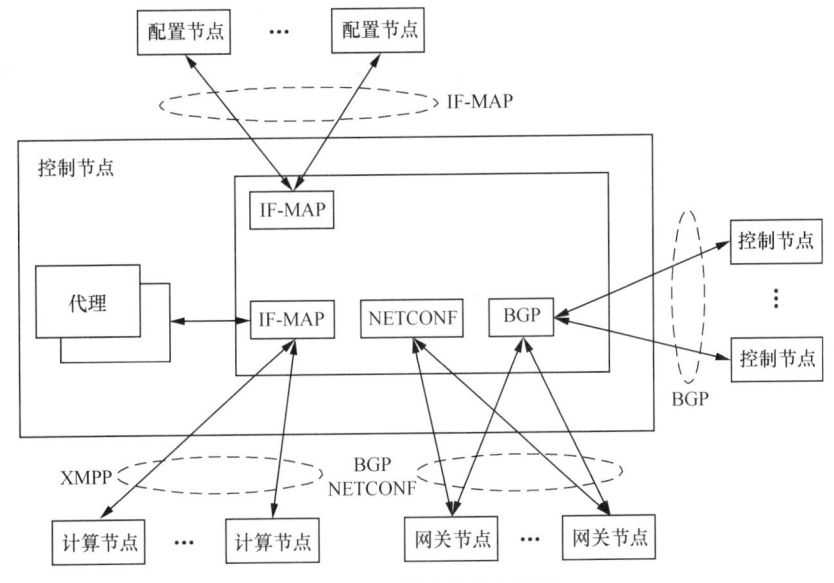

图 5-20 控制节点内部结构

③ 分析节点

分析节点通过对虚拟和物理网络环境中的信息进行收集、存储、关联和分析，记录网络环境的实时状态和抽象化数据，并以适当的形式呈现给上层应用程序。分析节点使用北向 REST API 与上层应用程序进行通信，使用分布式同步机制与其他分析节点同步，使用 Sandesh 协议与控制节点和配置节点的组件通信。OpenContrail 的分析节点使用了 Sandesh 协议收集来自 vRouter、配置节点、控制节点等模块的信息。分析节点包含的组件有：收集器，与控制节点和配置节点交换 Sandesh 信息；NoSQL 数据库，存储收集的信息；规则引擎，在特定事件发生时自动收集运行状态；REST API 服务器，主要提供用于查询分析数据库和检索运行状态的北向接口；查询引擎，执行收到的北向 REST API 请求，为潜在的大量分析数据提供了灵活的访问能力。

5.3 SDN 工业应用

第四次工业革命的核心技术是智能制造，通过监控机器状态和生产环境，可以有效地预测机器故障，优化生产过程。在智能制造的背景下，工业无线网络的规模不断扩大，新的应用不断涌现，导致网络能耗激增。降低网络能耗、提高网络能效已经成为工业无线网络实用化发展的关键。此外，目前大部分网络化工业设备的资源有限，一旦部署需要很长的时间，难以根据工业应用需求动态及时调整网络资源和路由策略，这证明网络的灵活性较差。由此可知，现有的网络架构已经不适合智能制造环境，迫切需要新的架构和路由算法来支持工业无线网络的发展。SDN 是一种将控制平面和数据平面分离的新型网络体系结构。控制平面集中式的管理，使网络能够基于整个网络视图进行路由决策，提高了新功能部署和实施的灵活性。SDN 的网络可编程性使得控制平面和数据平面之间的双向通信成为可能，从而简化了网络管理和调度。因此，将 SDN 思想引入到工业无线网络的架构设计中，由控制平面基于全网视图进行决策，可以降低工业现场组网设备的复杂度和硬件成本，有效提高网络的灵活性和能效。目前，国内外对两者结合的研究还处于起步阶段，因此有必要研究基于 SDN 的工业无线网络的路由算法。控制器根据全局网络状态信息和应用需求动态调整路由决策，平衡网络中节点的能耗，提高网络的能效和灵活性。SDN 还支持网络功能虚拟化，其中整个网络节点类作为一个构建块来工作，它们可以连接起来创建一个用于服务的网络链。由于这些原因，SDN 已经广泛应用于数据中心网络、车联网、智能电网和智能医疗等各种应用之中。

为了满足工业服务质量要求和下一代网络发展的需求，可以基于原模型的 SDN 智能网络架构，设计一种实时、可靠的面向应用的 SDN 智能网络模块，以实现实时可靠的工业信息传输。该体系结构以智能网络为基础，扩展了面向多个工业网络的服务，具体服务包括：针对网络信息传输的实时性和可靠性等服务质量要求，提出了一种新的软件定义的网络基本体系结构与构建机制，使其能够有效、充分、动态地灵活管理面向技术的网络资源配置，为实现网络信息传输的实时性和可靠性提供了基本机制保障；研究全网资源的统一建模方法和基于此的网络资源统一配置管理方法，解决网络资源全局动态配置的关键技术问题。

工业网络中的通信需求在横向和纵向上都扩展到了整个层次。需要灵活、开放和透明的体系结构来支持部署在工业网络中的各种设备之间的通信。因此，一种灵活可编程的网络模式被称为软件定义的工业网络，希望在工业设备之间提供平滑可靠的通信流。这种网络范式利用 SDN 的潜在优势来突破工业网络在工业设备和企业网络之间提供更好的互连能力的挑战。然而，工业环境中的各种应用对 SDN 控制器提出了严峻的挑战。我们希望并建议为不同的工业应用提供动态交通控制。传统的处理传入流量的方法可能会导致时延和能耗增加。因此，在工业网络中，更大的目标是需要一个自适应的、节能的通信系统。

本章小结

本章阐述了 SDN 的关键技术与工作原理。首先，SDN 是一种数据控制分离、软件可编程的新型网络架构，采用集中式的控制平面和分布式的转发平面。控制平面通过控制-转发通信接口对网络设备进行集中控制，这部分控制信令的流量在控制器和网络设备之间，与终端之间通信产生的数据流量无关。网络设备通过接收控制信令生成转发表，并据此决定数据流的处理，因此不再需要使用复杂的分布式网络协议来决定数据的转发。其次，作为 SDN 最初也最具代表性的实现方案，OpenFlow 是使用类似于 API 进程配置网络交换机的协议，也是基于网络中"流"的概念设计的一种 SDN 南向接口协议。在 OpenFlow 引入了流的概念后，控制器可以根据某个通信流的特点，利用 OpenFlow 协议提供的接口，对数据平面设备部署策略——流表。而这次通信的后续流量则根据对应的流表在硬件层面上进行匹配、转发，实现了灵活的网络转发平面策略。网络设备不再受到固定协议的约束，软硬件解耦，体现了 SDN 控制和数据分离的核心思想。在 SDN 结构中，控制器是 SDN 的重要组成部分，其负责维护整个网络的全局视图，执行策略与决策，控制构成网络基础设施的所有 SDN 网络设备，并为应用程序提供北向 REST API。SDN 控制器的核心功能包括实现设备和拓扑的发现和监控、流的管理、设备管理和跟踪统计。SDN 控制器功能可分为基本功能层和网络基本服务层。

本章习题

1. OpenFlow 协议支持哪 3 种信息类型？
2. 简述 SDN 的工作原理。
3. 简述流表匹配遵循的两条原则。
4. 简述 SDN 控制器的核心功能。
5. SDN 控制器可以分成哪几层？简要说明其用途。

第6章

云制造与敏捷型组织

▶学习目标

掌握云制造的含义与特征；熟悉云制造的运行原理和体系架构；理解私有云与公有云的区别；理解组织敏捷性的含义与优化策略。

▶本章知识点

（1）云制造的含义；

（2）云制造的运行原理；

（3）云制造的体系架构；

（4）个性化制造的运作模式；

（5）私有云与公有云的特点；

（6）敏捷性组织的特点。

▶内容导学

中国制造业面临着复杂多变的动态环境，云制造的出现为制造业的转型升级提供了发展思路。云制造将云计算、物联网、智能化等新型信息技术与制造业深度融合，实现制造业服务化、网络化、绿色化、敏捷化发展。

在学习本章内容时，应重点关注以下要点。

（1）理解云制造的内涵与特征

云制造是随着现代工业和信息产业的不断发展而出现的一个新名词。它是在"制造即服务"概念的基础上，借鉴云计算思想发展起来的新概念。云制造以服务和需求为导向，具有多租户、用户参与、不确定、高稳定、透明、集成等特性，支持多用户制造、按需使用和付费。

（2）掌握云制造的运行原理与体系架构

云制造体系架构可简化为1个核心支持、2个过程和3个参与者：1个核心支持是指知识，它可以支持资源和能力的虚拟化、访问和动态分配；2个过程指的是云平台上制造资源和制造能力的接入过程和接出过程；3个参与者分别是制造云运营者、制造资源提供者和制造资源使用者。云制造体系架构共分为5层：物理资源层、虚拟化层、核心中间件层、应用层、用户层，读者应当关注各层的功能。

（3）掌握私有云与公有云的特点

按照商业模式的不同，云计算可以被分为三大类：公有云、私有云和混合云。公有云通常指第三方提供商为用户提供的能够使用的云，私有云是为客户单独使用而构建的云。读者需重点关注私有云与公有云的区别，以便帮助分析确定哪种云模式最适合企业的需求。

（4）理解组织敏捷性的内涵

组织敏捷性是指在因持续变化而导致无法预测的外部环境中，企业能够迅速响应市场变化、保持并加强竞争优势的能力，是各个企业保持其竞争优势的重要因素之一。读者应当通过理解组织敏捷性的特点，从而掌握敏捷性的优化策略。

6.1 云制造

6.1.1 云制造模式的内涵

中国是当今世界上制造业资源最丰富的国家，但是资源的有效利用率并不乐观，不利于我国制造业的可持续发展。为了提高制造企业的竞争力，以制造业信息化为特征的制造业改革正在积极地持续进行着。制造业信息化是一项复杂的、战略性的系统工程，旨在提高企业的敏捷性、灵活性和稳健性，增强企业的市场竞争力，为企业的跨越式发展做出重要贡献。当然，在制造业信息化的过程中，不可避免地会出现一些问题。针对目前制造业信息化发展中存在的问题，一些学者结合现有的先进制造模式和技术以及云计算、物联网、虚拟化和面向服务技术等新技术，提出了云制造（Cloud Manufacturing）的概念。

云制造融合了现有制造业信息化、云计算、物联网、语义Web等技术，通过对现有网络化制造和服务技术的扩展和变革，实现各种制造资源和制造能力的虚拟化和服务化，并进行集中智能化管理和运营，实现智能化、通用化和高效化并存的共享和协同。云制造通过网络为产品的整个生命周期提供及时、安全、可靠、优质、廉价的服务。

云制造是随着现代工业和信息产业的不断发展而出现的一个新名词。它是在"制造即服务"概念的基础上，借鉴云计算思想发展起来的新概念。云制造模式下，通过整合互联网技术、电子信息技术、加工制造技术等各种先进技术，可以组合不同类型、不同规模的制造资源，实现资源和服务的高度共享和协同支持，使制造企业以便捷、低成本的租赁方式获得加工设备、模拟测试软件等各种制造资源的使用权，最终提升产业整体的制造创新能力，提升产品竞争力，优化产业结构，促进资源的高效利用、可持续发展。在理想情况下，云制造将能够实现需求与设计、产品开发、样品检验、生产与销售、产品使用、产品维护等整个产品生命周期的制造资源和服务的整合，并形成标准化、规范化、多边协调、高份额的制造服务模式，以适应时间、成本、效率、质量等多方面的要求。虽然云制造已成为现代制造业的发展趋势，但其内涵仍在不断发展。目前，对于云制造还没有一种规范、标准的定义，很多专家提出了不同的定义。

中国工程院院士李伯虎教授认为："云制造是一种以服务为导向的高效率、低消耗、基于知识的网络化的新型智能制造模式。融合现有的信息制造技术、云技术、物联网等技术，将各种制造能力虚拟化和服务化，进行统一、集中的智能化管理。然后云制造通过网络和云制造平台中间件，将整个制造生命周期的前期、中期和后期提供给用户，为用户提供按需使用的高质量、低成本的服务。"

中国航天科技集团公司总工程师杨海成教授表示："云制造是先进的信息技术、制造技术及新兴物联网技术等交叉融合的产物，是'制造即服务'理念的体现。"

北京航空航天大学王田苗教授认为："云制造可以从低到高分为两个层次。低层次是提供功能相对清晰、价格相对低廉的产品和设备的制造平台，高层次是根据客户的设计或加工需求整合制造资源，帮助客户完成相关产品的设计、加工、制造和配送，提供一整套加工制造的服务平台。"

国家科技部基础司周平处长认为："在低碳经济发展大趋势下，云制造的核心是盘活社会制造资源存量，优化配置。云制造更多服务于一些高端加工能力不足的中小企业。在中国制造业的背景下，如何为这些总数达到90%的不具备高端加工条件的中小企业提供服务，提升他们的制造水平，是云制造的精髓。"

李春泉等人在深入研究云制造特征和内涵的基础上，提出了更加全面和详细的云制造概念："云制造是一种新的面向服务的网络制造模式，依托云计算理论和框架，基于网络化制造技术和方法，以按需服务为核心，以资源虚拟化及多粒度、多尺度访问控制为手段，以资源共享和任务协作为目标。以分布式、异构、多自治域资源或资源聚合为云节点，以网络为媒介，以透明、简单、灵活的方式构建开放、动态的协同工作支撑环境，提供通用、标准、规范的制造服务。"

云制造是一种先进的制造模式，以规范化、通用化的行业标准为基础，以互联网和物联网为支撑环境，旨在满足客户的个性化产品需求和提高加盟制造商的利润，具有智能化、绿色化、低消耗、高可靠性等特征。云制造技术将现有的网络化制造和服务技术与云计算、高性能计算、物联网等技术相结合，实现各类制造资源的统一、集中、智能化管理和运营。云制造技术为整个制造的生命周期提供按需使用、安全可靠、质优价廉的各类制造活动服务。

6.1.2 云制造的运行原理及体系架构

1. 云制造的运行原理

云制造架构可简化为 1 个核心支持、2 个过程和 3 个参与者。云制造的运行原理如图 6-1 所示。一个核心支持是指知识，它可以支持资源和能力的虚拟化、访问和动态分配。两个过程指的是云平台上制造资源和制造能力的接入过程和输出过程。制造资源是指加工制造设备和材料等硬件资源，以及软件和数据等软件资源。制造能力是指管理能力、研发设计能力、生产能力等。3 个参与者分别是制造云运营者、制造资源提供者和制造资源使用者。

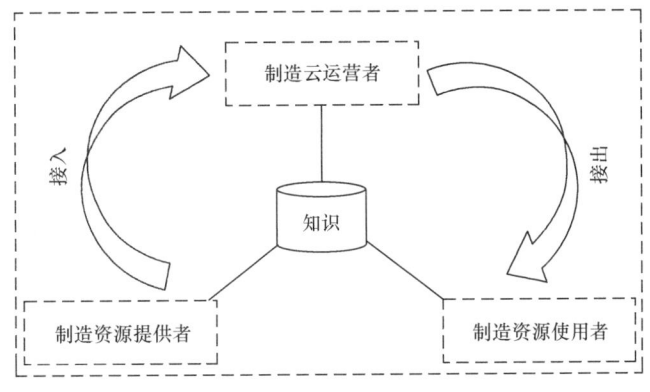

图 6-1 云制造的运行原理

从图 6-1 可以看出，云制造系统中有 3 个主要的用户角色，即制造资源提供者、制造云运营者和制造资源使用者。制造资源提供者通过感知和虚拟化产品全生命周期的制造资源和制造能力，为制造云运营者提供服务；制造云运营者主要实现云服务的高效管理和运营，能够根据资源使用者的应用需求，动态、灵活地为其提供服务；在制造云平台的支持下，制造资源使用者可以根据需要动态使用各种应用服务，实现多主体协同交互。在制造云运行过程中，知识起着核心的支撑作用。知识不仅可以为制造资源和制造能力的虚拟化接入和服务化封装提供支持，还可以为基于云服务的高效管理和智能搜索功能提供支持。

图 6-1 中的制造云是云制造系统架构的核心，是由大量制造云服务按照一定规则聚合而成的动态云服务中心，能够透明地为用户提供产品全生命周期应用服务，是云制造区别于传统网络化制造的关键特征之一。传统的网络化制造也是通过虚拟化封装技术将物理上分散的资源封装成服务，然后按照一定的顺序组合起来完成一个复杂的任务，但没有将这些服务聚合起来进行有效的运营和管理。制造云的形成过程如下：首先是云服务的形成过程，即资源

虚拟化和服务化的过程,通过物联网、虚拟化等技术,先感知分散的资源,然后将资源虚拟接入制造云平台,形成虚拟资源,聚集在一个可以按需使用资源的虚拟资源池中。其次,通过对虚拟资源的服务化封装、发布和注册,形成云服务。云服务的形成过程即云制造资源和能力的服务化过程。这个过程可以称为制造资源的"接入"。最后,通过将异构资源整合到一个统一的基础设施中并进行标准化,为它的使用方式从专用的资源使用方式转变为完全共享的服务方式提供平台支持,实现面向服务的运行架构,并为云服务提供自动部署、配置和高效管理等功能,从而为用户提供透明、开放的云服务,即制造云。制造云是云服务的主要载体,为制造全生命周期应用程序提供各种服务,这个过程被称为"接出"。知识在整个云制造系统的运行中扮演着关键的角色。在获取制造资源和制造能力的过程中,知识支持智能嵌入和虚拟化封装。在制造云管理过程中,知识支持云服务的智能搜索等功能。知识为制造全生命周期应用程序中的云服务的智能协作提供支持。由此可见,云制造系统能够实现基于知识的制造全生命周期集成,提供一种面向服务的、高效的、低耗能的和基于知识的网络化智能制造模式。

2. 云制造的体系架构

云制造体系架构如图 6-2 所示,共分为 5 层,分别为物理资源层、虚拟化层、核心中间件层、应用层、用户层。

(1)物理资源层

作为云制造模式中的最底层,物理资源层包含了各种类型的制造资源和服务,如加工制造设备、代理运算中心、数据服务中心、辅助设计软件等。物理资源层提供产品制造全生命周期涉及的各种资源,包括制造资源和制造能力,并进行了详细的分类,从而为不同资源采用不同的虚拟化技术提供依据。物理资源层包括完全自治域资源和通过付费租赁获得的租赁域资源,租赁域资源用于弥补自身资源在资源类型和制造能力等方面的不足。

(2)虚拟化层

与物理资源层相衔接的是虚拟化层,虚拟化层的主要作用是实现物理资源的虚拟化,即通过标准化资源描述、虚拟化资源封装等方式实现物理资源的服务化,这是云制造的代表性特征之一。通过采用相关的虚拟化技术,将分散的各种资源虚拟接入到云制造平台上。虚拟资源形成并聚集在虚拟资源池中,从而隐藏底层资源的复杂性和动态性,为制造云平台提供支撑,实现面向服务的高效资源共享与协作。虚拟化层包括资源描述、虚拟镜像封装、虚拟资源封装、虚拟资源部署、访问控制配置等过程。

(3)核心中间件层

核心中间件层的主要功能是为云制造中的协同共享提供基本辅助,主要分为 3 个部分。首先,通过虚拟资源的服务化封装和发布等操作形成云服务;其次,针对不同类型的云服务选择合适的部署模式,实现对云服务的智能高效管理,如智能匹配、动态组合、容错管理等;

最后，为用户按需使用产品制造全生命周期服务提供支持，如调度管理、变更管理、计费管理等。该层主要包括资源管理、系统管理、任务管理、安全管理和服务管理 5 大功能中间件，涉及资源部署、镜像管理、弹性管理、多用户管理、访问粒度管理、计费管理、可靠性管理等环节。

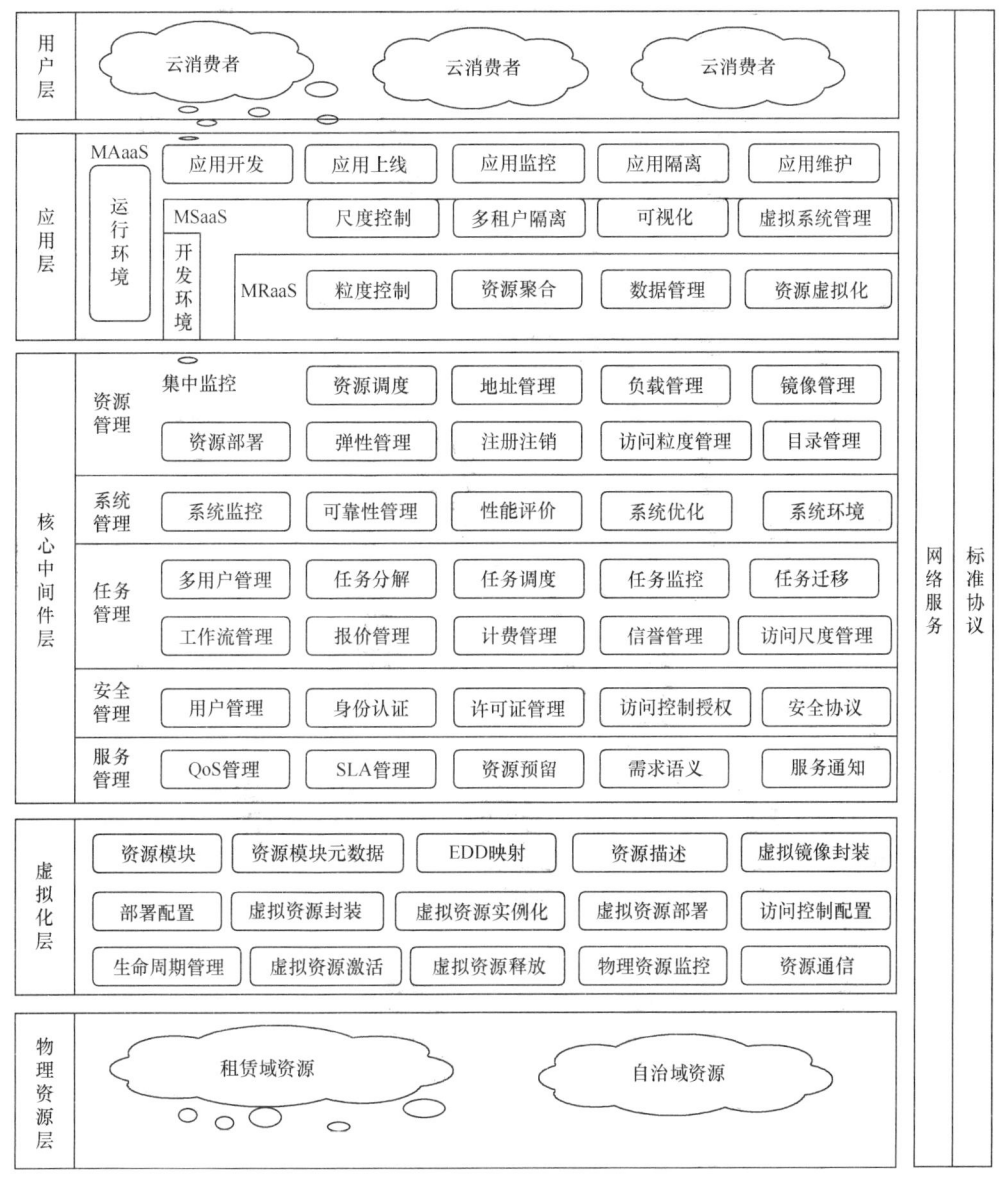

图 6-2　云制造体系架构

（4）应用层

应用层为制造业的相关领域和行业，提供产品制造全生命周期的各种服务应用，提供的主要服务有制造资源即服务（Manufacturing Resource as a Service，MRaaS）、制造场景即服务（Manufacturing Scene as a Service，MSaaS）、制造应用即服务（Manufacturing Application as a Service，MAaaS）3种应用层次。应用层主要用于应对资源使用方在制造过程中的各类需求，有针对性地提供多租户隔离、虚拟系统管理、可视化等各类服务。用户可以通过不同的终端与制造云进行交互，支持多主体任务的高效协作。

（5）用户层

用户层主要是提供规范、安全的用户界面，以方便用户随时随地对各类制造资源进行访问，以一致的配置条件和访问权限访问云制造系统提供的各种服务。

6.1.3 云制造的特征及关键技术

1. 云制造的特征

云制造继承了云计算大规模、高可靠性、可扩展性强、按需服务、价格低廉等特点，使得云制造有别于以往的网络制造、制造网格等制造模式，具有以下代表性特征。

（1）以服务和需求为导向的制造

云制造充分体现了制造即服务的理念，改变了传统的产品制造形式（如面向设备、面向资源、面向订单、面向生产等）。云制造利用云制造服务平台，根据云需求方的不同需求，快速组织云提供商按需生产、调度、租赁和使用，从而实现真正的面向服务和面向需求。

（2）多租户特征

云制造系统包含大量的共享资源，可以为大规模租户提供制造资源，并可以通过多租户隔离、动态优化、资源灵活配置等技术保证服务质量。

（3）不确定性

在云制造中，云服务并没有规定唯一的最优解决方案来满足制造需求，而是通过目前的技术和方法获得一个满意解或非劣解，这就是云制造的不确定性制造能力，包括云制造任务的描述、任务与云服务的映射与匹配、云服务组合选择、制造结果评价等环节的不确定性。

（4）高稳定性

在云制造的共享资源池中，存在各种类型的制造资源。不同类型的资源可以实现功能互补，相似的资源可以实现协同支持。因此，从系统的整体性来看，它可以自主地应对设备故障、租赁期延长等现象，使云制造模式更加可靠、稳定。

（5）用户参与的制造

云制造致力于构建一个制造企业、客户和中介能够充分沟通的公共制造环境。在云制造模式下，用户不仅参与传统的用户需求和用户评价环节，而是渗透到整个制造生命周期的每一个环节里。

（6）透明和集成的制造

云制造尽可能高度抽象和虚拟化所有制造资源、能力、知识等，变成用户可见且易于访问的"电源接线板",即制造云服务。当用户使用云服务进行各种制造活动时,这些服务的调用是透明的,即制造实施的所有操作细节都可以对用户"隐藏",用户可以将云制造系统视为一个完全无缝的集成系统。

(7)支持多用户制造

云制造不仅体现了"分散资源集中利用"的理念,还能有效实现"资源集中、服务分散"的理念,从而为分布在不同地理位置的多个用户提供服务调用和资源租赁等服务。

(8)支持按需使用和付费

云制造是一种以需求为驱动、按需付费的面向服务的新型制造模式。云制造模式下的用户使用制造云服务中心的云服务,采用需求驱动、用户主导和随用随付的模式。用户根据自己的需求调用或合并调用现有的云服务并支付相应的费用,无须过分关注制造资源服务提供者提供给自己的信息。用户与制造资源提供者处于即用即结合、即用即支付和使用后即解散的关系。

2. 云制造的关键技术

云制造的关键技术主要包括 5 个方面,如图 6-3 所示。

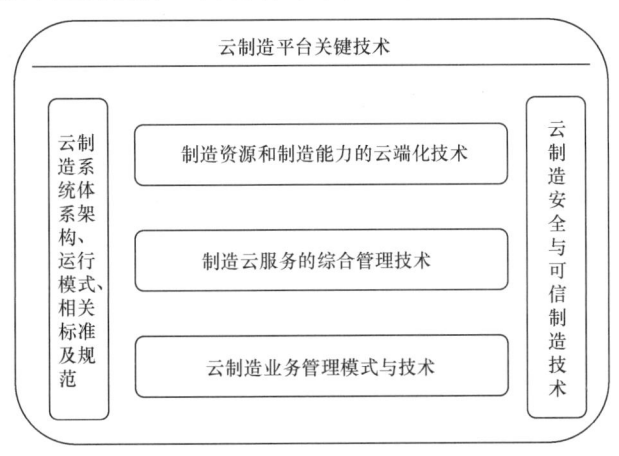

图 6-3 云制造的关键技术

(1)云制造系统体系架构、运行模式、相关标准及规范:①云制造形成的充要条件、稳定条件和演化机制;②云制造架构;③云制造的组织和运营模式;④云制造的相关标准、协议和规范。

(2)制造资源和制造能力的云端化技术:通过虚拟资源封装组件的服务方式,形成云端资源网络服务。

(3)制造云服务的综合管理技术:①访问控制技术是云制造的核心特征之一,也是按需服务的重要支撑技术,涉及共享资源的粒度管理、多资源的尺度管理;②多租户技术可以保证云资源需求方得到定制化的云服务,涉及租户认证及许可等。

(4)云制造业务管理模式与技术:云制造运营的主体,涉及资源管理、任务管理、服务管理等内容。

（5）云制造安全与可信制造技术：云制造系统稳定、安全、有效运行的保障。

作为网络技术、电子信息技术、加工制造技术等多种先进技术的融合体，云制造的实现面临诸多关键技术的挑战。

（1）基础理论和标准规范

该技术主要从宏观层面研究云制造的基本理论、体系架构和相关标准规范，包括云制造的演进机制、组织运营模式、运营规范和相关标准协议等。

（2）资源虚拟化技术

作为云制造的基础，如何虚拟化制造资源和能力以及访问云平台是云制造的核心基础之一。资源虚拟化技术主要涉及资源和能力的标准化描述、虚拟资源封装、虚拟资源管理和控制等。

（3）多租户技术

多租户技术是实现用户隔离和按需服务的前提，涉及租户身份认证、个性化配置、按需服务和计费、制造流程和数据隔离、制造资源和能力的灵活部署，访问冲突和控制等。

（4）访问控制技术

访问控制技术主要用于确保用户合法、合理使用制造资源和制造能力。它是云制造中实现资源共享和高效协作的支撑技术之一，主要涉及制造资源和制造能力多粒度的权限描述，不同需求下的访问权限配置，动态灵活的访问策略实现等方面。

（5）安全保证与可信制造技术

云制造的安全可靠运行是提供制造服务的基础，可信制造技术是实现云制造可持续发展和优化的保障，二者相辅相成，有助于实现云制造的高效发展。它涉及可信认证和评估、服务质量保证与评价、制造过程跟踪与管控等技术。

（6）一体化管理模式和技术

云制造管理技术作为云制造的主体，涉及用户管理与计费、资源与能力部署、制造任务分解与控制、服务流程监督、冲突解决等方面。

6.1.4 云制造的研究现状及未来展望

1. 云制造的研究进展

国外还没有专门的术语来描述云制造，但是国外学者已经在相关领域进行了研究。类似研究包括网络化制造、全球制造、电子化制造、面向服务的制造、协作网络等。云制造的概念被提出后，引发了国内信息科学领域理论界和实践界的关注。信息科学领域的学者们对云制造的架构、关键技术、资源服务管理与优化配置、协同设计平台等问题进行了研究。相比之下，社会科学领域对云制造方面的研究很少。社会科学领域的学者主要的关注点包括：利用云制造服务对地区制造业网络进行战略分析；基于平衡计分卡方法分析云制造服务价值网络的战略风险管理；探讨云制造理论对协同制造模式发展趋势的影响；延迟策略在云制造服务模式下的实施情况。因此，云制造在社会科学领域的研究还处于起步阶段。云制造、敏捷制造以及网络化制造的联系和区别、云制造的内涵和特征、云服务管理系统的功能架构、云制造环境下用户界面的特点、云制造多粒度访问控制技术、云制造架构等研究领域也广受学界关注。同时也有一些学者以集团企业为研究对象，提出了云企业和云制造服务的概念，云制造服务平台由服务构建平台和服务标准规范集组成，并给出了包括云制造虚拟化管理器和服务软件在内的支撑平台。

2. 云制造未来展望

云制造作为一种新的制造模式，为制造业信息化提供了全新的理念和模式。云制造研究需要政府、行业和学术界的共同努力，其应用将是一个长期渐进的过程，而不是一蹴而就的。云制造的未来发展仍然面临许多关键技术的挑战。除了云计算、物联网、语义 Web、高性能计算、嵌入式系统等技术，基于知识的制造资源云化、制造云管理引擎、云制造应用协同等技术仍是云制造未来面临的重要技术问题。因此，云制造的发展需要多领域的协同努力，以促进制造业的可持续化和信息化发展。

6.2 云制造应用模式

6.2.1 个性化云制造模式

1. 个性化制造

如图 6-4 所示，个性化制造的运作模式为"总体结构设计→销售→个性化设计→制造"，与传统生产方式有很大的不同。个性化制造模式是以客户为中心的。企业需要提前设计产品的大体框架，然后在销售过程中与客户进行充分的交流，完成个性化设计，最后制造出符合客户喜好的产品。

企业组织个性化制造生产比组织大批量生产更加困难，具体原因如下。

（1）受企业资源的限制，单个企业往往存在核心技术单一、薄弱的问题。当不同客户提出定制需求时，企业难以满足客户的

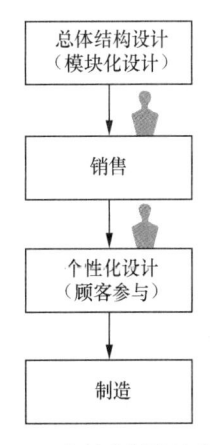

图 6-4 个性化制造流程图

所有需求。

（2）个性化制造耗时更长，在个性化设计后才能组织生产，不具备大批量生产的时间和成本的优势，同时也给企业的资金周转带来压力。

（3）由于客户需求的差异，企业难以进行连续生产，前期投入的成本难以收回。

因此，实施个性化制造的企业应与其他企业密切合作、共享资源，充分利用彼此的优势，通过分工合作，降低生产成本，提高生产效率。

2. 个性化云制造

云制造模式要真正在制造业的实践中应用，就应该适应企业具体的组织架构、产品制造模式、组织文化等管理模式。云制造模式既是一种技术手段，也是一种与企业密切相关的管理手段，必须与企业的管理模式相匹配。云制造的探索和实践需要充分结合企业的组织特点和制造特点，不能盲目使用和借鉴。企业要全面制定企业信息化战略和规划，关注云制造模式的最新趋势，积极实施云制造模式。因此，在构建和应用云制造模式时，需要注意以下几点。

（1）云制造建设要做好统筹规划

云制造建设的统筹规划是企业云制造应用实践的第一步。云制造项目建设是一系列投资巨大、项目周期长、信息架构复杂的项目，也是实现制造业转型、升级的重要信息化建设项目。因此，构建云制造要注重信息架构的整体规划和顶层设计，为项目开发和实施打下良好的基础。

① 注重统筹规划。

云制造项目要注重统筹规划。云制造项目周期较长，所以要特别注意项目前期的规划和准备工作。企业要充分认识到云制造项目建设的艰巨性和复杂性，积极将云制造应用与企业实际相结合。无论是搭建公有云平台还是私有云平台，云制造项目建设都要让云渗透到企业制造的整个生命周期，在企业产品或服务的设计、研发、制造、运营、销售过程中实现数字化、信息化，统筹处理项目建设与企业发展的关系。云制造项目建设的根本目的是实现企业的快速发展，在项目建设中也不能忽视企业的整体、全面发展。

② 强化顶层设计。

云制造项目建设要注意加强顶层设计。云制造项目规划中，要从整体发展的角度实施自上而下的系统规划。云制造要充分整合和优化众多企业的资源，动态调整和修改企业云制造项目建设方案，不断完善云制造建设实践，最大限度地减少和避免云制造项目建设中的问题。在中国，云制造的概念和实践只是近几年才发展起来的，缺乏足够的建设经验和有效的实施方案。因此，云制造项目的建设必须进行顶层设计，充分借鉴国内外先进制造模式的建设理念，研究和推进云制造项目信息架构建设的总体框架体系，结合企业发展的实际情况，不断优化和完善项目建设体系。

③ 坚持需求牵引。

云制造项目建设要坚持实际需求牵引。打造云制造服务平台，必须坚持以"需求牵引"为导向，结合企业业务发展的实际需求，注重自主创新和研发设计。云制造项目的建设必须与企业的发展目标相结合，不能偏离企业的发展战略。一切都要面向企业发展需要，严禁"面子工程"的建设。制造企业及其下属企业的信息化需求是实施和建设云制造项目的前提和基础。企业在掌握云制造项目建设理论的基础上，动态把握我国云制造项目实践的特点，不断总结企业的发展需求，科学规划云制造项目建设的框架体系，突出云制造项目建设的重点。企业应坚持企业信息化建设能力与企业信息化需求相结合的方式，充分增强云制造项目信息化建设的主动适应性和持续稳定性，有效满足企业发展的需求，促进企业快速发展。

（2）实现云制造技术创新与突破

云制造项目建设要坚持技术创新。云制造技术融合了信息技术、云计算技术、物联网技术、高性能计算技术、服务计算技术、智能科学技术等新兴技术。信息技术的快速发展促进了信息化和工业化的快速融合，使云概念应用于制造业成为可能；云计算技术为企业制造过程中所需信息的智能处理和决策提供技术支持；物联网技术为企业实现物物互联和智能制造提供技术支持；高性能计算技术为企业解决复杂的制造问题和大规模协同的制造问题提供技术支持；服务计算技术为企业快速重构虚拟化云制造服务环境提供了技术支持。另外，云制造是一个非常复杂的系统。云制造的关键技术包括通用技术、云制造资源感知和访问技术、云制造资源及能力虚拟化和服务技术、虚拟化云制造服务环境的构建和管理技术、虚拟化云制造服务环境的运行技术、虚拟化云制造服务环境的评估技术、云制造的可信安全制造服务技术、云制造的人机交互技术等。

总之，云制造技术贯穿了企业从产品设计、采购、生产加工、运维、销售到售后服务的整个制造生命周期，为企业提供降低成本、提升产品或服务价值的使能技术，为企业提供软件即服务、平台即服务、设计即服务、生产加工即服务、运营管理即服务等服务。借助云制造技术和云制造集成平台，企业可以推进企业信息化进程，提高企业的运营效率，实现产品的生产研发、信息流、物流和资金流的集成和优化，有效提高产品附加值或服务满意度。因此，企业应重视云制造技术的创新和突破，为智能化、绿色化、信息化和服务化发展提供信息支持和技术支持。企业在云制造技术创新中要做到以下几点。

① 加大组织领导支持。

企业云制造项目的信息化建设离不开高层领导的支持。首先，领导者必须充分学习和理解云制造思想的深刻内涵，了解云制造对企业组织管理、生产运营、流程再造、产品制造等方面的积极影响。高层领导只有意识到云制造项目信息化建设的重要性，才能为云制造项目的建设提供支持和帮助。其次,组织领导要和下属做好沟通工作。沟通是云制造项目顺利开展的前提,只有云制造项目理念被整个组织或集体接受,才能更好地开展云制造项目的建设工作。特别是在项目建设过程中,组织领导要积极关心、查询项目建设进度,必要时给予相关帮助和支持,以提高云制造项目团队成员的积极性、主动性和创新性。最后,组织领导要充分发挥引导和协调作用。云制造项目建设是一项复杂的系统工程,涉及各企业单位众多人员的参与和协调。因此,组织领导要积极发挥协调调度的作用,要求人力资源部门通力合作,协调组织各单位最合适的人员参与项目建设,为项目建设提出建议。

② 实施人才强企战略。

人才强企战略是指企业通过采取人才引进、人才培训、人才培养制度建设等多种方法,培养一批高素质人才,充分发挥人才的积极作用,为企业发展建言献策,是促进企业快速发展的战略。人才建设已经成为企业发展的关键问题,人才在企业发展过程中发挥着越来越重要的作用。特别是在信息化快速发展的今天,科技人才已经成为企业尤其是大型集团企业的重要战略资源之一。云制造项目的建设离不开信息人才的支持,尤其是云制造技术的创新和突破,要充分发挥科技人才和信息人才在科技创新和科技开拓发展中的作用。因此,企业应积极采取人才强企战略,重点培养信息化人才,充分发挥人才在云制造项目建设过程中的积极作用。

首先,企业要通过各种渠道引进高层次的科技人才。企业要拓宽人才引进渠道,多视角、宽领域、跨国界引进专业技术人才,特别是云计算、云制造、高性能计算相关的云技术领域的优秀人才。企业要积极深入高校,加强与高校、科研机构的合作,企业与高校间应建立人才输送的长效合作机制,鼓励科研机构和高校为企业输送大量优秀的研发设计人才。同时,企业可以实施海外人才引进计划,广泛引进符合企业发展和战略规划的优秀海外高层次创新人才,引进云计算、云制造、物联网等相关技术研发和产业化的领军人才,为云制造项目的技术创新和突破做出贡献。

其次,企业要全方位培养优秀的科技人才。高校是最新思想和知识的聚集地,也是高等人才的聚集地。企业应与高校、科研机构共同建立人才培养机制,将企业科技人才转移到高校进行再学习,不断巩固和培养企业人员的创新意识,提高创新学习能力。此外,企业还可以联合云计算、云技术等相关技术的培训机构,为云计算技术研发、云制造技术创新、物联网技术培训等方面的人才提供岗前培训或职业再教育,培养与企业云计算、云技术相关的高端人才。企业应与云计算、云技术等高校、科研机构及相关技术培训咨询机构合作,达成长期协议,形成良好的合作伙伴关系,推动企业建立人才培养机制。

最后,企业要完善人才激励机制。企业应采取多种方式鼓励和激励人才,特别是注重具有创新思维、战略思维和先进管理思维的高层次人才,避免企业内部人才流失。例如,企业可以利用股权、期权等手段激励进行研发的高层人员和管理人员,将企业人才利益与企业利益联系起来，有利于提高高级管理人才和科技人才为企业服务的积极性、主动性和创新性。同时，企业要严格执行高级技术人才和研发人才的各项福利政策和优惠政策，在可能的条件下尽量解决高级人才的后顾之忧。例如，在住房、医疗保健、子女教育、配偶就业等领域为优秀人才开辟绿色通道，为高层次人才创造良好的工作、生活环境，提供有竞争力的福利待遇。

③ 优化技术创新环境。

企业应注重完善科技创新体系和机制建设。企业要建立产学研结合、以市场需求为导向、以企业自身为主体的技术研发创新体系和机制，引导企业从技术引进型企业向原始创新型、集成创新型和自主创新型企业转型，形成具有自主知识产权、项目技术专利、自主创新品牌和持久创新能力的创新型企业。在云制造建设项目中，企业要重视科技成果的应用和转化，将云计算、云制造等相关云技术的研发成果根据企业自身实际情况转化为企业市场成果和企业效益，推动云制造技术成果的转化，借助技术市场、专业院校和科研机构实现技术成果向生产转化，提升企业应用云制造模式的经济效益。此外，企业应建立云制造等相关知识产权的保护体系，建立良好的知识政策和有效的激励政策体系，进一步增强研发、设计高级优秀人才在技术创新和产品研发、设计创新方面的积极性和主动性。

另外，企业也要加大科技研发的资金投入。足够的资金投入是企业科研项目顺利开展的保证。随着企业的不断发展壮大，企业应根据战略发展的需要，加大科技研发和产品设计创新的投入比例，特别是对企业具有重要发展战略意义的科技研发项目，如云计算项目、云制造项目和其他相关技术的研发创新。加大对科技研发的资金投入，一方面可以为与这些项目相关的技术研发和技术创新提供强有力的资金支持，另一方面也有利于调动科研人员和高级人才的积极性，解决科研人员在项目研究中的后顾之忧。一些企业可能会将一些科研项目的研发外包给相关科研机构，但也会将剩余资金投入到自己的核心业务和核心产品的研发中。为了企业的长远发展，企业应重视培养自己的科研机构，围绕云制造项目的实施进行相关的技术创新和研发，增强创新能力和意识，准备好技术研发的支持资金。

④ 借鉴"工业4.0"理念。

"工业4.0"这一概念起源于德国，于2013年提出。目前，德国已将"工业4.0"升级为国家战略，并与中国就"工业4.0"展开合作。德国"工业4.0"是德国联邦教学研究部和联邦经济技术部共同支持的研究项目。它是在德国工程院、弗劳恩霍夫协会、西门子公司等德国学术界和产业界的建议和推动下逐步形成的。2013年，德国"工业4.0"工作组在汉诺威工业博览会上发布了报告，指出"工业4.0"的核心是第四次工业革命，是信息物联网、服务互联网和制造业的融合创新。德国希望通过"工业4.0"将智能技术和网络融入到制造业的生产和应用中，以保证德国制造业的强势地位，增强德国现代工业的竞争实力，进一步推动德国制造业的智能化发展，以期在新一轮工业革命竞争中获得制造业的领先地位。目前，这一战略已得到德国学术界和工业界的广泛认可。德国西门子公司已经在其工业软件开发和生产控制系统中引入"工业4.0"的概念，推动企业的智能化发展。

"工业 4.0"为云制造模式的发展和技术突破带来了先进的理念。德国学术界和产业界普遍认为，"工业 4.0"是指以智能制造为主导的第四次工业革命或革命性生产方式，该战略旨在通过充分利用信息物理系统（Cyber-Physical Systems，CPS）促进制造业的智能化转型。"工业 4.0"项目主要分为智能工厂和智能生产两大主题。智能工厂的重点是智能生产系统和流程，以及网络化、分布式生产设施的实现；"智能生产"主要涉及整个企业的生产物流管理、人机交互以及 3D 技术在工业生产过程中的应用等。未来所有工厂都将有统一的机械、电气、通信标准。基于物联网和服务互联网，配备传感器、无线网络和射频识别通信技术的智能制造设备可以智能化监控生产过程。德国与中国在"工业 4.0"项目上的合作，为中国企业云制造模式的发展带来了前所未有的机遇。

首先，CPS 可以建立一个全球网络，包括其设备、仓储系统和工业产品。企业云制造模式可以借助信息物理系统实现企业之间的整体互联，实现数据流、物流和信息流的统一，促进企业的智能化发展。在制造领域，CPS 包括小型智能机械设备、存储系统和能够独立交换信息、独立运行和相互控制的高效产品和设备，因此 CPS 可以为云制造技术提供基础设施支持。当产品的生产制造需求指令经过 CPS 时，纵向需要经过企业或公司的业务流程，横向需要连接实时管理的衍生价值系统，这两个方面共同构建了嵌入式制造的系统网络，这种嵌入式制造的系统网络为企业云制造模式的实现和企业建设现场网络的推广奠定了技术基础和网络化理念。

其次，"工业 4.0"涉及物联网、信息技术、大数据等先进技术，与云制造模式中使用的技术非常相似。"工业 4.0"更注重工厂智能化生产的实现。通过更新企业设备、处理大数据，实现产业链之间的合作，从而生产出具有服务价值的产品。"工业 4.0"以数字化技术平台为基础，实现产品制造全生命周期的智能化，逐步以机器智能生产取代人工。云制造模式的发展离不开智能化发展的模式，它需要运用"工业 4.0"的先进理念，促进企业技术和设备的更新，提高企业的信息处理能力和智能化生产水平，带动整个制造业的快速发展。

最后，"工业 4.0"完全可以满足用户的个性化定制需求。"工业 4.0"借助 3D 打印等先进技术，以更低的成本满足用户订单的个性化需求，即使是一次性的产品或服务也能获得较高的利润。在"工业 4.0"中，动态的商业模式和生产流程使企业的生产和交付变得更加灵活、方便，使企业能够灵活应对生产过程中出现的产品问题和生产故障，从而保证产品或服务的质量，大大提高企业的生产效率和水平，为客户提供更高的服务价值。

（3）构建开放式云制造平台

随着经济全球化和电子商务模式的不断发展，世界逐渐呈现出服务网络化和平台化的趋势。企业云制造平台不仅要向集团内部的下属企业开放，还需要向外部的中小企业开放，这也是目前云制造模式的主要发展趋势。云计算技术的快速发展和广泛应用为云制造的开放提供了技术支持和更多的实践经验。2019年4月，微软和德国汽车制造商宝马集团推出了一项举措，旨在建造一个开放式的制造平台（Open Manufacturing Platform，OMP）以刺激行业创新并加快网联智能工厂的发展，该制造平台将基于微软的Azure云平台打造。基于微软的Azure云平台、物联网和人工智能技术，宝马集团物联网平台计划为OMP社区贡献相关的初始用例。OMP将是宝马集团和微软长期以来的技术合作伙伴关系的下一个发展方向，它将被用于解决常见的工业挑战，如机器连接和本地系统集成。这将有助于原始设备制造商、供应商和其他合作伙伴之间重复使用软件解决方案，从而显著降低实施成本。在国内，沈阳鼓风机集团的开放云制造平台也取得了初步成功。目前，沈阳鼓风机集团的开放云制造平台中汇集了大量的制造资源和能力，在产品的研发设计、信息共享交流、业务流程智能化等方面都已融入了云制造模式。沈阳鼓风机集团的云制造平台不仅实现了对众多下属企业的开放式管理，还在逐步尝试向沈阳的其他中小企业开放，促进了沈阳地区制造业和东北老工业基地的发展和升级。

开放式云制造平台加快了在全行业实现制造的数字化转型，建立一个开放的社区，可以为整个制造业价值链的合作创造新的机会。因此，云制造的建设不能局限于集团企业内部。集团企业要有更长远的眼光和更开放的思维，将开放的云制造平台思维融入集团企业云制造项目建设的总体规划中，打造开放的开发界面，让中小企业实现云平台即插即用的理念。

（4）注重云制造平台运营安全

云制造平台运营的安全性不仅涉及集团本身及其下属企业的隐私，如数据隐私、信息隐私、战略规划、技术等，还要考虑其他合作伙伴和中小企业的信息安全，因此，保证云制造平台的运营安全对企业的发展至关重要。云安全不仅与云技术水平有关，更重要的是，它涉及云制造运营的安全策略，甚至危及企业的整体发展。虽然信息安全技术在不断地完善和提高，有各种网络安全技术来保护云平台，但由于互联网用户的隐私信息泄露事件时有发生，所以也会对相关企业产生重大影响。对于制造业来说，制造业的竞争是基于核心技术的竞争，制造技术的泄露会对相关企业造成沉重打击，而且会影响企业整个云制造项目活动的推广使用。只有保证云制造平台的安全运营，才能为云制造平台的用户和参与者提供保障。因此，在构建云制造项目时，必须注意加强对云制造平台运营的维护，提高云平台的安全性。

企业将大量制造业务、相关制造资源和制造信息迁移到云制造平台，企业内部核心数据也放置在云上，因此，保证云平台上业务和核心数据的安全是云制造平台建设中需要关注的首要问题。如何保证云平台上的数据流、信息流、资金流等核心数据不被泄露，如何保证企业的相关信息资源在网络或机器出现故障时不会丢失等问题，都是构建云制造平台与维护平台正常运行时值得考虑的重要问题。企业应该加强信息安全保障，可以从以下几个方面入手。

① 建立云平台信息安全保护体系，建立完善的数字认证和安全评估等公共安全基础设施，坚持以保证网络和信息安全为目标，及时更新加密技术和认证技术。

② 增强云平台的信息安全意识，提高云制造平台参与者的自我防范意识，严格防止云平台企业、员工、技术等相关隐私信息的泄露。

③ 建设安全电子交易系统等安全系统，规范电子认证服务、推广数字证书、数字签名等安全应用。

④ 推动云制造模式下信息安全标准规范的制定和实施，构建安全认证体系，为云制造项目的建设构建基于数据安全和隐私安全的保护环境。

6.2.2　构筑集团企业的"私有云"

1. 私有云应用模式的发展趋势

私有云（Private Cloud）是一种构建在企业自己的数据中心内部的云服务模式，它通过硬件虚拟化将大量的服务器硬件抽象成一个巨大的资源池，能够以基础设施、平台和应用的形式动态地为用户提供服务。由于私有云基于企业自己的设施，因此它在安全性、隐私性上可以提供有效的控制。同时，私有云还具有可灵活定制、自主运维、资源利用率高等优点。虽然私有云的初期成本高，但随着业务量的增加，后期的成本会明显降低，因此，非常适合用于集团企业的业务。根据赛迪顾问《2020私有云系统平台市场研究》提供的数据，2019年私有云市场规模要大于整体公有云市场规模。2019年中国私有云市场规模达到817.4亿元，私有云市场主要是IaaS市场。而2019年中国公有云市场规模为712亿元，其中IaaS市场规模为449亿元。赛迪顾问预测，2022年私有云市场规模将超过1500亿元。私有云市场吸引了各类厂商纷纷进入，成为公有云厂商、数据中心厂商、系统集成商、电信运营商以及私有云厂商共同参与竞争的主流市场。目前国内较为知名的私有云系统平台厂商有华为、新华三（紫光云）、浪潮云、易捷行云、阿里云、金山云等，赛迪顾问，从发展能力和市场地位两大维度出发，对国内各私有云系统平台厂商的竞争力进行了分析，如图6-5所示。

在领导者象限中，华为拥有较为完整的云计算产业链，致力于推出全场景覆盖的云基础设施方案；易捷行云作为专业的私有云提供商，专注于为民生重点行业提供私有云服务。在可期待者象限中，阿里云作为公有云的头部厂商，在私有云领域的开拓也备受期待。

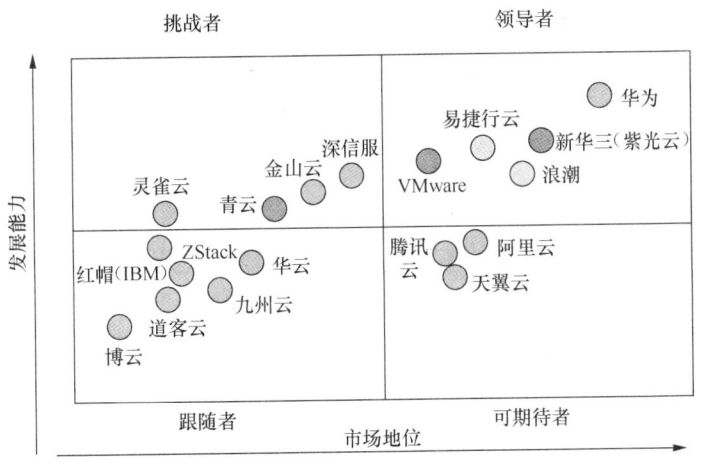

图 6-5　赛迪顾问 2019 年中国私有云系统平台厂商竞争力象限分析

（1）华为

华为是全球领先的信息与通信技术解决方案供应商。依托于整个公司的资源，华为致力于推出全场景覆盖的云基础设施方案，包括公有云、私有云、专属云、混合云、边缘云等。2020 年 5 月，华为将原本分开的私有云架构和公有云架构合二为一，推出了华为云 Stack 全栈混合云解决方案。华为云 Stack 以"公有云架构、私有云部署"的方式为政企客户提供服务，是物理分散、逻辑统一的数据中心解决方案。"物理分散"意味着企业的多个数据中心可以分布在不同的区域。部署云平台后，不同区域的物理数据中心可实现 IT 资源的整合，提供统一的外部服务。"逻辑统一"指的是企业通过数据中心管理软件可以对分布在不同区域的多个数据中心进行统一管理。华为云 Stack 具有一云多池、敏捷易用、安全可靠的场景优势，可以提供大数据服务、AI 服务、数据库服务、应用与数据集成服务、边缘服务、计算服务、存储服务、网络及安全服务、灾备服务共计 10 大类 70 余项云服务能力，可以应对企业传统核心业务云化高复杂、高性能的挑战，可满足企业业务的持续发展。

（2）易捷行云

易捷行云（EasyStack）成立于 2014 年，由中国最早从事 OpenStack 研发的 IBM 中国研发中心的核心团队创建。与华为不同，易捷行云是专业的私有云提供商。易捷行云一直专注于为民生重点行业的数据中心提供云服务，涵盖政府、金融、电信、能源、交通、制造、教育、医疗等各大领域。2019 年 5 月，易捷行云推出了可进化的新一代私有云 ECS，具有分布式微服务架构和可进化、轻运维能力。新一代私有云 ECS 的可进化能力体现在产品形态可进化、服务能力可进化、支持场景可进化 3 个方面，通过软件和硬件的解耦可实现软件可进化、硬件可换代。轻运维能力是指其可以实现硬件、分布式存储、集群服务到虚拟资源的全面监控和智能统一运维，可为用户提供完备的日志管理与告警自动化处理能力。通过远程运维，企业用户无须登录后台，无须输入命令行，通过应用图形化、界面化的操作，就可实现云的私有部署、极简运维和高可用性的体验保障。

（3）阿里云

阿里云是公有云的头部厂商，但近年来也在积极向私有云、混合云大力布局。2016年，阿里云推出"Apsara Stack"专有云解决方案，其与阿里云公共云同根同源，客户可在任何环境中，本地化部署公共云产品及服务，并具备一键弹性扩张至公共云的能力。阿里专有云与私有云的区别体现在专有云是基于公有云的资源，而私有云则需要单独的基础设施。近年来，阿里云推出了许多轻量级平台，为用户部署私有云提供全面的解决方案。鉴于其市场地位以及积极的动向，阿里云是私有云市场的可期待者。

2. 集团企业应用私有云的必要性

（1）长久成本考量

私有云能够为企业降低成本、提升效率。通常私有云初期造价要比公有云高，但长远来看，企业自建私有云相对租用公有云所节约的成本超乎想象。此外，从税务角度看，财务上固定资产投资可以抵扣税款，公有云属于服务类，无法进行税款抵扣，这里产生的财务差距有时非常可观，使得企业不得不将这个因素考虑在内。私有云可以提升企业的生产效率，带来更多的收益。

（2）国家政策利好

近年来，"企业上云"受到了中国政府的高度重视，政府连续出台政策引导企业上云。2018年8月，工业和信息化部印发了《推动企业上云实施指南（2018—2020年）》，明确提到了大型企业可建立私有云，部署数据安全要求高的关键信息系统。2019年7月，国家互联网信息办公室、国家发展和改革委员会、工业和信息化部、财政部联合印发了《云计算服务安全评估办法》。2020年4月，国家发展和改革委员会、国家互联网信息办公室联合印发《关于推进"上云用数赋智"行动 培育新经济发展实施方案》等，这些政策体系完善、针对性强，将全面推动我国企业和政府机构"上好云、管好云、用好云"，科学、安全、高效地进行数字化转型。

（3）实践日益成熟

随着云计算日趋成熟，中国制造企业越来越认识到云计算的价值，尤其是私有云。出于对成本、安全性、扩展性等方面的考虑，企业更喜欢选择私有云。此外，与公有云模型相比，私有云模型也更容易构建。中国许多制造集团企业正在积极探索私有云模式的应用，如沈鼓集团、青岛中集、航天科技集团、中国北车集团、中国兵工集团等已经实践了"私有云"并取得了良好的效果。云技术在企业管理过程中发挥着越来越重要的作用，进一步激发了制造企业集团对"私有云"模式的潜在需求。信息化在制造企业的整个生命周期中发挥着越来越重要的作用，推动着制造企业从传统生产企业向智能化、数字化、绿色化的新型企业转型，推动着企业传统业务的深刻变革，不断推动着制造业的升级。集团企业私有云平台已成为企业深度转型的重要指南，并不断推进商业化深度融合。

3. 私有云的应用场景

私有云可以满足企业的个性化需求，保护企业的信息隐私。企业私有云平台主要有如下几种应用场景。

（1）企业私有云可以应用于开发测试，以增强敏捷性，缩短发布周期。对于有开发团队的企业来说，构建企业私有云可以为开发人员提供即时的按需分配的硬件资源，让开发人员可以根据需求快速申请计算资源。而且通过克隆和快照功能可以实现快速的错误重现和故障排除，让开发人员在性能和质量有保证的情况下获得并保存更多的测试结果。

（2）企业私有云可以更快、更方便地迁移和升级企业应用程序。通过网页可以在几分钟内建立虚拟数据中心，模拟服务器集群和容灾备份配置，使程序迁移的测试、集成和验证更早开始。而且项目将不再依赖于硬件采购周期的稳定性。这种场景适合将由服务器群组组成的传统企业应用环境迁移到云平台上。

（3）企业私有云可以应用于IT程序孵化器和沙箱。大多数应用程序涉及大量硬件和系统操作，搭建或拆除它们往往需要耗费大量的人力、物力，而且非常耗时，尤其是在模型沙箱阶段，不可预测的需求变化通常会导致频繁的建造和拆除。通过构建一些"模板"，可以快速部署一些企业级应用程序。

（4）企业私有云可以应用于动态数据中心，解决传统数据中心中硬件资源有时闲置、有时不足的问题，通过对资源池的有效监控和管理来进行硬件资源的动态分配。

4. 企业私有云的应用建议

（1）选择可靠云厂商

私有云部署的专业性很强，不同行业业务差异明显，不同私有云服务提供商的能力不同。企业用户应进行广泛调研，深入分析不同私有云服务提供商的优缺点，根据自身业务需求选择信誉好、资金雄厚、抗风险能力强，且在该领域有丰富经验和足够技术积累的厂商。

（2）做好分析规划

企业在选择私有云服务方面时，首先要分析哪些板块需要上云，从企业的实际需求出发制定初步规划。然后在此规划基础上，与私有云服务提供商沟通，让云计算领域相关专业人士做出分析，倾听多个提供商的意见。私有云服务提供商综合所有意见，提出本企业的私有云解决方案。企业根据该具体方案实施与验证，针对实施中出现的实际问题积极寻求私有云服务提供商的帮助，并要求其对该方案进行完善优化。

5. 私有云未来发展趋势

私有云有很大的发展空间，企业选择自主构建私有云在一定规模下将更加经济，无须申请公网 IP 和专线连接，还可同时利用云计算灵活调度、高可靠性等特点，从而减少服务器、存储等硬件设备以及相关软件的采购量，降低总成本。

然而，传统的私有云仍然面临着许多挑战。在部署方面，虽然传统私有云可以通过定制满足企业数据中心多样化的软硬件环境，但其建设周期长，用户无法按需购买，灵活扩容，时空灵活性不强。在应用体验方面，传统私有云从虚拟化起步，难以无缝整合上层生态系统，实现从 IaaS 到 PaaS、SaaS 的多元化云服务能力支持。在升级运维方面，传统的私有云系统平台无法实现平滑升级和自动化运维，每当系统需要升级维护，用户就必须被迫迁移或者系统停机升级，这意味着大量的成本消耗，并给用户带来不佳服务体验。在这样的情况下，私有云市场想要取得更快的发展，迫切需要一个与公有云体验一致、升级流畅、运维自动化的新一代私有云系统平台。

与传统私有云的定制化、碎片化特性不同，新一代私有云需要拥有更为广泛的硬件和软件的生态兼容性，建立以客户数据为中心的、具备多云管理能力的私有云系统平台，兼顾新一代企业级应用和传统应用。新一代私有云应该具备一体化、场景化和升级化 3 个主要特征。

（1）一体化：在 IaaS 的实施上，通过云平台的微服务化和一体化设计，新一代私有云能够为企业用户带来公有云级别的消费级体验。

（2）场景化：新一代私有云可以支撑更为丰富的应用，同时不同行业的企业客户也可以根据自身需求在云上开发新的 PaaS，应用于特定场景和适用行业，以场景化替代定制化。

（3）升级化：相较传统私有云新建或割接的升级方式，新一代私有云可实现平滑升级。在云平台升级的过程中，可以做到服务不中断，数据不迁移，业务无感知。

6.2.3 搭建中小企业的"公有云"

公有云（Public Cloud）是指云计算服务商利用公共网络、以低廉或免费的价格向所有的客户提供具有弹性的计算资源和服务，允许用户根据服务使用量支付费用的云计算模式。使用公有云服务可以实现规模经济和资源共享，有助于减少成本和提高资源利用效率。从政府机构的角度来看，使用公有云服务，意味着任何行业的企业部门在管辖范围内的区域，都可使用相同的服务，无须规定将数据存储于何处；从企业的角度来看，使用公有云服务，可有效地降低技术开发和维护费用，并能快速、灵活地扩展计算资源和服务的需求，助力企业数字化转型升级；从个体用户的角度看，使用公有云服务不仅可实现不同设备间的数据共享，还能降低开发的技术门槛和购买计算资源的成本。

公有云不同于私有云，公有云平台对外开放，是一个使很多中小企业的制造业务平台化、网络化、共享化的开放的服务平台，而私有云平台主要是集团企业及其下属企业的服务平台。

1. 公有云制造平台的特点

公有云平台与私有云平台相比有以下显著特点。

（1）资源的广泛性

与私有云平台相比，公有云制造服务平台使用虚拟化技术、封装技术等先进技术，对各种中小企业的制造资源和制造能力（包括数据、模型、知识、能力等）进行虚拟化和封装，然后发布并集中存储封装后的制造资源和制造能力，作为服务来供用户按需购买和使用。公有云制造服务平台可以有效摆脱地理空间的限制，整合更多的企业资源和制造能力，实现用户需求、数据信息和制造资源的有效收集和规范管理。

（2）服务的多样性

公有云制造服务平台不仅聚集了众多资源，还可以为中小企业提供各种云服务（基础设施即服务、平台即服务、软件即服务、论证即服务、设计即服务、生产加工即服务、实验即服务、仿真（模拟）即服务、经营管理即服务、集成平台即服务等）。此外，云制造服务平台还可以为中小企业提供生产流程优化再造、生产流程参数优化决策、协同管理服务等业务模式，实现云制造服务与中小企业核心技术的深度融合，有效满足中小企业个性化发展和成长的需求。中小企业还可以通过云制造服务平台上的服务搜索引擎和管理工具集功能，快速发布订单需求，搜索相应的服务供需能力，实现服务交易的在线协作，从而帮助中小企业提高制造资源的配置效率，真正为用户提供按需分配、按量定价的便捷服务。

（3）交易的不确定性

公有云制造平台交易的不确定性主要体现在交易模式上。根据中小企业的具体需求和云制造服务平台的交易模式，有自主交易模式、平台推荐模式和平台交易模式3种模式。自主交易模式是指中小企业用户主要通过云制造平台上的搜索功能，根据自己的业务需求搜索特定的服务供应商，然后与所寻找的服务供应商进行协商合作。平台推荐模式是指云制造平台积极推广相关业务服务供应商，如加工服务商、设计服务商、决策服务商等的信息。根据平台提供的信息，中小企业可以自主选择自己的交易对象，并与相关的服务供应商进行协商合作。平台交易模式则是指中小企业的用户将自己的业务需求输入到云制造平台，由云制造平台选择服务解决方案，用户不知道是哪个供应商提供的产品和服务。因此，用户在云制造平台上的交易方式是多种多样的，交易方式的不确定性，导致交易对象的不确定性。

（4）服务平台的市场性

公有云服务平台具有一定的市场性。云制造服务平台的运营维护需要建立一定的利益分配和协调机制，如会员制（会员每年需要缴纳固定费用）、交易佣金（根据交易金额提取一定比例的佣金）等，使云制造平台的资源服务供应商、需求方、平台运营商等相关参与者获得应有的利益，实现中小企业与云制造平台运营商的双赢。只有这样，才能激发中小企业参与云平台的积极性，及时更新和升级云制造平台运维的要素，促进中小企业和云制造平台的可持续发展。

2. 中小企业上云分析

中小企业在我国国民经济中占有十分重要的地位，随着互联网技术的迅猛发展，信息资源在企业的生产经营活动中占据越来越重要的地位，信息化建设成为了中小企业生存和发展的必然趋势。云计算可以转变传统中小企业的信息化建设模式，促进中小企业商业模式的变革。企业可以通过企业业务云化来降低企业信息化的建设成本，通过云计算技术，企业可以将计算、存储、网络等资源全面池化，以便于统一管理、弹性调度、灵活分配，降低经营成本并进行业务创新。2019年4月，工业和信息化部召开中小企业信息化服务信息发布会，提出要推动云计算等新一代信息化技术在中小企业的应用，支持广大中小企业上云以提升中小企业竞争力。为响应国家政策号召、提升核心竞争力、积极抢占市场，企业上云成为中小企业进行信息化转型的必然发展趋势。

然而，由于我国的中小企业普遍面临着可投入资金有限、建设思路传统、技术人才缺乏、抗风险能力较差等问题，如何找到一种投资成本低、业务上线快、运维难度低的云模式成为一个需要解决的问题。由于资金和技术方面的问题，建设私有云对于中小企业来说还存在很大的困难，而公有云则可以贴合中小企业的迫切需求。华为云、阿里云、腾讯云等云服务提供商有自己的核心专业团队和雄厚的资金支持，可以为用户提供价格合理的云服务具体解决方案。

中小企业选择公有云将存在以下明显优势。

① 不用承担云平台的建设与开发成本。在私有云建设初期，企业需要投入大量的资金以进行基础设施建设、硬件设备与应用软件的购置，还需投入大量人力、物力进行信息化建设的调研筹划与技术支持，同时，回报见效周期长。在公有云模式下，云服务提供商可以完全承担硬件建设与软件开发等方面的人力、物力成本，中小企业只需根据企业的管理需要去租用云服务提供商所提供的产品，在租用过程中为其使用的资源支付一定的租用费即可。这种不需要前期投入、信息技术先进的模式十分契合中小企业的需求。

② 云平台管理运维成本低。在公有云模式下，中小企业无须担心硬件设备能否正常运转的问题，也无须对公有云托管解决方案的任何管理负责。云服务提供商提供云平台系统的安全性支出及日常运行的管理、维护、升级等人力、物力支出，中小企业只需要及时支付适量的云服务费或租金就可享用功能齐全、性能先进的云服务，可以以极低的投入及运

维费用享受到大厂商先进可靠的云计算技术。采用公有云，中小企业无须雇用专职的专业系统维护员，缓解了中小企业专业技术人员不足、人员能力偏弱的缺陷，极大地推进了中小企业的信息化发展速度和业务创新能力。

3. 公有云发展面临的挑战

（1）安全问题

公有云服务的安全性问题是目前企业客户担忧的主要因素之一，也是制约公有云服务发展的一大瓶颈。在公有云模式下，企业的数据均需上传至公有云中心，在数据的传输与存储的过程中会面临多种安全威胁，如黑客攻击、恶意勒索、病毒感染、云商作弊等。这些安全问题导致用户对公有云服务的信任大打折扣，因此未来公有云服务商需要加强公有云网络安全的建设，致力在加密技术、可信技术等技术上投入更多的研发力量，以保障所提供云服务的安全性。

（2）迁移困难

目前我国公有云市场尚未确定统一的服务标准，不同的云服务提供商之间系统开发水平参差不齐，较难实现将用户的数据和应用程序在公有云间进行相互迁移，同时在成本方面迁移也面临着巨大的开销。这个问题需要行业、政府、研究机构共同推动解决，推出统一的行业标准和监管政策。

（3）网络带宽限制

公有云的发展依赖于宽带互联网的发展，大多数的公有云业务需要通过互联网来提供，对网络带宽提出了较高的要求。然而，我国当前宽带网络仍然存在渗透率低、接入速率不高、各地区网络发展水平不均衡等问题，很大程度上限制了公有云市场的发展。

（4）市场潜力尚待发掘

我国有 4000 多万中小企业，目前大多数信息化水平不高，因此公有云服务有着巨大的市场潜力。但是，有潜力并不代表市场会自发地发展，还需要在中小企业间加大公有云的推广力度，使中小企业实现观念上的转变。

4. 公有云市场发展趋势

我国公有云市场起步于 2007 年，如今已进入高速发展阶段，逐渐渗透各行各业。人工智能使能与面向多行业是公有云市场的重要发展趋势。

（1）人工智能使能公有云

企业上云只是企业信息化转型迈出的第一步，未来要解决的重要问题是如何利用人工智能技术使企业完成数字化、智能化升级。通过人工智能技术，云服务提供商可达到智能运维、安全防护、算力资源编排、能耗优化等目的。近年来，国内一些云服务提供商，如百度、腾讯、阿里等，相继推出了 AI 云平台。人工智能涉及数据收集、数据预处理、数据清洗、模型训练等一系列流程，流程长、复杂度高，每一步都有可能成为效率瓶颈，增加计算成本和开发成本。因此，在成本可控的前提下实现效率最大化是人工智能开发的重要考虑因素。此外，近年来以深度学习（Deep Learning，DL）、强化学习、知识图谱（Knowledge Graph）等为代表的新一代人工智能技术迅速发展，如何发挥这些先进技术的优势赋能公有云成为相关科研人员需要研究的问题，云服务提供商也需要融合多项 AI 技术不断推出新的应用场景、解决方案。

（2）面向多行业的公有云

在未来，云服务的应用场景将更为广泛。企业通过与技术能力强大、服务经验丰富的公有云服务提供商合作，可以降低基础设施成本。为减少企业选择公有云的顾虑，公有云服务提供商很有必要针对不同行业的需求特点进行分析，并推出相应的公有云解决方案。以通信行业为例，在 5G 商用部署过程中，公有云逐渐得到运营商的青睐，一些运营商（如西班牙电信公司）选择将 5G 核心网部署在公有云平台上，通过云服务提供商的 AI、云编排等能力的开放加速 5G 行业的落地，实现 5G 技术的商业化变现。中国移动、中国电信、中国联通三大运营商也在 2020—2021 年相继推出运营商云计算转型战略。对通信运营商而言，在现阶段需要寻找合适的云服务提供商伙伴并开始进行深度合作，以求在竞争中形成创新合力，推进 5G 的商用发展。云服务提供商不应囿于传统、一成不变，而要主动出击，积极抢占市场，为不同行业的合作伙伴提供具有针对性的公有云解决方案。

5. 对中小企业应用公有云的建议

（1）选择至少两家的全栈公有云服务提供商

全栈公有云服务提供商不只是提供单个 IaaS、PaaS 或者 SaaS 的云服务产品，而且提供覆盖 IaaS、PaaS 和 SaaS 的服务一体化云解决方案，所以更贴近行业的业务应用，能满足客户多样化和未来持续发展的需求。企业应根据其实际业务的特点，至少选择两个全栈公有云服务提供商。一方面，不同的云服务提供商专注的领域不同，其产品服务的优势各异，企业可根据业务实际情况选择每个应用最适合的云环境，有利于最大限度地提升应用的性能和节约成本；另一方面，选择多个全栈公有云服务提供商可减少供应商锁定情况的发生，企业能有效管理上云业务，深化可用服务池，保持灵活性，降低风险。如果仅选择单个全栈公有云服务提供商，企业的话语权较小，当面临供应商提高成本或断供的情况，企业往往处于被动状态，不利于企业长期稳定的经营。

（2）选择可靠的全栈公有云服务提供商

头部全栈公有云服务提供商的体量较大，具有资金、人才、技术上的优势，其云服务设施的架构、部署、运维和服务能力较强，研发的公有云服务产品应用范围较广，云服务技术可靠性强，能较大程度地满足各行业客户的需求。加之，头部的全栈公有云服务提供商在服务客户方面有丰富的经验，能快速理解和响应客户的需求，为客户创造良好的使用体验。其技术能支持从中心到边缘云节点的统一管理，能实现业务无缝地跨云部署与迁移，在未来能持续支撑企业业务演进。

（3）选择契合企业自身业务生态及未来发展方向的云服务提供商

企业应该选择功能齐全、能全方位地满足其现有需求和随着企业未来发展将产生的需求的公有云服务提供商。这种需求不仅包括对云服务的需求，还包括协同企业发展的业务需求，即企业选择的公有云服务提供商的母公司除云服务外，其他业务涉及的产业与企业相关最佳。这样不仅能满足企业对单方面公有云服务的需求，还有利于企业与该公有云服务提供商的母公司其他产业的业务形成合作关系，产生协同效应，形成生态圈。

（4）提升企业自身专业化水平

在传统模式下，企业的信息化建设前期准备需要购买硬件、软件，进行系统设计，准备设施和场地，聘请相关IT人员，这对中小企业来说是相当大的成本。在云制造模式下，中小企业可以直接租赁IT基础设施，在线租赁或贷款管理系统应用软件等，有效避免了购入服务器、建设IT基础设施、聘请IT人员等相关费用的支出，大大降低了企业信息化建设的成本。同时，中小企业还可以随时在线获得云服务提供商的信息技术支持和服务，从而降低聘请相关IT人员的费用支出，促进中小企业以更低的成本获得更先进的信息应用服务。因此，中小企业可以有更多的资本和更多的时间来专注于研究企业的发展战略，关注企业的核心业务。

中小企业可以考虑引入第三方机构。由于制造业中小企业的信息化需求不断发展，差异化需求明显，而且各中小企业处于不同的发展阶段，如生产流程、管理水平、企业规模、技术实力等方面的不同，所以中小企业信息化建设的内容也是不同的。中小企业应根据企业的实际情况，以企业发展战略为导向，结合企业管理目标，引入第三方咨询机构分析企业信息化发展中存在的问题，寻找企业信息化发展的切入点。此外，中小企业可以引入第三方培训机构，对全体员工进行企业资源规划、客户关系管理系统、供应链管理系统等应用软件系统操作的培训。尤其是不同软件系统的不同项目需要培训不同的人员，因为不同软件系统的操作培训和应用可以加深员工对企业业务的理解和掌握，而不是简单地对运营软件进行建模，真正的培训目的是要让员工接受企业信息管理的新理念和新概念，并将其转化为企业的持续生产力。

（5）注重企业间的合作

云制造模式注重协同制造，强调企业间的合作。中小企业应充分利用云制造模式实现企业间的合作与交流，既能优化企业资源配置，又能快速寻求其他企业的优势资源，从而发挥各自的资源优势，提高中小企业的运营效率，发挥"1+1>2"的协同效应。

中小企业应积极融入云制造平台。通过云平台，可以实现上下游关联企业的业务信息共享，有效提高企业间生产合作的效率和企业运营的灵活性。一个下游企业可能需要多个上游原材料或零部件供应商来提供资源。同时，一个上游企业往往需要为多个下游企业提供原材料或零部件，在多个企业之间形成巨大的交易网络，从而形成大量的信息流、物流和资金流。如果要建立单独的信息协作系统，一方面会浪费大量资源，另一方面，不利于企业间的信息化标准建设，从而影响企业间的运营效率。因此，云制造平台的建设整合了许多中小企业，既可以实现统一标准下企业间信息的自动协作，又有利于企业动态掌握制造业的全球信息，实现中小企业资源的优化配置，提高中小企业动态应对市场需求变化的灵活性。

对于中小企业来说，一方面要认识到基于云制造服务平台的协同网络是中小企业未来发展的主流趋势，要有敏锐的洞察力，动态关注和发现云制造协同网络中潜在的发展机遇，科学定位企业未来的发展方向，找到企业在云制造服务协同平台中的位置；另一方面，要充分认识到参与云制造平台协同网络的重要性，充分利用云制造服务协同平台的资源共享和协同优势，积极采取相应的行动，将潜在的发展机遇转化为企业的经济利润，从而获得超额回报。

此外，云制造服务平台可以为中小企业提供创新的协同优势。云制造服务平台的创新协同优势可以为中小企业提供自主、创新的解决方案，特别是为中小企业的信息化建设、管理模式创新和生产流程创新提供解决方案，促进中小企业快速发展。因此，对于中小企业来说，应改变企业经营和发展的观念。从企业实际出发，确立自主创新为主体，充分利用云制造服务平台的协同创新优势，将业务管理理念和业务模式创新与云制造服务平台相衔接，积极参与云制造服务平台的协同制造模式，充分发挥企业的协同竞争优势，改善中小企业成长发展的商业环境，实现中小企业的快速发展。

总之，中小企业要正确认识和把握云制造服务平台的协同优势，充分整合和利用云制造服务平台中的制造资源、制造能力、软硬件资源等各种优势资源，重视云制造服务平台的协同创新，构建基于专业化发展模式的低成本优势协同创新机制，实现中小企业的可持续发展。

（6）引入"制造即服务"的经营理念

云制造是一种以服务为导向、以市场为导向的新型制造模式，云制造可以促进传统制造业从单纯的生产型企业向服务型企业转型，促进企业从低端价值链向高端价值链发展，实现中小企业的快速转型、升级。客户是企业提供的产品或服务的最终消费者和使用者，是中小企业超额收益和快速发展的源泉。因此，中小企业应以市场需求为导向，引入"制造即服务"的经营理念，为客户提供高附加值、低成本的服务，丰富和满足客户的需求。中小企业要做到以下几点。

① 转变制造理念。

云制造公共服务平台汇聚了中小企业的资源和服务，通过物联网、虚拟化等相关技术将企业优质资源以服务的形式输出，对交易过程中的信息流、物流、资金流进行智能化管理。中小企业投入的各种制造资源、制造能力进入云端，实现与全球产业链的对接，用户可以通过云制造服务平台按需配置相关资源或服务。云制造服务进一步推动了"制造即服务"的经营理念。

因此，中小企业应改变传统的制造管理理念，摒弃传统的纯制造模式，积极探索内部制造模式向制造服务模式转变的积极因素，探索如何实现企业的制造服务模式，借助云制造模式充分了解和把握市场需求，抓住市场发展机遇。云经济时代，基于云计算和云服务的商业模式不断创新，打造了百度、阿里巴巴、亚马逊等一批知名互联网企业。因此，企业迫切需要转变制造管理理念，促进企业从纯制造企业向制造服务企业转变，不断提高在动态复杂环境中的适应性，保持持续的自主创新能力，随时把握市场发展的新机遇。综上所述，制造业中小企业应引入"制造即服务"的新思维模式，不断实现商业模式的创新，提升企业盈利能力。

② 推动制造服务化。

中小企业对制造服务的推广基于制造企业的专业化管理，不断探索新的发展模式。服务型制造是指以产品为中心的上下游价值链的不断延伸，服务型制造模式的不断实现。制造企业不再仅仅是产品供应商，而是集成产品和服务的供应商。在现代制造业经典的"微笑曲线"中，如图 6-6 所示，高附加价值往往在价值链的两端，即研发、设计和售后服务，而价值链中间的制造业附加价值最低。

因此，中小企业想要实现传统制造模式的转变，要着眼于价值链的两端，不断探索制造服务化的新模式。首先，中小企业要以产品为核心向产业价值链下游延伸。中小企业应鼓励、引导制造业围绕产品功能扩展服务业务，搞好售后服务、产品全生命周期服务。中小企业要积极发展故障诊断、维护检修、检测检验、远程咨询、仓储物流、电子商务、在线商店等专业服务和增值服务，并向下游延伸。

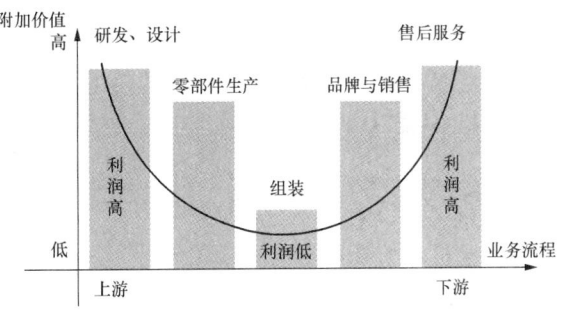

图 6-6 "微笑曲线"

其次，中小企业要以产品为核心向产业价值链上游延伸。中小企业凭借其专利技术和优秀的人才资源，可以向价值链顶端的研发和设计服务拓展，并利用其产品研发技术、设计服务和生产过程咨询，不断推动中小企业转型升级。最后，中小企业可以为企业提供软件服务和信息服务。中小制造企业应顺应时代潮流和市场需求的动态变化，不断实现制造模式和服务模式的融合，推进制造业的智能化、数字化、网络化和服务化发展。

6.3 云制造敏捷性优化

6.3.1 敏捷型组织基本概念

1. 组织敏捷性

（1）敏捷性

"敏捷"一词的释义，有如下3种。

- 行动迅速、协调而又有柔性。
- 头脑聪明、敏锐，能迅速思考，做出推断。
- 灵活、活泼。

而在管理学中，"敏捷性"是企业的一种能力，是指企业能够迅速、及时地感知市场需求变动并且做出行动，适时、快速地开发新产品以满足消费者的需求，拥有更强的竞争能力以占据更多的市场份额。

一系列的经典管理学理论都将"敏捷"与管理学领域联系在一起，形成了十分丰富的内涵。举例来说，"敏捷"与生产周期的组合，可以表示快速；与批量定制的组合，表示适应性；与精益生产的组合，即是高效的资源利用；与虚拟组织的组合则可以表示供需链上各种形式的合作；与企业再造的组合，则表示了迭代性地对企业的业务流程进行优化；与一个具有自学习、自适应能力的组织形式联系在一起，表示系统的自组织和自适应性。

在全球激烈动荡的市场环境中，敏捷性已成为各企业保持其竞争优势的重要因素之一。很多企业已经将组织敏捷性的构建与升级提升到了战略层次的高度，从战略角度进行规划，希望打造出一个可以驾驭变化，不断进行自我调整，快速、灵敏、积极、有效地响应市场变动、满足顾客需求的成功企业。

（2）组织敏捷性

如果从特定的企业组织视角来界定敏捷性的话，就得到了"组织敏捷性"的概念。这一概念是指在因持续变化而导致无法预测的外部环境中，企业能够迅速响应市场变化、保持并加强竞争优势的能力。在此提前说明，本书后文所提及的"敏捷性"即为组织敏捷性。

然而，目前的理论界对于组织敏捷性的定义尚未达成共识。

一部分学者认为，组织敏捷性与企业产品的生产效率强相关，企业能够在较大范围内根据客户的个性化需求生产出低成本、高附加值的定制产品。

也有一批学者认为，组织敏捷性更多地与市场相关。他们认为企业关注市场规律和环境变化，并且依据这种能力来发掘更多的市场机会，是企业具有组织敏捷性的主要特征。

McGaughey 的看法是："组织敏捷性是指根据企业内外部环境的变化，快速感应并及时调整组织架构和管理模式的能力。"

除此之外，还有一种意见：组织敏捷性是指企业能否拥有一双发现市场中创新机遇的慧眼，并及时地通过对资源（如资产、知识和关系等）的掌握、整合和重构，把握这种机遇，逐步提高本企业的竞争力，在市场上占据领先地位。

狭义的组织敏捷性是指企业依据自身内部和外部市场的变化做出反应的能力。这种反应能力并不是说一定以速度为上，它更多的是强调市场不可预测的特性，是站在更高的战略角度，关注企业能否在突发事件发生时及时地适应并做出反应。

从这些研究学者的定义中可以看出，敏捷性的精髓在于随着环境的变化而调整自身，即一种精于变化的能力，这包括感知（Sense）变化、理解（Perceive）变化、响应（Response）变化、利用变化和创造变化。作为这些能力的综合体，敏捷性不仅能够帮助企业被动地对外部变化进行及时反应，而且更重要的是使企业具有主动应对变化的意识和准备。因此，敏捷性是指在一个不断变化、不可预见的环境中，企业组织能够从发展战略、结构、功能和运行方式等角度不断地进行自我调整，实现快速、灵敏、有效、积极地响应市场变化，满足顾客需求，并在竞争中赢得优势，从而具有驾驭变化的能力。

（3）组织敏捷性的特征

组织敏捷性具有以下 4 个特征。

① 敏捷性是一个系统。只有企业形成了一个有机的敏捷型系统，也就是说企业在各个要素和环节均实现了敏捷性，才能说企业具有了组织敏捷性。这个特点既综合反映了企业系统由输入、输出和处理 3 个环节构成的运行过程的敏捷性，又反映了企业内部诸多构成要素的敏捷性，同时，也反映了企业外部伙伴、供应商、分销商、顾客的敏捷性。换句话说，敏捷性只有在被视为一个系统时，企业才能依据其敏捷性的特点实现长远的、战略性的利益发展，并且在变幻莫测的竞争环境中占据长期的竞争优势。

② 敏捷性是一种能力属性。它反映了系统及其要素能力的敏感性、及时性、创新性、柔性和客户满意度。敏感性代表着企业的响应速度、决策能力、果断坚决的行动以及智能的转换。及时性，即在外部环境发生变化后，企业在最短的时间内响应外部变化、做出决策和行动的属性，包括快速的产品定制、研发、供应；创新性，即通过整合企业内外部资源和能力来实现客户所提出的新需求、推动企业创新性发展，主要是推出创新性产品、进行创新型开发，实现企业组织上的创新和管理上的创新；柔性是指在相同的生产设施中实现不同生产目标的能力，其主要体现在企业产量、产品结构、组织和人力资源以及战略决策等方面；客户满意度是指客户对定制化产品的性能、时间、成本、质量和价值的满足感。敏捷性作为一种属性，还表现为一种规划属性和思维属性。敏捷性是关于"经营的新规划"、

关于"制造和买卖的新型思维方式",以及关于"商业体系的新形式和企业与员工业绩评价的新尺度的开放思维"。总之,敏捷性是一种使企业组织在新的竞争环境中立于不败之地的全面规划体系。

③ 敏捷性是一种动态性、开放性。敏捷性要求企业对个人和组织绩效不断关注、对产品和服务价值不断关注、对不断变化的顾客需求保持一贯的专注,要求企业不断革新,要求企业和员工学习任何他们需要了解的新事物,也要求企业能够快捷地与外部实体动态地交换能力和资源。

④ 敏捷性集中表现为系统及其要素的可重构性(Reconfigurability)、可重用性(Reusability)、可扩展性(Scalability),即 RRS 特性。可重构性是指企业所具有的能够根据变化的需要,对其组织、人员、技术等要素的数量、结构、关系等进行重构的能力属性。可重用性是指企业所具有的能够根据变化的需要,多次、反复地使用其组织、人员、技术等要素的能力属性。可扩展性是指企业所具有的能够根据变化的需要,对其组织、人员、技术等要素进行升级、扩展的能力属性。

2. 敏捷型组织

敏捷型组织是以敏捷性为战略目标,由满足敏捷性要求的组织架构、人员、业务流程等子系统组成,能够及时响应外部市场变化,及时提供满足消费需求的产品或服务的企业组织模式。实现它的目标需要技术、组织和相关人员的协同努力。敏捷型组织在国内的管理学领域有 3 个主要的定义。

(1) 从广义来说,敏捷型组织是具有敏捷竞争力,足以驾驭变幻莫测的外部市场,从而占据领先地位的组织形式。

(2) 从狭义来说,敏捷型组织是从敏捷制造的角度进行定义,即敏捷制造企业。

(3) 从"下一代企业"的角度来说,敏捷企业是未来的、先进的企业模式,是一种新型的企业经营组织形式。

根据上述论述,我们认为评判一个企业是否具有组织敏捷性的标准是这个企业能否快速感知市场变化并迅速整合内外部资源以应对这种变化。换句话说,组织敏捷性是"敏捷性"在企业管理运营层面的具体表现形式,是制造企业组织变革的关键环节。见名知义,组织敏捷性是敏捷型组织与传统组织模式的本质性区别。

6.3.2 技术敏捷性优化策略

1. 加强技术管理

在信息化时代,加强技术管理能够有效推进企业技术创新与企业发展的良性循环,有效提升企业的技术敏捷性。Beatriz 等指出，提升技术管理能力的关键过程是清查技术能力、评价技术、优化组织、丰富技术来源、增强吸收技术的能力、保护知识产权和监视技术状态。公有云服务平台积聚了大量的资源、服务、设计能力、先进的制造技术等，体现了分散资源的集中化、集中资源共享化的服务思想。云制造本身作为先进技术的集合体，在运营过程中对信息技术的管理会更加灵活、便捷，通过第三方的运维管理以及云制造平台所具备的信息技术优势使制造企业在技术应用方面具有高度吸收的特性，通过聚合分散在各地的制造资源和能力对其进行集中协同的管理模式，这表明云制造模式具有很强的技术管理水平。制造业企业积极融入云制造服务平台，特别是对中小企业而言，自身研发设计能力有限，而企业的快速发展又离不开对先进技术的采纳和使用，这就切实需要借助云制造服务平台的共享机制模式，动态感知和把握相关技术的更新，不断清查企业现有的技术，更新企业落后的技术，吸收和引进云制造服务共享平台中的先进技术。此外，大型集团企业应该积极探索"私有云"云制造模式，有效保护企业的知识产权和动态监视企业内部的技术状态，动态提升集团企业的技术管理的能力，从而进一步优化技术的敏捷性。

2. 提高技术接受水平

技术接受水平是指企业是否愿意学习引进外部的先进技术。某种意义上来说，企业判断一种新型 IT 技术是否需要被划入本公司的技术体系之中的标准，是这项技术是否在本公司的运行模式下可以正常使用并且提高工作效率，是否易于在全公司范围内推广这项技术。

一方面，云制造技术具备有用性。云制造可以通过云端整合和优化企业制造资源和能力，智能调度虚拟资源来满足客户的需求，在技术上提升制造企业对环境的应变能力。例如，在云制造中，制造资源的语义匹配技术、优势制造资源优先匹配技术、云制造容错技术等技术能够将行业中企业制造资源和能力进行特征化分解，通过虚拟化技术对资源进行描述以便企业的生产运作与资源进行智能匹配，使企业的运营状态达到最佳，快速应对动态复杂的外部环境。

另一方面，云制造技术具备易用性。云制造能够为企业用户提供简化的操作页面和服务网络，集团内部下属企业可以借助私有云平台，通过简单操作就可以获取所需资源和服务。此外，中小企业借助由第三方运营的公有云平台所提供的技术和服务，可以大大减少在建设 IT 基础设施和雇佣运维人员上花的费用，将更多的精力集中于核心业务，能够有效避免外部技术环境迅速变化对企业的影响。

综上所述，企业应结合自身的发展需求，积极融入云制造模式，动态把握技术环境变化，采用私有云服务，提高集团及下属企业运维的灵活性，或采用公有云服务，提高中小企业应对技术环境快速变化的能力。

3. 打造敏捷型研发组织

打造基于云制造模式的敏捷型研发组织是提升技术敏捷性的重要举措之一。敏捷型研发组织主要包括并行工程研发组织、虚拟研发组织、在大规模定制生产模式下的研发组织、动态项目型研发组织等。特别是随着先进制造技术和信息技术的快速发展，云制造融合了云计算、物联网、高性能计算、服务计算等先进技术，在企业制造全生命周期活动中发挥着越来越重要的作用。企业技术的敏捷性在一定程度上取决于企业的研发能力，特别是在动态复杂的外部环境下，企业拥有强大的研发能力，能够有效应对外部技术环境的变化，提高企业对新技术的适应性和应用水平。例如，沈鼓集团建设基于云制造的数字化设计平台，打造集团的敏捷型研发组织，研发了一系列新产品，提高了集团企业的研发水平，有效提高了集团企业的技术敏捷性。因此，企业应该将现有的敏捷型研发组织模式与云制造模式相结合，打造基于云制造模式的敏捷型研发组织，注重将云制造的先进理念和技术融入企业研发体系，打造基于云制造的数字化研发平台，将企业相应的设计研发、生产工艺、加工流程等具备新颖性和独创性的思路融入云制造服务平台，实时动态地更新企业研发组织内部管控信息，提升研发组织对企业内部生产工艺流程、产品和服务的敏感性，从而提升企业快速研发的能力，有效提升组织的技术敏捷性。

6.3.3 顾客敏捷性优化策略

1. 提供敏捷化服务

服务敏捷性是指企业能够通过集成并协调所有可用资源，来快速感知、预测外部市场机会，并迅速响应。外部市场机会以顾客为导向，以服务需求为驱动，具有高质量、高附加值和低成本的特点。云制造模式的最大优势就是能够使企业动态把握市场需求，实现按需组织生产，根据市场动态变化调整生产计划，既能够有效避免资源浪费，又能充分满足顾客需求。云制造以顾客需求为导向，体现"制造即服务"的特点，整合和优化企业内外部资源（顾客资源、制造资源、数据资源等软硬件资源），通过物联网技术和虚拟化技术等将实体资源虚拟化，从而使物理层面的资源实现网络化融合。云制造涉及产品或服务的研发设计、物料采购、生产加工、销售配送等制造全生命周期过程，因此它可以对企业生产流程进行全程化监控。云制造中心会根据客户的制造需求进行智能分析，组织产品生产制造所需的资源，通过专门的研发机构和生产加工车间的协同共同完成产品或服务，提升顾客服务的敏捷性。因此，企业应该借助云制造服务平台提供敏捷化服务，实现对数据的高精度计算和细化管理，快速计算出产品生产制造的最佳业务流程和最短交货周期，提升企业对顾客需求的应变能力。

2. 加强顾客关系管理

企业在云制造模式下需要加强客户关系管理。Ritter 等人指出，顾客参与体现了顾客的创新智慧和力量，证实了客户关系管理可以直接并积极影响着顾客参与新产品的开发的热情。云制造模式注重顾客参与，强调将顾客融入企业制造全生命周期的过程中，为企业产品或服务的研发设计和生产运作等环节出谋划策。此外，企业可以通过云制造平台加强与客户的信息沟通，动态掌握顾客的服务或消费反馈，挖掘顾客对产品或服务的潜在需求，根据顾客对制造产品和服务信息的反馈，不断对现有产品和服务进行完善与更新。

6.3.4 运营敏捷性优化策略

1. 提升业务流程的敏捷性

当环境发生变化时，企业需要动态调整业务流程以应对市场环境的变化。集团企业可以借助云制造服务平台，聚集产品设计、生产加工、客户关系管理、ERP 等应用软件系统，对集团下属企业进行统一的规范化管理，切实提高下属企业的信息化水平，有效提高企业员工的工作效率，进一步简化工作流程和业务流程。例如，企业员工可以通过云服务平台界面快速了解企业的生产信息，实现办公自动化，提高生产加工和事务处理速度，有效提高生产制造效率和运营效率。此外，企业可以根据客户需求和库存情况，通过实施低成本、高品质、零库存系统组织生产，进一步提高企业的运营效率，从而打造敏捷化的业务流程。

2. 降低运营成本

集团企业可以借助云制造平台对下属企业分散化的制造资源、软硬件资源、制造能力等资源进行协同管理，通过物联网技术和虚拟化技术等实现联合，经由云制造平台进行集中资源调配管理和监测，提升了资源管理的规范性，有利于减少集团在运营过程中的资源浪费，提高资源配置效率。此外，集团企业可以通过云制造中的一系列应用降低运营成本。例如，建立生产成本系统，以确保产品生产成本降到最低；建立报价成本即时预测系统，可以动态掌握企业的生产制造能力，确保适时、适度生产，这样既可以避免浪费资源又可以降低库存成本；通过计划生产实施平台，提供详尽的生产计划和问题解决方案，以便优化生产运营流程等。

本章小结

本章介绍了云制造与敏捷型组织的工作机制，其中，云制造体系架构分为物理资源层、虚拟化层、核心中间件层、应用层和用户层。物理资源层包含各种类型的制造资源和服务；虚拟化层负责实现物理资源的虚拟化，即通过标准化资源描述、虚拟化资源封装等方式实现物理资源的服务化；核心中间件层为云制造中的协同共享提供基本辅助，如资源管理、安全管理、服务质量管理等；应用层为制造业的相关领域和行业提供产品制造全生命周期的各种服务应用；用户层提供规范、安全的用户界面，以方便用户随时随地实现对各类制造资源的访问。而"敏捷性"代表工业制造企业的一种重要能力，即企业能够迅速及时地感知市场需求变动并且做出行动，适时快速地开发新产品以满足消费者的需求，拥有更强的竞争能力以占据更多的市场份额，是企业网络化改造的目标。敏捷型组织是以敏捷性为战略目标，由满足敏捷性要求的组织架构、人员、业务流程等子系统组成，能够及时响应外部市场变化，及时提供满足消费需求的产品或服务的企业组织模式。

本章习题

1. 云制造体系架构分为哪几层？简述各层功能。
2. 举例说明几个云制造的关键技术。
3. 简述个性化制造的运作模式。
4. 私有云与公有云有什么区别？简述各自特征。
5. 什么是敏捷型组织？

缩略语

3D	Three-Dimensional Space		三维空间
3GPP	3rd Generation Partnership Project		第三代合作伙伴计划
4K	4K Resolution		4K 分辨率
5G	5th Generation Mobile Networks		第五代移动通信技术
5G NR	5G New Radio		第五代移动通信新无线接入技术
5GC	5G Core Network		5G 新核心网
5GS	5G System		第五代移动通信系统
5QI	5G QoS Identifier		第五代移动通信服务质量标识符
		A	
ACL	Access Control Lists		访问控制列表
ADC	Application Delivery Controller		应用交付控制器
AF	Application Function		应用功能
AIaaS	Artificial Intelligence as a Service		人工智能即服务
AII	Alliance of Industrial Internet		工业互联网产业联盟
AMF	Authentication Management Function		认证管理功能
API	Application Programming Interface		应用程序接口
App	Application		应用程序
AR	Augmented Reality		增强现实
ARPANET	Advanced Research Projects Agency Network		美国高级研究计划局网络
ATS	Asynchronous Traffic Shaper		异步数据流整形器
AutoML	Automated Machine Learning		自动机器学习
AVB	Audio/Video Bridging		音视频桥接
AWS	Amazon Web Services		亚马逊网络服务
		B	
BMCA	Best Master Clock Algorithm		最佳主时钟算法
BGP	Border Gateway Protocol		边界网关协议
		C	
CAD	Computer-Aided Design		计算机辅助设计
CAG	Closed Access Group		封闭接入组

续表

CAM	Content-Addressable Memory	内容可寻址存储器
CANARIE	Canadian Network for the Advancement of Research, Industry and Education	加拿大科研、工业、教育促进网
CDMA	Code Division Multiple Access	码分多址接入
CERN	European Organization for Nuclear Research	欧洲核子研究组织
CIM	Computer Integrated Manufacturing	计算机集成制造
CM	Clock Master	主时钟
CNC	Centralized Network Configuration	集中式网络配置
CPS	Cyber-Physical Systems	信息物理系统
CPU	Central Processing Unit	中央处理器
CQF	Cyclic Queuing and Forwarding	循环排队转发
CR	Cognitive Radio	认知无线电
CRM	Customer Relationship Management	客户关系管理
CRS	Cognitive Radio System	认知无线电系统
CS	Clock Slave	从时钟
CT	Communication Technology	通信技术
CUBE-Net	Customer-oriented Ubiquitous Broadband Experiencing Network	面向客户体验的泛在超宽带网络体系
CUC	Centralized User Configuration	集中式用户配置
D		
D2D	Device-to-Device	设备到设备
DetNet	Deterministic Networking	确定性网络
DevOps	Software Development and IT Operations	一种重视"软件开发人员"和"IT 运维技术人员"之间沟通合作的文化、运动或惯例
DN	Data Network	数据网络
DNN	Data Network Name	数据网络名称
DOS	Disk Operating System	磁盘操作系统
DSCP	Differentiated Services Code Point	差分服务代码点
DS-TT	Device-side TSN Translator	设备端时间敏感型网络转换器
E		
ECC	Edge Computing Consortium	边缘计算产业联盟
ECS	EasyStack Cloud Service	易捷行云服务
EGP	Exterior Gateway Protocol	外部网关协议
eMAC	express MAC	快速 MAC 帧（高优先级帧）
eMBB	enhanced Mobile Broadband	增强移动宽带
ERP	Enterprise Resource Planning	企业资源计划
EtherCAT	Ethernet for Control Automation Technology	以太网控制自动化技术
ETSI	European Telecommunications Standards Institute	欧洲电信标准化协会

续表

ETSI ISG NFV	The ETSI Industry Specification Group for Network Functions Virtualization	ETSI网络功能虚拟化行业规范组
F		
FAR	Forwarding Action Rule	转发动作规则
FLC	Field-Level Communication	现场级通信
FRER	Frame Replication and Elimination for Reliability	用于可靠性的帧复制和消除
G		
GBps	Gigabyte per Second	千兆字节每秒（单位）
GCL	Gate Control List	门控列表
GDP	Gross Domestic Product	国内生产总值
GE	General Electric Company	通用电气公司
GENI	Global Environment for Network Innovations	全球网络创新环境
GHz	Gigahertz	千兆赫兹（单位）
GMC	Grandmaster Clock	超级主时钟
GMSK	Gaussian Filtered Minimum-Shift Keying	高斯最小频移键控
GPS	Global Positioning System	全球定位系统
GPSI	Generic Public Subscription Identifier	通用公共用户标识符
gPTP	generalized Precision Time Protocol	广义精确时间同步协议
GPU	Graphics Processing Unit	图形处理器
GSM	Global System for Mobile Communications	全球移动通信系统
H		
HAL	Hardware Abstraction Layer	硬件抽象层
HetNet	Heterogeneous Network	异构接入网络
HPE	Hewlett Packard Enterprise	慧与科技公司
HSE	High-Speed Ethernet	高速以太网
HSPA+	High-Speed Packet Access+	增强型高速分组接入技术
HSR	High-availability Seamless Redundancy	高可用性无缝冗余（协议）
HTML	HyperText Markup Language	超文本标记语言
HTTP	HyperText Transfer Protocol	超文本传输协议
I		
IaaS	Infrastructure as a Service	基础设施即服务
IBGP	Internal/Interior Border Gateway Protocol	内部边界网关协议
IBM	International Business Machines Corporation	国际商业机器公司
ICMP	Internet Control Message Protocol	互联网控制报文协议
ICT	Information and Communications Technology	信息通信技术
ID	Identifier	标识符
IEC	International Electrotechnical Commission	国际电工委员会

续表

IEEE	Institute of Electrical and Electronics Engineers	电气与电子工程师学会
IETF	The Internet Engineering Task Force	互联网工程任务组
IGP	Interior Gateway Protocol	内部网关协议
IIC	Industrial Internet Consortium	（美国）工业互联网联盟
IIRA	Industrial Internet Reference Architecture	（美国）工业互联网参考架构
IP	Internet Protocol	网际协议
IPSec	Internet Protocol Security	互联网安全协议
IPv6	Internet Protocol version 6	网际协议第六版
ISA	International Society of Automation	国际自动化学会
IS-IS	Intermediate System to Intermediate System	中间系统到中间系统（协议）
ISO	International Organization for Standardization	国际标准化组织
IT	Information Technology	信息技术
ITU	International Telecommunication Union	国际电信联盟
ITU-R	ITU Radiocommunication Sector	国际电信联盟无线电通信部门
IVRA	Industrial Value Chain Reference Architecture	（日本）工业价值链参考架构
J		
JGN-X	Japan Gigabit Network Extreme	日本千兆位网络-X
K		
KVM	Kernel-based Virtual Machine	基于内核的虚拟机
L		
LAN	Local Area Network	局域网
LBS	Location-Based Service	基于位置的服务
LNI	Labs Network Industrie 4.0	工业 4.0 网络实验室
LTE	Long-Term Evolution	长期演进技术（标准）
M		
MAC	Media Access Control	媒体接入控制
MANO	Management and Orchestration	管理和编排
Massive MIMO	Massive Multiple-Input and Multiple-Output	大规模多输入多输出（天线）
MHz	Megahertz	兆赫兹（单位）
MIMO	Multiple-Input and Multiple-Output	多输入多输出（天线）技术
mMTC	massive Machine-Type Communication	海量机器类通信
mmWave	millimetre waves	毫米波
MPLS	Multi-Protocol Label Switching	多协议标签交换
N		
N3IWF	Non-3GPP InterWorking Function	非 3GPP 互通功能
NBI	North Bound Interface	北向接口

续表

缩略语	英文全称	中文全称
NB-IoT	Narrow Band Internet of Things	窄带物联网
NEC	Nippon Electric Company	日本电气公司
NEF	Network Exposure Function	网络开放功能
NETCONF	Network Configuration Protocol	网络配置协议
NFC	Near Field Communication	近场通信
NFV	Network Functions Virtualization	网络功能虚拟化
NG-RAN	Next Generation RAN	下一代无线接入网（5G）
NID	Network Identifier	网络标识符
NoSQL	Not Only SQL	非关系型数据库
NPN	Non-Public Network	非公共网络
ns	nanosecond	纳秒（单位）
NSF	National Science Foundation	美国国家科学基金会
NTT	Nippon Telegraph and Telephone	日本电信电话（公司）
NVGRE	Network Virtualization using Generic Routing Encapsulation	基于通用路由封装的网络虚拟化
NW-TT	Network-Side TSN Translator	网络端时间敏感型网络转换器
O		
OF-CONFIG	OpenFlow Configuration and Management Protocol	OpenFlow 配置与管理协议
OFDMA	Orthogonal Frequency Division Multiple Access	正交频分多址接入
OLE	Object Linking and Embedding	对象连接与嵌入
OMP	Open Manufacturing Platform	开放式制造平台
ON.Lab	Open Networking Lab	开放网络实验室
ONF	Open Networking Foundation	开放网络基金会
ONOS	Open Network Operating System	开放网络操作系统
OPC	OLE for Process Control	用于过程控制的 OLE
OPC UA	OPC Unified Architecture	OPC 统一体系架构
OSI	Open Systems Interconnection model	开放式系统互联模型
OSS	Operation Support Systems	运营支撑系统
OT	Operational Technology	运营技术
OTN	Optical Transport Network	光传送网
P		
P2P	Peer-to-Peer	对等式网络
PaaS	Platform as a Service	平台即服务
PBR	Policy-Based Routing	策略路由
PC	Personal Computer	个人电脑
PCC	Policy and Charging Control	策略与计费控制
PCE	Path Computation Element	路径计算单元

续表

PCF	Policy Control Function		策略控制功能
PCP	Priority Code Point		优先级代码数据点
PCR	Path Control and Reservation		路径控制和预留
PDB	Packet Delay Budget		分组时延预算
PDM	Product Data Management		产品数据管理
PDR	Packet Detection Rule		包检测规则
PDU	Protocol Data Unit		协议数据单元
PHY	Physical Layer		物理层
PLC	Programmable Logic Controller		可编程逻辑控制器
PLM	Product Lifecycle Management		产品生命周期管理
PLMN	Public Land Mobile Network		公共陆地移动网
pMAC	preemptable MAC		可被抢占 MAC 帧
PON	Passive Optical Network		无源光网络
PRP	Parallel Redundancy Protocol		并行冗余协议
PSFP	Per-Stream Filtering and Policing		逐流过滤和监管
PTC	Parametric Technology Corporation		美国参数技术公司
PTN	Packet Transport Network		分组传送网
PTP	Precision Time Protocol		精确时间同步协议
		Q	
QAM	Quadrature Amplitude Modulation		正交振幅调制
QCI	QoS Class Identifier		服务质量级别标识符
QoS	Quality of Service		服务质量
QPSK	Quadrature Phase-Shift Keying		正交相移键控
		R	
RAM	Random Access Memory		随机存取存储器
RAMI4.0	Reference Architecture Model Industrie 4.0		德国工业 4.0 参考架构模型
RAN	Radio Access Network		无线接入网
RDP	Remote Desktop Protocol		远程桌面协议
REST	Representational State Transfer		表现层状态转换
RESTCONF	REST Configuration Protocol		表现层状态转换配置协议
RNP	Rede Nacional de Ensino e Pesquisa		巴西国家教育科研网
RSTP	Rapid Spanning Tree Protocol		快速生成树协议
RTC	Real-Time Clock		实时时钟
RTU	Remote Terminal Unit		远程终端单元
		S	
SA	Security Association		安全关联

续表

SaaS	Software as a Service	软件即服务
SD-Branch	Software-Defined-Branch	软件定义的分支
SDDCN	Software-Defined Data Center Network	软件定义的数据中心网络
SDH	Synchronous Digital Hierarchy	同步数字体系
SDN	Software Defined Network	软件定义网络
SD-WAN	Software-Defined Networking in a Wide Area Network	软件定义广域网络
SEW	Süddeutsche Elektromotoren Werke	赛威传动（公司）
SLA	Service-Level Agreement	服务级别协议
SMF	Session Management Function	会话管理功能
SNPN	Stand-alone Non-Public Network	独立部署的非公共网络
S-NSSAI	Single Network Slice Selection Assistance Information	独立网络切片选择信息
SON	Self-Organizing Network	自组织网络
SPB	Shortest Path Bridging	最短路径桥接（协议）
SRP	Stream Reservation Protocol	流预留协议
SSC	Session and Service Continuity	会话和服务连续性
SSH	Secure Shell	安全外壳（协议）
SSL	Secure Sockets Layer	安全套接字（协议）
STP	Spanning Tree Protocol	生成树协议
SUPI	Subscription Permanent Identifier	用户永久标识符

T

TAS	Time Awareness Shaper	时间感知整形器
Tbps	Terabyte per Second	太字节每秒（单位）
TBR	Technology Business Research	科技商业研究
TCAM	Ternary Content-Addressable Memory	三元内容可寻址存储器
TC Net	Time-Critical Control Network	时延敏感控制网络（协议）
TCP	Transmission Control Protocol	传输控制协议
TCP/IP	TCP/IP Protocol Suite	TCP/IP 协议簇
TRILL	TRansparent Interconnection of Lots of Links	多链接透明互联（标准）
TSN	Time-Sensitive Networking	时间敏感型网络
TT	TSN Translator	时间敏感型网络转换器

U

UAC	Unified Access Control	统一接入控制
UCU	UE Configuration Update	终端配置更新
UDM	Unified Data Management	统一数据管理
UDN	Ultra Dense Network	超密集组网

续表

UDP	User Datagram Protocol	用户数据报协议
UE	User Equipment	用户设备（3GPP 对移动终端的称呼）
UICC	Universal Integrated Circuit Card	通用集成电路卡
UNI	User-Network Interface	用户-网络接口
UPF	User Plane Function	用户面功能
uRLLC	ultra-Reliable and Low-Latency Communication	超可靠低时延通信
URSP	UE Route Selection Policy	终端路径选择策略
UTM	Unified Threat Management	统一威胁管理
V		
VID	Virtual LAN ID	虚拟局域网标识符
VIM	Virtualised Infrastructure Manager	虚拟化基础设施管理器
VLAN	Virtual LAN	虚拟局域网
VM	Virtual Machine	虚拟机
VNF	Virtualized Network Function	虚拟网络功能
VPN	Virtual Private Network	虚拟专用网
VR	Virtual Reality	虚拟现实
VxLAN	Virtual eXtensible LAN	虚拟局域网扩展
W		
WIA	Wireless Networks for Industrial Automation	工业自动化无线网络（标准）
Wi-Fi	Wireless Fidelity	无线保真
WirelessHART	Wireless Highway Addressable Remote Transducer	无线高速可寻址远程传感器（标准）
WLAN	Wireless LAN	无线局域网
WWW	World Wide Web	万维网
X		
XML	Extensible Markup Language	可扩展标记语言
XMPP	eXtensible Messaging and Presence Protocol	可扩展通信与存在协议
Y		
YANG	Yet Another Next Generation	数据建模语言

参考文献

[1] 王一晨. 运用工业互联网推动中国制造业转型升级[J]. 中州学刊, 2019（04）:26-30.

[2] 尹超. 工业互联网的内涵及其发展[J]. 电信工程技术与标准化, 2017, 30（06）:1-6.

[3] 杨家荣. 工业互联网的发展现状与展望[J]. 上海电气技术, 2020, 13（03）:63-67.

[4] 余晓晖, 刘默, 蒋昕昊, 等. 工业互联网体系架构2.0[J]. 计算机集成制造系统, 2019, 25（12）:2983-2996.

[5] IMT-2000（5G）推进组. 5G愿景与需求白皮书[R]. 2014.

[6] 赛迪顾问. 2020私有云系统平台市场研究[R]. 2020.

[7] 路沙. 新一代私有云呼之欲出 重塑云市场格局[N]. 中国信息化周报, 2020-08-10（26）.

[8] 何莉. 中小企业上云研究分析[J]. 电脑知识与技术, 2020, 16（06）:26-27.

[9] 管晨智. 中小企业公有云会计信息化应用模式[J]. 中国农业会计, 2019（03）:78-80.

[10] 国家信息中心, 中国信息协会. 中国信息年鉴2019[M]. 中国信息年鉴, 2019.

[11] 王喜文. 中国制造2025解读：从工业大国到工业强国[M]. 北京：机械工业出版社, 2015.

[12] 陈卫新. 面向中国制造2025的智能工厂[M]. 北京：中国电力出版社, 2017.

[13] 龙小康. 中国新型工业化之路——以信息化带动工业化[M]. 武汉：湖北人民出版社, 2005.

[14] 杨永志, 赵伟. 论信息化带动工业化的思想演进[J]. 南开学报:哲学社会科学版, 2003（3）:80-85.

[15] 毛景环, 赵冰洁. 借鉴美国经验创建新型工业化[J]. 中国对外贸易（英文版）, 2010（12）:197.

[16] 中国电子报. 企业主导、应用牵引, 打造工业互联网平台开放价值生态[N/OL]. 2018.

[17] 中国产经新闻. 中国制造70年：为伟大复兴的中国梦奠定坚实之基[N/OL]. 2019.

[18] 工业互联网产业联盟. 工业互联网体系架构（版本2.0）[S]. 2020.

[19] 工业互联网产业联盟. 工业互联网标准体系（版本2.0）[S]. 2019.

[20] 余晓晖, 刘默, 蒋昕昊, 等. 工业互联网体系架构2.0[J]. 计算机集成制造系统, 2019, 025（012）:2983-2996.

[21] 肖琳琳. 国内外工业互联网平台对比研究[J]. 信息通信技术, 2018, 12（003）:27-31.

[22] 王建伟. 工业赋能：深度剖析工业互联网时代的机遇和挑战[M]. 北京：人民邮电出版社，2018.

[23] 周剑，肖琳琳. 工业互联网平台发展现状、趋势与对策[J]. 智慧中国，2017，No.25（12）：56-58.

[24] 万荣. 互联网+智能制造[M]. 北京：科学出版社，2016.

[25] 工业互联网产业联盟. 时间敏感网络（TSN）产业白皮书[S]. 2020.

[26] 宋华振. 时间敏感型网络技术综述[J]. 自动化仪表，2020，41（02）：1-9.

[27] 朱瑾瑜，程娜. 时间敏感网络时间同步特性综述[J]. 信息通信技术与政策，2019（12）：70-73.

[28] 张传福，赵立英，张宇，等. 5G移动通信系统及关键技术[M]. 北京：电子工业出版社，2018.

[29] 吕邦国，杨健，于涛. 5G标准进展及关键技术[J]. 电信工程技术与标准化，2016，29（08）：39-43.

[30] 杨峰义. 5G网络架构[M]. 北京：电子工业出版社. 2017.

[31] 林玮平，魏颖琪，李颖. 5G在工业互联网上的应用研究[J]. 广东通信技术，2018（11）：24-27.

[32] 刘洁. 面向工业园区的5G垂直组网类服务探讨[J]. 移动通信，2020，44（1）：38-43.

[33] 向涛. 基于5G网络的工业互联网应用研究[J]. 中国新通信，2019，v.21（22）：36-37.

[34] 黄韬，刘江，魏亮，等. 软件定义网络核心原理与应用实践[J]. 通信学报，2015（03）：288.

[35] 戈朗生，布莱克. 软件定义网络：原理，技术与实践[M]. 北京：电子工业出版社，2016.

[36] 殷波，张云勇，王志军，等. 基于SDN的数据中心网络技术研究[J]. 信息通信技术，2015，000（001）：29-33.

[37] 彭力. 云计算导论[M]. 西安：西安电子科技大学出版社，2013.

[38] 赛迪顾问. 2020私有云系统平台市场研究[R]. 2020.

[39] 李伯虎，张霖，柴旭东. 云制造概论[J]. 中兴通讯技术，2010，16（4）：6-8.

[40] 张霖，罗永亮，陶飞，等. 制造云构建关键技术研究[J]. 计算机集成制造系统，2010（11）：192-202.

[41] 陶飞，张霖，郭华，等. 云制造特征及云服务组合关键问题研究[J]. 计算机集成制造系统，2011，17（03）：477-486.

[42] 李强，闫洪波. 云制造理论体系及实践应用[M]. 成都：电子科技大学出版社，2018.

[43] 王云霞，邱胜海，王志亮. 面向服务的制造新模式——云制造研究综述[J]. 现代制造工程，2013（03）：124-128.

[44] 霍春辉. 云制造与敏捷型组织：开启工业 4.0 时代的新未来[M]. 北京：人民邮电出版社，2016.

[45] 霍春辉. 云制造模式下的企业敏捷性及其绩效提升[M]. 北京：经济管理出版社，2015.

[46] 华红兵. 移动营销管理[M]. 广州：广东经济出版社，2017.

[47] 黄柯鑫. 云设计资源生态化管理技术[M]. 西安：西北工业大学出版社，2016.

[48] 孙慧，金嘉亮，甘雨莹.面向工业互联网的新型工厂网络研究[J]. 通信技术，2021，54（04）：898-903.

[49] 工业和信息化部. 工业互联网网络建设及推广指南[J].机械工业标准化与质量，2019（04）：19-22.

[50] 本报编辑部整理. 工业互联网内外网络发展趋势与挑战[N]. 中国信息化周报，2021-08-02（007）.

[51] 魏文，许梦竹，刘仲亚，蒲星.一种基于工业互联网平台的安全防护体系设计[J]. 网络空间安全，2020，11（07）：1-8.

[52] 蒋融融，翁正秋，陈铁明.工业互联网平台及其安全技术发展[J]. 电信科学，2020，36（03）：3-10.

[53] 杨睿超，岳剑晖，杭肖.浅谈工业互联网环境下的工业控制系统安全防护[J]. 网络安全技术与应用，2020（05）：108-109.

[54] 杜霖，陈诗洋，姜宇泽，李艺. 工业互联网安全关键技术研究[J]. 信息通信技术与政策，2018（10）：10-13.

[55] 刘锐，杨灵运. 工业互联网标识解析的行业应用与实践[J]. 中国集体经济，2021（01）：161-163.

[56] 张钰雯，池程，朱斯语. 工业互联网标识解析体系发展趋势[J]. 信息通信技术与政策，2019（08）：43-46.

[57] 沈洲，安岗，余明明. 5G 在工业互联网中的探索和应用[J]. 信息通信技术，2019，13（005）：17-22.

[58] 黄劲安，蒋绍杰，林东云. 5G+工业互联网发展探讨[J]. 广东通信技术，2021，41（5）：19-24.

[59] 熊轲，张锐晨，王蕊，等. 5G 助力电力物联网：网络架构与关键技术[J]. 中国电力，2021，54（3）：99-108.

[60] 黄彦钦，余浩，尹钧毅，等. 电力物联网数据传输方案：现状与基于5G 技术的展望[J]. 电工技术学报，2021，36（17）：3581-3593.

[61] 刘东明.5G 时代背景下智慧工厂智能制造自动化模式探讨[J]. 中国宽带，2021（1）：52.

[62] 史彦军，韩俏梅，沈卫明，等. 智能制造场景的 5G 应用展望[J]. 中国机械工程，2020，

31（2）:227-236.

[63] 代振楠.工业互联网中基于边缘计算的任务卸载策略研究[D]. 湖南大学，2019.

[64] 马睿，王振，梁栋茂，等. 基于边缘计算模式的工业物联网智能制造方案[J]. 河南科技，2020（19）:25-27.

[65] 唐林阳. 面向工业物联网的边缘计算任务卸载策略研究[D]. 重庆邮电大学，2020.